U0953986

王國維與民國政治

周言 著

九州出版社
JIUZHOUPRESS
全国百佳图书出版单位

图书在版编目（CIP）数据

王国维与民国政治 / 周言著. --北京: 九州出版社, 2013.1（2013.7重印）
ISBN 978-7-5108-1937-7

Ⅰ. ①王… Ⅱ. ①周… Ⅲ. ①王国维（1877～1927）－传记②政治－研究－中国－民国 Ⅳ. ①K825.4 ②D693

中国版本图书馆CIP数据核字(2013)第013298号

王国维与民国政治

作　　者	周言　著
出版发行	九州出版社
出 版 人	黄宪华
地　　址	北京市西城区阜外大街甲 35 号 (100037)
发行电话	(010)68992190/2/3/5/6
网　　址	www.jiuzhoupress.com
电子信箱	jiuzhou@jiuzhoupress.com
印　　刷	三河市东方印刷有限公司
开　　本	880 毫米 ×1230 毫米　32 开
印　　张	11.875
字　　数	244 千字
版　　次	2013 年 5 月第 1 版
印　　次	2013 年 7 月第 2 次印刷
书　　号	ISBN 978-7-5108-1937-7
定　　价	58.00 元

目　录

序　言

王国维与近代中国的政治变局

收到复旦大学周言君寄来所撰王国维书稿一部，展读一过，颇有感触。今年（2012年）是王静安先生自沉八十五周年，王先生的全集也基本出齐，此皆研习王学的新契机，而周君此书更勾起我们对静安先生的追怀。

一九二五年清华国学院开办，先父冯德清（永轩）作为一期生，师从梁启超、王国维、赵元任等导师（陈寅恪先生第二期方到任），而直接导师是王国维先生。当时王先生正转入西北史地研究，先父由是追随进入西北史地领域（有《新疆史地论丛》存世），并一直珍藏王先生所开列的西北史地书目，毕业时所提交论文，则是王先生指导的《匈奴史》。先父自研究院毕业前夕，梁启超先生题赠宋词集句对联，王国维先生以行楷题赠陶渊明五言诗轴，梁、王二先生的条幅，题头皆为“永轩仁弟”，我自幼留下的印象，先父始终对梁、王二先生以父尊之，我们兄弟也把二先生认作家中长老，景仰而又倍觉亲近。先父一九七九年辞世，我清理旧物，不仅发现梁、王二先生条幅，清华国学院师生合影，王先生所开书单，还有一九二七年（其时第一期生已毕业，星散各地）清华研究院同学会就王静安先生自沉发布过的一则启事，这张启事也保留在先父遗物中，睹物思人，不胜感怀。

我和周言君刚认识的时候，他已经对王学有着浓厚的兴趣，也断断续续写过一些文章，去年他曾经发表过一篇《1898－1927：王国维对苏俄的认识》，此文后来引起过一些讨论，台湾的张朋园先生非常推崇周君这篇写王国维的文章。王先生的学术贡献，学界讨论颇多，但是从政治观角度探讨王先生与俄国革命之间的关系，尤其是王先生对共产革命的看法，以往少有涉及。而周君文章披露，王先生在俄国十月革命之后曾经写信给柯凤荪，估计俄国革命将波及中国，他在信中言："观中国近况，恐以共和始，而以共产终。"而后来罗雪堂先生与日本友人犬养毅的对话中，也有类似预测。罗、王能在一九一八年前后（中共尚未成立）有如此远见，非有过人史识，不能言也。

周君曾经告诉我，他在罗雪堂先生长孙罗继祖先生的书中读到，王先生自沉之前写信给罗先生，信中专门谈到北伐以及叶郎园（德辉）先生在湖南农民运动中被诛一事。我在周君的书中读到，当时也有传言湖北的王葆心（晦堂）先生被杀，但是周君在书中明确指出此事乃是谣传。王葆心先生是我父亲挚友，抗日战争期间彼此多有书信往还，我家中还藏有王葆心先生所书《麻城丁氏四修族谱序》和楷书题签。王葆心一直到四十年代才去世，董必武为其墓门题词："楚国以为宝，今人失所师。"我主持编纂湖北省地方志人物志时，还知道王葆心三十年代曾经担任过湖北通志馆的筹备主任，出版《方志学发微》。"九一八"事件爆发，日军逼近华北之时，王葆心先生曾经两次进京抢救湖北地方志材料。王先生第三次在北平抄写材料之时，“七七事变”发生，王先生带着在北平所抄写的材料历经曲折回到武汉。作为青年学人，周君对王国维先生及其周际人物能作如此细密考察，以辨伪存真，难能可贵。

周言君曾经和我讲过，写作此书时，也曾经听到很多关于王静安先生的奇闻逸事，比如当时王静安和罗雪堂之子罗福苌时有过从，罗福苌经常给王静安敬烟，王静安从不推辞，但是王先生自己抽烟时，从不给他人敬烟，这正折射出王先生的不谙世故。先父也曾经和我说起当时在清华读书时，每逢师生合影，梁任公先生总是先请王静安先生上座，王先生也从来不推辞。按说，梁先生自戊戌变法以来名震遐迩，又比王先生年长，而且梁先生在《时务报》担任主笔期间，王先生还只是《时务报》的一名书记员，但在清华时王先生不辞首席，足见其学术上的自负，也表明了梁先生的谦德和对真学者的尊崇。静安先生的自负自尊，任公先生的自谦敬贤，皆是学人风范。

我在周言君的书中看到他考证张之洞与王静安先生之间的关系。周书指出，二十世纪初，张之洞奉命起草《奏定学堂章程》（此为中国颁行实施的第一部近代学制方案），将哲学排除出大学课程之外，并以理学替代哲学，王静安先生当即撰写《奏定经学科大学文学科大学章程书后》，对张之洞进行严厉批评，不仅昭显王先生对现代性学科建设的透辟认识，更表现出批判威权的勇气。

我一直注意晚清知识分子在民国初年对于中国传统思想的看法，比如一战之后梁任公游历欧洲，认定欧洲文明已经破产，我从周书中也了解到，王静安早在辛亥革命之前，便决意转向国学研究，搁置早年从事的西方哲学与美学研究，并修正了早年会通中西的观点。王先生一九一九年致罗雪堂的信中称："新思潮之祸必有勃发之日，彼辈恐尚未知有此，又可惜世界与国家却无运命可算，二三年中正未知有何变态也。"随后又在致狩野直喜的信中言："世界新思潮澒洞澎湃，恐遂至天倾地坼。然西方数百年功利之弊非是不足一扫荡，东方道德政治或将大行于天下，此不足为浅见者道也。"所见与梁任公的《欧游心影录》略同。

王静安先生的这一思想趋向值得注意，我在九十年代初出版的《中华文化史》中，曾以梁任公的《欧游心影录》和梁漱溟的《东西文化及其哲学》为例，讨论发端于一九一五年的东西方文化论战。这一论战的第一阶段从《新青年》创刊到五四运动爆发，主要讨论比较东西方文化的优劣；五四运动爆发，则进入论战第二阶段，转而讨论东西文化相互融通的可能性和必要性；而梁任公的《欧游心影录》和梁漱溟的《东西文化及其哲学》的出版，则将论战推向第三阶段，梁漱溟和梁任公一样，认为西方文明已经破产，"不怕他不走孔子的路"，当时柳诒徵著文对梁漱溟表示支持，而曾经支持章士钊"中西方文化调和论"的陈嘉异，也转而支持梁漱溟，认为东方文化远优于西方文化，万万不可与之"融合"。当时梁启超和梁漱溟都遭到了严厉的批判，首位批判梁漱溟的，便是与梁漱溟同为北大教授的胡适，当时的王静安先生则是站在二梁一边的。

周君此书中，还有许多专题性质的研究，有些是前人较少涉猎的，比如“遗老与欧战”、“遗老与共产主义”等，尤为可贵的是，他将二十年代王国维对共产主义的看法放在“联俄联共”的背景下加以考察，同时联系到同时期的“赤白仇友之争”，指出以王静安先生为代表的清遗老对于共产革命的敌视，与其自身的文化立场有关。周君更援引台湾学人林志宏的观点，进而认为伪“满洲国”的建立，实际上也与清遗老对于共产革命的敌视有关，周君提到，当时敌视苏俄、主张建立伪“满洲国”的王式便曾经在奏折中对溥仪言说：“今闻臣张宗昌已归顺朝廷，曾造臣金卓至大连，订期面商，加入团中，两月之间成军可必，成军之后即取东三省，迎銮登极，或俟赤俄削平，再登大宝。”此说颇值得注意。

王静安先生的一生，不单是一介书斋学人，从周君的书中可以得知，王先生对中外史事亦有独到见解。刘知几曾提出治史要兼备史才、史学、史识，其中最重要的则是要秉笔直书，周君此书，对王先生之于政治的关心加以系统性的研究，还原了王先生为人忽视的关心政治的一面，这或许是此书最大的贡献。

冯天瑜

2012 年 7 月 21 日

序于武汉大学中国传统文化研究中心

引　言

清遗老与辛亥革命

辛亥革命之于清遗老这一群体的震动，不仅仅在于类似于明末清初遗民群体历经王朝更替的天崩地裂，更重要的一如李鸿章上书慈禧太后的奏折中所言乃是三千年未有之变局，伴随着政治面貌的天翻地覆，纲常伦理亦土崩瓦解，新思潮、新学说蜂拥而至，清遗老在这一局面中何以自处，令人深思。王国维一九二四年曾在上书溥仪的奏折中痛言："辛亥之变，而中国之政治学术几为新说所统一矣，然国之老成，民之多数尚笃守旧说，新旧之争，更数十年而未有已，国内混乱，无所适从。"[①]

这一无所适从的境遇，恰恰可以以王国维等诸遗老自身的经历作为注解，王国维、罗振玉二人在辛亥革命之后东渡日本，辛亥革命之于罗、王二人学术上的影响，多多少少可以找出痕迹，而沈曾植、郑孝胥二人于辛亥革命起时寓居上海，沈氏书札中清晰地留下了其对于辛亥革命的反感，而郑孝胥斯时是盛宣怀的幕僚，他在辛亥革命中的种种行动，亦颇令人玩味。

---

① 袁英光、刘寅生编著:《王国维年谱长编》，天津人民出版社，1996 年版，第 517 页。

一

辛亥革命起，王国维与罗振玉携家东渡，一去数年，王氏的学术取向也因辛亥革命发生深刻变化。他于民国初年所写的《宋元戏曲考》，即是其文学研究上的绝笔之作，日久经年，当日本学者问及其在宋元戏曲上的成就时，王国维只字不提，连称不懂。①

这一学术上的转变，罗振玉作出了自己的解释："及辛亥国变，予挂冠神武，避地东渡，公携家相从，寓日本京都，是时予交公十四年矣……至是予乃劝公专研国学，而先于小学训诂植其根基，并与论学术得失。"② 罗振玉虽然极力强调自己之于王国维学术道路改辙的作用，但却未能强调这一作用的起因，对此，王国维的弟子徐中舒给出了清晰的答案："辛亥之役，罗氏避地东渡，先生亦携家相从，寓日本之西京。罗氏痛清室之沦亡，于西洋学说尤嫉恨之。至是乃欲以保存旧文化之责自任，且劝先生专治国学。先生乃大为感动，遽取前所印《静安文集》尽焚之。"③

而王国维本人对此亦有文字留存，可供佐证。一九一二年日本学者狩野直喜游欧洲，王国维作诗送别，王国维在致铃木虎雄

---

① 参见陈平原、王风编：《追忆王国维》（增订本），三联书店，2009年版。

② 罗继祖主编，王庆祥、王同策助编：《王国维之死》，广东教育出版社，1999年版，第6页。

③ 同上，第18页。

的信中有两处记载。一次王国维写道："先生欧洲之行，本拟作五排送之，得数韵后颇觉不工，故改作七古，昨已脱稿。兹录呈指教。"另外一次则谈及其他诸事："前日车站晤言，甚慰渴想，索送狩野教授诗稿，兹特呈上，惟诗中语意，于贵国社会政治前途颇有隐虑，与伦敦《泰晤士时报》意略同，窃念君子居是邦，不非其大夫，况国维以亡国之民为此言乎，贵国人观之，或恐不喜，登录杂志与否，祈斟酌为幸。"①

信中所言诗稿，本是送别之作，但却寓意其中，不仅论学，而且论政，将自我一腔徘徊于政学两界的复杂心理，展露无遗，其中当然留下了其学术易辙的线索，诗云："君山博士今儒宗，亭亭崛起东海东。平生未拟媚邹鲁，肸蚃每与沂泗通。自言读书知求是，但有心印无雷同。我亦半生苦泛滥，异同坚白随所攻。多更忧患阅陵谷，始知斯道齐衡嵩。夜阑促坐闻君语，使人气结回心胸。"②

其中"我亦半生苦泛滥，异同坚百随所攻"当然指的是其在辛亥革命前于哲学文学美学之间的矛盾，"多更忧患阅陵谷"，指的是辛亥革命，"始知斯道齐衡嵩"，则可与此年王国维即将写毕《宋元戏曲考》之后转向国学研究相印证，罗振玉与徐中舒的说法，于此也就得到了注解。

除却王国维在学术上转向国学研究印证辛亥革命对其具体影

---

① 参见吴泽主编:《王国维全集·书信》，中华书局，1984年版。

② 陈永正著:《王国维诗词笺注》，上海古籍出版社，2011年版，第142~143页。

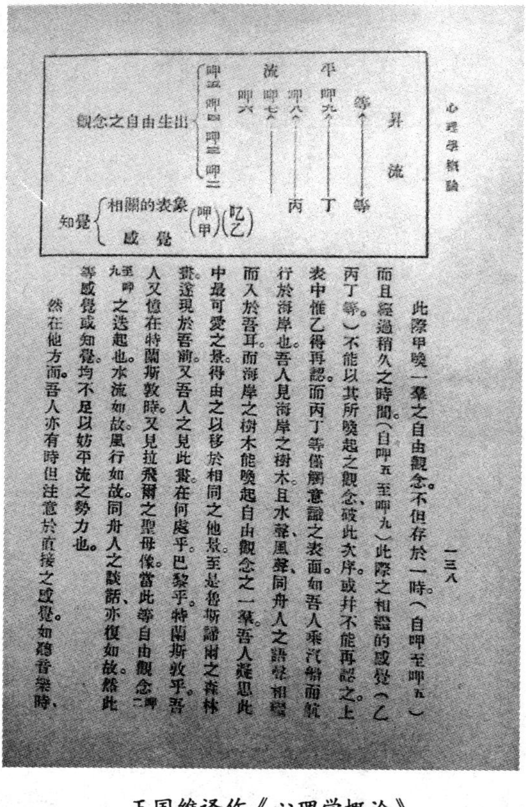

此際甲喚一羣之自由觀念。不但存於一時。（自呷二至呷九）而且經過稍久之時間。（自呷五至呷九）此際之相繼的感覺（乙丙丁等。）不能以其所喚起之觀念、破此次序。或并不能再認之。上表中惟乙得再認。而丙丁等僅觸意識之表面。如吾人乘汽船而航行於海岸也。吾人見海岸之樹木。且水聲、風聲、同舟人之語聲相繼而入於吾耳。而海岸之樹木能喚起自由觀念之一羣。吾人凝思此中最可愛之景。得由之以移於相同之他景。至是魯斯謫爾之森林畫。遂現於吾前。又吾人之見此畫。在何處乎。巴黎乎。特蘭斯敦乎。吾人又憶在特蘭斯敦時。又見拉飛爾之聖母像。當此等自由觀念（呷二至呷九）之迭起也。水流如故。風行如故。同舟人之談話、亦復如故。然此等感覺或知覺。均不足以妨平流之勢力也。

然在他方面。吾人亦有時但注意於直接之感覺。如聽音樂時、

王国维译作《心理学概论》

响之外，其在书信中多次提及辛亥革命之于其具体影响，同时也对于辛亥革命之后的政局多有描述，王国维最终在遗老的路上渐行渐远，其目睹张勋复辟，入职南书房，亲历冯氏逼宫之时的言行，俱可作为佐证。

王国维在一九一三年致罗振玉的信中对于国内的护法运动表示了自己的关切："南北交讧，势成决裂，然将来或以妥协了事，亦未可知。"[①] 又如一九一六年二月谈及沈曾植之于中国时局的观感："乙老昨日长谈，颇负悲观。乙老对时事，谓南人欲恢复辛亥冬间状态，是适以助北，故近又不能乐观云云。"[②] 再如三月四日致罗振玉之信谈及讨袁运动："昨寐老言，北方既不能支持，而云贵两省蔡锷、李烈钧两党交閧不成事体……一切状态与辛壬之间无异。""静观大局，乱靡有定，识者多谓此次当烈于辛壬之变。"[③]

由此种种无疑可以看出，王国维绝非固守书斋不问政治的学人，他的学术取向与他的政治观念、政治取向紧密相连。尤其是辛亥革命以来事变与时变之于他的深切刺激，从张勋复辟至冯玉祥逼宫，从俄国革命至国共北伐，王国维在书信文章中皆有深切反省，这些线索，提示了我们这位悲剧性的学人背后更加意味深长的内容。

---

① 《王国维全集·书信》，第 37 页。

② 同上，第 48~49 页。

③ 同上，第 61~68 页。

二

罗振玉在辛亥革命之前，曾积极投身戊戌变法，同时兴办教育，创办《农学报》、《教育世界》等刊物，名驰海内，湖广总督张之洞在一九〇三年上书朝廷举荐罗振玉时曾言："学问优长，近年究心中外农学及教育学，广为搜集选辑流转，深裨世用，确系有用之才。"[①]他与张之洞等清末高官交往密切，由此也为他日后成为清遗老埋下了伏笔。

辛亥事起，罗王相约东渡，由此成就学术史上的一段佳话，此处略去不表。值得注意的是罗振玉在回忆录《集蓼编》中，对于其东渡日本之后的学术活动有所提及，但他依然对于政治表现出了深切的恋恋不舍，充分体现了罗振玉徘徊在学术与政治之间的彷徨，也充分体现了其作为一名清遗老的政治立场，谈及武昌起义，罗振玉留下了这样的文字："武昌变起，都中人心惶惶。时亡友王忠悫公亦在部中，予与约各备米盐，誓不去，万一不幸，死耳。及袁世凯再起，人心颇安，然予知危益迫也矣。"[②]

罗振玉不仅与王国维一样在辛亥革命时决意效忠清室，同时对于袁世凯的崛起，表现出了迥异于常人的不安，然而需要提醒注意的是，事后追忆的文字，往往带有自我标榜的意味，正如罗氏过分强调辛亥之际他的忠告之于王国维学术转轨的影响，对待

① 参见罗琨、张永山著：《罗振玉评传》，百花洲文艺出版社，2010年版。

② 罗振玉著：《雪堂自述》，江苏人民出版社，1999年版，第39页。

罗振玉辛亥之际的言行，不仅仅要听其言，更要观其行，罗振玉斯时的言论，无疑意味深长，罗振玉指出："方予携家浮海时，汉阳已克复，武昌尚未下。都中同志，尚冀时局可以挽回。宝公（熙）谓予曰：'君竟洁身去耶？盍稍留，俟必无可为，然后行。'予乃诺以送眷东渡后即孑身返都。既至东三日，即附商舶至大连，遵陆返春，明知已绝无可为，践宿诺而已。比至，众亦谓大事已去，留旬日，乃复东渡。壬子岁朝，逊政之讯乃遽至海东矣。"①

可以看出，罗氏之所以于清室如此尽忠尽职，不仅在于自身的政治认同与学术取向，他人的激励亦是其中重要原因。与王国维不同之处在于，罗氏精通世故，所以行文中留下了践宿诺的文字，但是究竟践诺与否，亦需仔细考察，前文提及"万一不幸死耳"，未能践诺，及至冯氏逼宫，又与王国维相约赴死，亦未践诺。王国维自沉之后，陈寅恪挽诗中有云"越甲未应公独耻"，既是对王国维践诺的由衷表彰，也是对于罗振玉的微辞。罗氏之政治态度，由此可见一斑，而其自一九一一年至一九一四年于日本与王国维切磋学术，究竟有多大的坚持，亦不难细察。

一九一四年罗振玉因多种原因，决意返回国内，在沪上会见遗老领袖沈曾植，他在回忆文字中，依然对于袁世凯愤愤不平，这不妨作为尚存真伪争议的史料加以考察，罗氏此文，亦可管窥其暮年日渐深重的遗老心态，尤其是其在沪上约见沈曾植时重归

① 《雪堂自述》，第40页。

故园的感慨，亦让人玩味："袁氏假共和以窃国，阴欲窃帝号以自娱，及称帝不成，而愤死。柯蓼园学士乃邮书，招予返国，谓袁已伏天诛，辽东皂帽盍归来乎？予复书，言郿坞虽倾，李郭尚在，非其时也。"①

三

作为一个被学术史几乎遗忘的人物，九十年代以来，沈曾植的重新浮出水面，无疑是一件让人欣慰的事，王国维曾在《七十寿序》中对于沈氏不吝赞许："其忧世之深，有过于龚魏，择术之慎，不后于戴钱。"王国维笔下这位继往开来的人物，湮没在浩瀚的历史中，不复踪迹。九十年代葛兆光曾经援引沈氏晚年自寿诗，感慨历史惊人的遗忘："蓦地黑风吹海去，世间原未有斯人。"沈氏的生平由此变得模糊，难以看清。

一九一一年的沈曾植，一如故往，沉潜在诗文之中，同时也参与政治，只是意味稍显疏懒，身逢衰世，其在书信中，多多少少流露出了之于政治格局的关切，如四月七日致信吴庆坻谈及清末以来逐渐形成的自治格局："自治操之太急，杞忧诚妄，曹治无期，尝语客：国家法制期富强，地方自治期安靖，遍观各国，咸出两途。"②

沈氏毕竟是晚清开明士大夫阶层中屈指可数的保守人士，开

---

① 《雪堂自述》，第45页。

② 许全胜撰：《沈曾植年谱长编》，中华书局，2007年版，第356页。

明之中，仍显保守。晚清自洋务运动以来，形成的自治格局，沈氏对此颇有非议，须知正是自治格局于洋务运动之后的初步形成，使得义和团云起风涌之际，东南诸省得以保全，沈氏一叶障目，由此可以看出。

而在四月三十日致李氏的信中，沈氏则多多少少保持了政治上的清醒，知晓何谓有所为有所不为："研究会既在北京开办，将来即以首善为总会根基，王舍城中，诸天瞻敬，不必沾沾于旧都，沪上更无论也，新研究会，贱名暂不列入，副会长恐须另推，将来或贡献一两文字于杂志可耳。"①

看似闲散的背后，实际上有着更为周全的考虑，沈氏的淡然，实际上是政治上更大的抱负，及至辛亥革命事起，沈氏的临危不惧，可见大将风度，但是最终不免流露出士大夫的忧国之感。《沈子培先生行略》记录下了沈氏当时的言行："辛亥秋，乱事起，余与沪上诸同志集于先生寓所，所以补救之，同人令余赴京担任外交事务，旅费已备矣，先生独排众议，执余手曰：方今革命猖獗，君切不可冒无谓之险，危及生命。我辈随时随地皆可以死，然死则死一处死耳。"②

沈曾植此后尚与张謇互通往来，讨论如何处理时局，斯时的张謇，受袁世凯之请托，与杨廷栋、雷奋两人代拟逊位诏书，这份清帝逊位诏书，早在未成稿之前，便已注定了其政治上的权衡色彩，张謇在致沈曾植的信中有云："沧桑矣，居士观念云何？

① 《沈曾植年谱长编》，第356页。

② 同上，第361页。

比答人言：对于立宪旧君，不能无礼，对于共和之新君，不能无义。礼义之通，则不愿为溥仪时代之行政官，不敢辞厚同性质之议会长，故与一切人坚明约束。”①

张謇徘徊于旧朝新朝之间的彷徨，沈氏自然抱持了相当程度的恶感，因此与张謇话不投机，张謇遂谨以前语责之老友，二人形同冰炭，这也是一个时代的缩影。而当张謇杨度诸人拟定的《清帝逊位诏书》颁布之后，沈氏悲愤难平，泪如雨下："某夕，侍者以一号外入，视之则逊诏也，我辈乃同起北面而跪，叩首哀嚎，闽人跪地不起，大呼曰：'国破君亡，臣不欲生矣。'又数日，余复见先生，问先生曰：'事已如此，我辈将如何？'先生泪流满面，执余手而言曰：'世受国恩，死生以之，他非所知也。'"②

可想而知，沈氏斯时的心境何其惨淡，而这一时期，再也不见沈氏交游的痕迹。一九一二年四月十一日，郑孝胥作诗一首，表达与沈氏的惺惺相惜之情："老向穷途道更穷，膝痕穿榻稿书丛。堂堂白日人谁在，杳杳高楼世岂通。宁死自甘等丘壑，逃虚未暇托冥鸿。行逢宿草何妨哭，留阅兴亡只等翁。"③

沈氏心情，可见大坏，《退庐文集》卷二记载："子培伪称足疾，已数月不下楼矣。"而《学制斋诗钞》卷二亦有记载："沈君足弱谢常客：子培沈君居三楼上，戒断常客，别后髯髯侵苍苍，休文带缘体中恶，坐忆天柱从中伤。"后面的注云："君官皖，建

① 《沈曾植年谱长编》，第361页。

② 同上，第361~362页。

③ 同上，第363页。

天柱阁，坐客谈此阁被毁，君默然。”[①]

沈氏的消沉，固然是清帝逊位之后的伤感，同时也在暗中等待时机，以期有所作为，果然到了十月，便出面全全筹备孔教会，这一举动的政治意味，不语自明，而这一年来，他与邮传部侍郎于式枚、前京师大学堂监督刘廷琛、前御史王宝田互通声息，热心复辟，则已经显示出了一九一七年他积极参加张勋复辟的前兆，王国维与罗振玉往来书信中言及沈氏对于民国之痛恨，皆可看做这一行为的注脚。

四

郑孝胥如同沈氏一样，也曾积极参与到晚清的政治变革当中。他曾是张之洞幕府的首席尚参，为其策划路政军政，他也曾投身戊戌变法，同时对康、梁诸人则多有批评，而在清末领导预备立宪公会，则是他一生中最杰出的表现。他与张謇以及汤寿潜被称作民间立宪运动三杰。除此而外，他与陈寅恪的父亲陈三立一样，是清末同光诗坛的领袖人物，其书法亦名著当时。[②]

武昌起义前夜，郑孝胥被任命为湖南布政使，据说是因为当时湖南的保路运动风起云涌，但当时的湖南巡抚端方毫无办法，湖南布政使又素为湘人所恶，郑孝胥既能坚持铁路国有之原则，

① 《沈曾植年谱长编》，第363页。

② 参见徐临江著：《郑孝胥前半生评传》，学林出版社，2003年版。

又有绥靖广西的经验，于是被朝廷选中。[①] 罗振玉致王国维信函中有“昨闻湘变，湘抚被戕，电信已断”一语，正是湖南在辛亥革命前夜的时局。

但是未及郑孝胥上任，武昌起义爆发，郑孝胥得知这一消息，显然太过迟缓。十月十一日，他的日记中记载：“过孟庸生，闻湖北兵变，余往谈。”罗振玉向盛宣怀提出四点建议，招招得其要领：一、以兵舰速攻武昌。二、保护京汉铁路。三、前敌权宜归一。四、河南速饬戒严。[②]

郑孝胥对于辛亥革命的态度，由此可见，而在其后他积极参与镇压，亦是不争的事实。尤其是他对于即将沦陷的湖南的关切，日记中留下了诸多线索，十月二十三日日记记载：“晤盛宫保，出示电局来电，云长沙电局已为乱党占据，万急。”十月二十六日日记记载：“长沙自三十日以后无安电，而岳州税务司有电至京，言‘长沙失守，余抚台已逃去’。”[③]

长沙沦陷，对于郑孝胥的打击非常大，意味着在相当一段长时间里，他的政治生命宣告停滞，他在第二天的日记中，对于清廷有着深切的反思，但言语之中依然有所保留：“政府之失，在于纪纲不振，苟安偷活，若毒痡天下，暴虐苛政，则未之闻也，故今日犹是改革行政之时代，未遽为覆灭宗祀之时代。”[④]

---

① 参见《郑孝胥前半生评传》，第 236~237 页。

② 劳祖德整理：《郑孝胥日记》，中华书局，1993 年版，第 1349 页。

③ 同上，第 1351~1352 页。

④ 同上，第 1352 页。

而与某些遗老不同的是，郑孝胥对袁世凯抱持相当程度的期许，并将袁世凯提高到了主持立宪运动的高度，以此对革命党实行了话语上的讨伐：“此时以袁世凯督湖广，兵饷皆恣与之，袁果有才破革党，定乱事，入为总理，则可立开国会，定皇室，限制内阁责任，立宪之制度成矣，使革命党得志，推倒满洲，亦未必能强中国。”①

十月二十九日，郑孝胥抵达上海，躲入租界，坏消息接二连三传来：“阅《申报》初五日，资政院劾盛宣怀，奉旨革职，永不叙用。”十月三十日，报言：“初六、初七，北军克汉口。”②这一天正是重九。郑孝胥在日记中感慨：“登台凭眺，真欲发狂，与其坐以断肠，无宁与匪决死。”③十一月十五日，郑孝胥日记中终于再次出现了袁世凯的身影，系阅《申报》时的摘录：“袁世凯启程入京时，曾电内阁，谓革党内讧，黎元洪决降，已允电致某省解散。”④

而仅仅时隔七天，袁世凯内阁便宣告成立。郑孝胥的心情，实际上并未随着袁世凯组阁而好转，他在十一月二十二日，对于畅谈共和者大加攻击：“南方士大夫毫无操守，提倡革命，附和共和，共和者，公理之至也，矜而不争，群而不党之效也，此岂时人之所希望乎？”⑤若干年后，溥仪在追忆郑孝胥时，一再强

① 《郑孝胥日记》，第1353页。
② 同上，第1354页。
③ 同上，第1354页。
④ 同上，第1356页。
⑤ 同上，第1362页。

调郑孝胥的三共论（编者注：三共论指，“大清亡于共和，共和亡于共产，共产亡于共管”。）与斯时郑孝胥攻击倡言共和者，可谓一脉相承。

第一章

清帝逊位与罗王东渡

第一节　乘槎浮海

有关王国维与罗振玉东渡的原因，“文革”之后王国维研究的先行者萧艾指出，罗振玉后来所写的回忆录《集蓼编》留下了线索。罗振玉离开苏州自然与张謇有着直接的关系，而且罗振玉后来在学部任职时，张謇又是全国教育会长，议论常常与罗氏相左，加上后来辛亥革命爆发，张謇与袁世凯私交密切，而罗振玉本人又素来与革命党交恶。另外一个重要的原因则是，罗振玉的亲家，著名的甲骨文专家刘鹗，便是因为遭到袁世凯的迫害被发往新疆致死。罗振玉认为辛亥革命之后，政权不是归于革命党，便是归于袁世凯，而他在《集蓼编》中直斥袁世凯为元凶，因此辛亥革命之后他决意东渡，王国维也自然跟随他前往日本。[①]

而罗振玉去日本还有一层原因则是他听从了日本和尚橘瑞超的劝告，橘瑞超乃是受日本僧人大谷光瑞的嘱托。大谷光瑞是日

① 萧艾著：《王国维评传》，浙江文艺出版社，1983年版，第80页。

本西本愿寺的第二十二代法主，一九〇二年曾经以探寻佛迹为名，率大谷探险队前往中亚、新疆、喀什米尔、犍陀罗、印度等地。一九〇九年，他派遣橘瑞超等人发掘考查吐鲁番、库车等地文物，后来又派橘瑞超等人赴新疆省考察文物。他们劝罗振玉去日本，很大程度上是因为罗振玉拥有大量的出土文物。而罗振玉也恰有此意，罗振玉早先曾和藤田丰八商议将家中所藏名人字画近百幅送往日本展览，并且有出售之意，日本的内藤湖南、狩野直喜等都来信劝罗振玉早日启程，并且为罗振玉在日本提供了各种便利，罗氏便将家中所有书籍文物等贵重物品交由本愿寺的和尚代为搬运至日本，自己则和家人会同王国维及王国维的一家老小，前往日本。[①]

另据王亮兄告知，当时王国维的次子王仲闻，似乎并未随罗、王东渡，据说被送到海宁老家寄养，此说未能确认。王亮曾经翻看过其祖父王仲闻的档案及相关资料，皆未提及当时王仲闻与王国维一起东渡，王亮曾经就此事询问姑婆王东明女士，遭到王东明女士的驳斥，王东明女士认为当时王仲闻肯定随罗王一起东渡，但两人都没有确切证据，此处存考。

日本学者狩野直喜后来如此追忆辛亥革命之后的王国维："中国革命发生，王静安君携家与罗叔言君同来我国京都，居住了五六年，在这段时间，他与我经常有往来。从来京都开始，王君在学问上的倾向，似有所改变。这就是说，王君似乎想更新中国经

① 《王国维评传》，第 79~80 页。

学的研究，有志于创立新见解。例如在谈话中，我提到西洋哲学，王君总是苦笑着说，他不懂西洋哲学。其后从元代杂剧的研究扩大成《宋元戏曲史》，此书对王君可说是业余的著述。正如其常说的，杂剧的研究以《宋元戏曲史》为终结，以后不再研究了。当时王君学问研究的领域，已转了一个方向，当时王君似在精读《十三经注疏》，前四史也在精读之列。寓居京都时闲暇日多，自然耽于精读，为读书而翻破书，是件有意义的事。除非有很多闲暇，不然那是不可能的。我想或许是上帝厚爱王君，给予他此一个大好机会。"①

王国维初到日本这一年，学术上并没有太大的增进，可见的学术文章大多都是跋文，如《岩下放言跋》、《清异录跋》等，均刊登在《观堂别集》、《庚辛之间读书记》等著作中，可见王国维对这些文章并不非常看重。②而更为重要的原因则是，王国维这段时间刚到日本，一切尚未安定，所以学问方面稍有耽搁。

第二节 《清帝退位诏书》的台前幕后

一九一二年，王国维已经在日本京都定居，但是仍然非常关心国内政局，一月二十六日，在袁世凯的指使下，北洋军将领连忙通电"赞成共和"，二月十二日清帝颁布《清帝逊位诏书》，宣布退位。四月袁世凯窃取政权，王国维当时写作《读史二绝句》，

① 《王国维年谱长编》，第73~74页。

② 同上，第74页。

讽刺此事。[①]

虽然史学界目前有关于《清帝逊位诏书》的产生过程尚存在着争议，但是其中张謇、杨度、杨廷栋和雷奋这些晚清的君主立宪派乃是重要的参与者，而这些人恰恰具备完整的宪政思想背景。从这一层面上来说，这些晚清宪政主义者参与的《清帝逊位诏书》，在民国初年具有非比寻常的示范意义。

目前学界对张謇的研究，多集中在经济思想、教育思想等方面，对张謇的宪政思想并没有太多的作出评述。实际上早在戊戌变法之后，张謇便已写成《变法平议》一文，成为其宪政思想的滥觞。虽说《变法平议》在戊戌变法的大背景下，显得微不足道，但是其中依然有着值得借鉴之处。比如张謇强调变法应"日行百里而阻于五十，何如日行二三十里者之不至于阻而犹可达也"。[②]此一语充分昭显了张謇坚持改良主义道路的思想底色。当孙中山、黄兴提出用暴力革命的君主立宪思潮时，张謇的《变法平议》，谨小慎微地为中国的走向提出了自己的设想。张謇在宪政的道路选择上为人们指明了道路，同时还十分注重宪政道路的实际运作，具体而言，便是十分强调设立国会与责任内阁，这便抓住了民主政治的咽喉，可谓蛇打七寸。

与张謇相似的是，后来在宪政思想上对张謇影响甚大的杨度对于中国的君主立宪道路颇有见解。早在一九〇〇年，杨度便在

① 《王国维诗词笺注》，第140页。

② 张謇研究中心、南通图书馆编：《张謇全集》第一卷，江苏古籍出版社，1994年版，第38页。

王国维在日本

日记中谈论君权与相权之关系，换成民主政治的说法，便是总统与责任内阁的关系问题。杨度认为："凡君民共主之国，相权重于君权，每易一相，则朝局一变。"① 这一描述，已初步接近民主政治的本真。而在一九〇八年，杨度更是迎来了他生命中重要的时刻。经人推荐，他被清廷任命为宪政编查馆行走，任参议兼考核专科会办，其宪政思想，由此得以发展，之后更是成为提倡"政党内阁制"的中国第一人。②

实际上早在辛亥革命前夕，革命派与立宪派展开论战之际，杨度就以超然的立场对中国的立宪问题作出了自己的解释，他并不关心革命派与立宪派在道路选择上的歧异。五大臣出洋考察宪政时，杨度便受命担任咨询工作，撰写了《实施宪政程序》与《中国宪政大纲应吸收东西各国之所长》，五大臣回国之后，原封不动地将杨度的报告作为奏章上奏。③ 于是，清末立宪由此展开。

正是因为如此，以康有为为主的保皇派，以孙中山为主的革命派，以张謇为主的立宪派，无不对杨度另眼相看。康有为认为其颇可为保皇尽力，而革命派则将其引为同志，但杨度最终选择了与保皇派革命派划清界限，逐渐与张謇过从甚密，最终成为了立宪派的中流砥柱。④

---

① 参见周小喜、肖洪华：《论杨度君主立宪思想》，《长沙大学学报》，2009年第7期。

② 参见沈其新：《杨度是"政党内阁制"的首创者—— 兼论杨度的宪政思想》，《求索》1991年第5期。

③ 同上。

④ 同上。

而《清帝逊位诏书》的具体撰写者雷奋和杨廷栋，都是晚清立宪派的代表人物，曾经官费留学日本，当张謇受袁世凯之托拟写《清帝逊位诏书》时，第一时间想到的便是杨廷栋和雷奋。当时张謇身为立宪派的领袖，其政治主张与清廷颇有相似，同时亦顺应历史潮流，所以被袁世凯相中担任诏书拟稿人，张謇为慎重起见，与杨廷栋、雷奋商议，最终还是由杨廷栋执笔，文成后由雷奋送京交给袁世凯，后来又由杨廷栋等人绘《秋夜草疏图》和疏稿，以为纪念，由张謇作序，杨廷栋作跋。[①]

杨廷栋后来在跋文中记述："云阳程公德全方抚苏，睹时局至此，思为清廷尽最后之忠告，嘱廷栋偕华亭雷君奋邀通州张公謇莅苏熟议。张公适乘沪宁车由宁赴沪，乃与雷君迎至锡站。谒张公于车中，具白所以，即同往苏抚署聚谈。初，张公自起草，继，张公口授，由雷君与廷栋更番笔述之，稿成，已三鼓。"[②]但是杨廷栋这一记述，显然有自谦的成分在其中，电稿至京后，袁世凯请汪荣宝一阅，汪便声称"张季直为文，力模班史，词句硬碰硬，此稿婉转庄肃，情见乎词，不类季直手笔，或当另有其人"。[③]

---

① 参见吴讱：《关于〈清帝退位诏书〉和〈秋夜草疏图〉》，《民国档案》1991年，第1期。

② 同上。

③ 同上。

第三节　抨击袁世凯

《清帝逊位诏书》的颁布，标志着辛亥革命最终推翻了帝制，而身为大清遗老，王国维自然悲从中来。他在《读史二绝句》中对此有所表示，其一云："楚汉龙争元自可，师昭狐媚竟如何？阮生广武原头泪，应比回车痛哭多。"其二云："当涂典午长儿孙，新室成家且自尊。只怪常山赵延寿，赭袍龙凤向中原。"①

这两首诗用典极多，第一首的起首"师昭狐媚"指的是密谋篡位的司马兄弟，代指袁世凯欺凌清室孤儿寡妇，逼迫清帝退位。而"阮生"则是王国维自喻，后两句的意思是朝代更迭，像袁世凯这样的竖子也成为英雄，由此产生的痛苦比个人自伤身世要强烈得多。②

而第二首则沿用第一首的典故，另外更有深意，"当涂"代指魏国，"典午"代指司马氏，"新室"则指的是王莽篡位后改国号为"新"，"成家"则是东汉公孙述在蜀成都称帝时的号，此句意指袁世凯称帝必然不能长久。③

王国维第二首诗中的赵延寿，可能别有所指。罗振玉《集蓼编》中曾经有记载，是年罗振玉于京都净土寺町建楼四楹，寻增书屋，颜曰"大云书库"，落成日，都人适有书来为赵尔巽聘罗

① 《王国维诗词笺注》，第139~141页。

② 同上，第140~141页。

③ 同上，第141~142页。

振玉为清史馆纂修，罗振玉大怒而“焚其书”。赵尔巽依附袁世凯，颇为遗老所不满。[①]而罗振玉素来以“商遗”自居，以示效仿不食周粟的伯夷、叔齐，已经确认了其遗老的身份，因而对赵尔巽的聘任，自然是嗤之以鼻。

陈永正先生认为，王国维此诗编订于一九一二年，当时赵尔巽尚在青岛，还没有应袁世凯的聘任出山。但是当时清朝旧官吏投靠袁世凯的甚多，且多恃袁氏之势凌人，故而王国维以赵延寿设喻，所讽刺的不仅仅是赵尔巽一人。[②]这一点也是王国维对于自身遗老身份的进一步确认。

第四节　《颐和园词》中的晚清史事

一九一二年三月，王国维在京都撰写《颐和园词》这一长篇巨制，写成之后，罗振玉“见而激赏”，“为手录影印行世”。王氏本人也甚为得意，致信铃木虎雄自称“虽不敢上希白傅，庶几追步梅村。盖白傅能不使事，梅村则专以使事为工。然梅村自有雄气骏骨，遇白描处尤有深味。”[③]

铃木虎雄复信云：“日前垂示《颐和园词》一篇，拜诵不一再次。风骨俊爽，彩华绚烂，漱王、骆之芬芳，剔元、虞之精髓。况且事该情尽，义微词隐。国家艰难，宗社兴亡，兰成北

---

① 《王国维诗词笺注》，第142页。

② 同上，第142页。

③ 同上，第117页。

徙，仲宣南行，惨何加焉。”信中又称此诗“隐而显，微而著，怀往感今，俯仰低徊，凄婉之致，几乎驾娄江而上者，洵近今之所罕见也”。[①]

王国维后来又写信给铃木虎雄，信中有云：“《颐和园词》称奖过实，甚愧。此词于觉罗氏一姓末路之事略具，至于全国民之运命，与其所以致病之由，及其所得之果，尚有更可悲于此者，拟为《东征赋》以发之，然手腕尚未成熟，姑俟异日。”[②]王国维此处提及的《东征赋》，前一封信中曾经提及：“前从《日本及日本人》中，见大著《哀清赋》，仆本拟作《东征赋》，因之搁笔。”[③]

王国维自以为此诗虽不敢与白居易的名作如《长恨歌》等相比，但也可追步吴伟业的《圆圆曲》。[④]陈寅恪在王国维去世之后，又将王国维的这首《颐和园词》，比之以元稹《连昌宫词》，在《王观堂先生挽词》有云：“曾赋《连昌》旧苑诗，兴亡哀感动人思。岂知长庆才人语，竟作灵均息壤词。”

陈永正先生引钱仲联《近代诗钞》对此诗的评价，其中有云：“这首诗写晚清诸史事，与王闿运《圆明园词》可算是近代诗苑中的一对奇花异葩。”[⑤]然而后人亦有不同意这种评价。《萧笺》中认为《连昌宫词》“岂《颐和园词》所能企及”，又谓“静

---

① 《王国维诗词笺注》，第117页。

② 谢维扬、房鑫亮主编：《王国维全集》第十五卷，浙江教育出版社，2010年版，第58页。

③ 《王国维全集》第十五卷，第57页。

④ 《王国维诗词笺注》，第117页。

⑤ 同上，第118页。

安是时之思想境界极属可悲”。钱仲联、钱学曾后来在《清诗精华录》又说道：“由于作者清遗老的立场，对慈禧多称颂之词，对清朝灭亡也流露了痛悼哀伤之情。”[①]但是钱仲联此说，未免有预设之嫌疑，多少有些后见之明，难免沾染了进步史观的余味。

王国维此诗起首云：“汉家七叶钟阳九，澒洞风埃昏九有。南国潢池正弄兵，北沽门户仍飞牡。仓皇万乘向金微，一去宫车不复归。提挈嗣皇绥旧服，万几从此出宫闱。东朝渊塞曾无匹，西宫才略称第一。恩泽何曾逮外家，咨谋往往闻温室。亲王辅政最称贤，诸将专征捷奏先。迅归欃枪回日月，八方重睹中兴年。”此段追述咸丰朝历史，歌颂慈禧太后任用贤能，国家重见中兴。[②]

而此诗的第二段，王国维则详尽的描写了修建颐和园的场景以及在宫中行乐的情况，诗云：“西直门西柳色青，玉泉山下水流清。新锡山名呼万寿，旧疏湖水号昆明。昆明万寿佳山水，中间宫殿排云起。”又云：“丹陛大陈三部伎，玉卮亲举万年觞。嗣皇上寿称臣子，本朝家法严无比。问膳曾无赐坐时，从游罕讲家人礼。东平小女最承恩，远嫁归来奉紫宸。卧起每偕荣寿主，丹青差喜缪夫人。尊号珠联十六字，太官加豆依前制。别启琼林贮羡余，更营玉府搜珍异。月殿云阶敞上方，宫中习静夜焚香。但祝时平边塞静，千秋万岁未渠央。”[③]

① 《王国维诗词笺注》，第 118 页。

② 同上，第 121 页。

③ 同上，第 121 页。

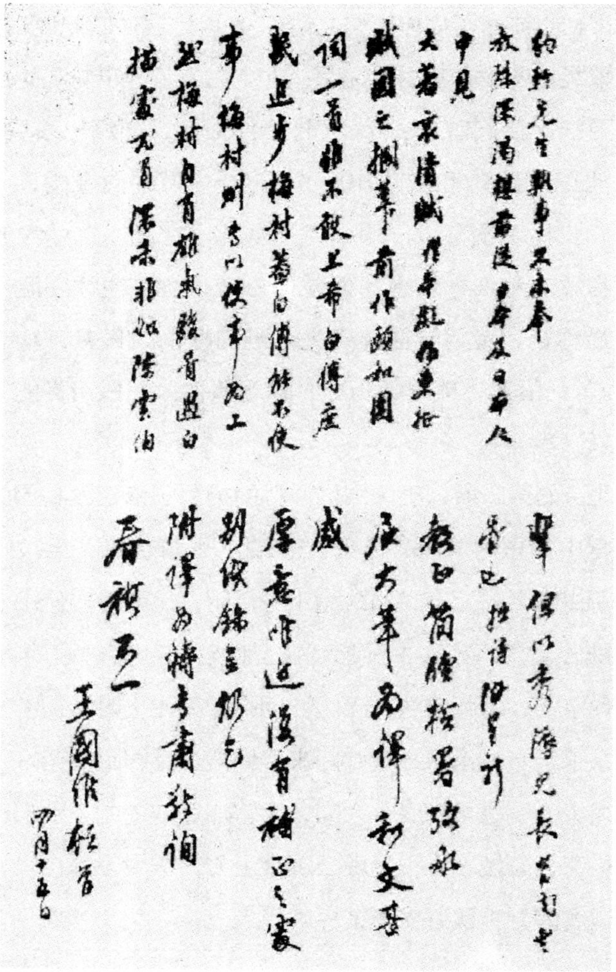
豹軒先生執事：又承奉
教，殊深荷謝。往在日本時，於
中見
大著《哀清賦》，作者題係東海
賦國之撫慕。前作《頤和園
詞》一首，雖不敢上希白傅，庶
幾追步梅村。蓋白傅能不使
事，梅村則專以使事為工，
然梅村自有雄氣駿骨，遇白
描處，尤有深味，非如陳云伯
輩但以秀潤見長者也
賞也。拙詩附呈，祈
教正。簡牘格局殊
承大華為譯新文甚
感
厚意。昨返滬，有補正之處，
別紙錄呈，如已
附譯，為轉寄甚感，即詢
著祺，不一
王國維頓首
四月十五日

王国维致铃木虎雄

王国维继而以慈禧太后的口吻，追述晚清五十年来的史事："五十年间天下母，后来无继前无偶。却因清暇话平生，万事何堪重回首。"谈到英法联军进逼北京时，王国维写道："忆昔先皇幸朔方，属车恩幸故难量。内批教写清舒馆，小印新镌同道堂。一朝铸鼎降龙驭，后宫髯绝不能去。北渚何堪帝子愁，南衙复遘丞卿怒。"谈到辛酉政变时，王国维写道："手夷端肃反京师，永念冲人未有知。为简儒臣严谕教，别求名族正宫闱。"但是最终却是："可怜白日西南驶，一纪恩勤付流水。甲观曾无世嫡孙，后宫并乏才人子。"[①]

谈到戊戌变法和光绪帝时，王国维写道："一自官家静摄频，含饴无冀弄诸孙。但看腰脚今犹健，莫道伤心迹已陈。"[②]此时王国维已经全然不是当年对于戊戌变法寄予同情的立场，遗老之痕迹，已经清晰可辨。王国维本人也在此诗中对于慈禧，多少有些美化的嫌疑。

王国维本人对此诗极为看重，曾经多次加以修改，罗振玉的手录本和王国维的《观堂集林》中的定本便多有差异。[③]从两者的差异可以看出，王国维后来在定本中刻意渲染清朝灭亡的悲凉情绪，突出自己的遗老立场，而王国维的《观堂集林》出版之时，恰恰是他入职南书房的前夕，也就是王国维在遗老的路上越

---

① 《王国维诗词笺注》，第127~132页。

② 同上，第132页。

③ 同上，第138~139页。

走越远的一九二三年。[①] 这首诗也是对王国维遗老身份的再次确认。佛雏后来指出王国维此诗充满“孤臣孽子”之意，[②] 但是佛雏先生此言，多少与钱仲联先生的后见之明“异曲同工”。

① 《王国维年谱长编》，第 362~363 页。

② 佛雏著：《王国维诗学研究》，北京大学出版社，1999 年版，第 376 页。

第二章

遗老身份的自我确认

第一节　哀悼端方

王国维一九一二年十二月曾经致信铃木虎雄，信中有云："近作《蜀道难》一首，乃为端午桥尚书方作。"[①]所谓"端午桥尚书方"，便是字午桥的端方。端方在四川保路运动中被杀，王国维深感惋惜，借用"蜀道难"这一词牌，为客死四川的端方招魂，这一点是耐人寻味的。罗振玉当年任江苏师范学堂监督、学部参事官，便是端方所推荐。[②]王国维哀悼端方，难免有罗振玉的影响在内。

王国维之于端方的哀悼，事实上后来也有所反复，可见还是受到了罗振玉之影响。王国维在一九一八年写给罗振玉的信中曾经提到："永（王国维）之《蜀道难》颇于忠敏（端方谥号）有

① 《王国维全集》第十五卷，第62页。

② 《王国维诗词笺注》，第152页。

微辞，他日尚须补过也。”[①] 此语意味深长。

《蜀道难》起首云：“蜀江委蛇几千折，峰峦十二烟云间。中有千愁与万冤，南山北山啼杜鹃。借问谁化此？幽愤古莫比。”描绘巴蜀雄奇景观。又云：“奉使山林绝驰道，幸缘薄谴归田早。宝华庵中足百城，更将何地堪娱老。”此句当指当年端方担任直隶总督兼北洋大臣时，适慈禧安葬，端方派人沿途照相，又在风水墙内的树上挂满电灯，结果被弹劾，以“大不敬”的罪名被免职一事。[②]

王国维继而写道：“铁官将作议纷纷，诏付经营起重臣。又报烽烟昏玉垒，便移旌节上荆门。”指的是朝廷启用端方为粤汉、川汉铁路大臣，镇压保路运动。但是最终端方难逃一死：“首在荆南身在蜀，归魂日夜西山麓。千里空驰江上心，一时已抉城门目。可怜萧瑟满江潭，无限江南与汉南。莫向翠微旧山色，西风落木归来庵。”[③]

王国维在诗中还花了大篇幅写了端方的收藏，诗中有云：“开府好古生最后，搜罗颇出诸家右。匋斋著录苦未尽，请述一二遗八九。玉刀三尺光芒静，宝鸡铜禁尤完整。孤本精严华岳碑，千言谟训毛公鼎。河朔穹碑多辇致，中余六代朱文字。丹青一卷顾长康，唐宋纷纷等自郐。”端方的这一爱好，有时竟然到了匪夷所思的地步：“开府此外无他娱，到处琳琅载后车。颇怪长沙储

① 《王国维诗词笺注》，第 152 页。

② 同上，第 155 页。

③ 同上，第 160~161 页。

木屑，不愁新息谤明珠。”但是最终的结局却是：“玉轴牙签尽作尘，《兰亭》殉葬更无因。颇闻纪甗归齐国，复道龙文委水滨。”[①]随着端方的去世，端方的收藏也星散各地，令王国维很是感慨。

第二节　再骂袁世凯

一九一三年二月，袁世凯早已经当上中华民国大总统，王国维在这一时间写下了《咏史》五首，对袁世凯大加讽刺，这已经是王国维第二次在诗中讽刺袁世凯，可以想见当时王国维的遗老情怀已经越来越重。

《咏史》第一首云：“六龙时御天，肇迹玄黄战。牧野始开周，垓下遂造汉。洛阳缚二竖，唐鼎初云奠。赵宋号孱王，神武耀淮甸。棱威既旁薄，大号乃涣汗。六合始抟心，群丑亦革面。令行政自举，病去利乃见。游士复庠序，征夫归陇畔。百年开太平，一日资涂炭。自非舜禹功，漫侈唐虞禅。”历述周、汉、唐、宋创业之艰，以“自非舜禹功，漫侈唐虞禅”讽刺袁世凯并无赫赫之功而取得大位，还夸耀说是唐虞禅让般的懿事。[②]

《咏史》第二首云：“先王号圣贤，后王称英雄。英雄与圣贤，心异术则同。非仁民弗亲，非义士莫从。智勇纵自天，饥溺思在躬。要令天下肥，始觉一身祟。百世十世量，早在缔构中。黄屋何足娱，所娱以其功。成家与仲家，奄忽随飘风。所以曹孟德，

① 《王国维诗词笺注》，第156~160页。

② 同上，第173页。

犹以汉相终。”此首写古代的圣贤与英雄皆以仁义治天下，为国家万世着想，最末两句以曹操为例，认为袁世凯不如曹操，他不能与清朝相终而阴谋夺权篡位。①

《咏史》第三首云：“典午师曹公，世亦师典午。赫赫荀贾辈，所计在门户。师尹既多辟，庶政乃无度。季伦名家子，文采照区宇。堂堂南州牧，乃劫西域贾。祖逖出东塘，戴渊踞淮浦。虎狼在堂室，徙戎复何补。神州遂陆沉，百年委榛莽。寄语桓元子，莫罪王夷甫。”此诗专论晋代历史，认为司马氏政权乃是篡位所得，大臣将领皆行邪僻，以致祸乱发生，中原大地遂陷入异族之手。这是王国维讽喻袁世凯手下皆是虎狼之辈，必将使中国陷入“神州陆沉”的境地。②

在《咏史》的第四首，王国维则将目光投向了塞外，显示出了王国维之于中国所面临外患的忧心，其诗云：“塞北引弓士，塞南冠带民。耕牧既殊俗，言语亦异伦。三王大一统，乃以禹迹言。大幕空度汉，长城已筑秦。古来制漠北，独有唐与元。元氏储祥地，唐家累叶婚。神尧出独孤，官氏北地尊。英英文皇帝，母后黑獭孙。用兹代北武，纬以江左文。婉娈服弓马，潇洒出经纶。蕃将在阃外，公主过河源。所以天可汗，古今唯一人。”诗中所描绘的塞外场景，应该是代指西方列强瓜分中国的意图，尤其是辛亥革命时在俄国策动下的外蒙古独立，当时的中华民国政

---

① 《王国维诗词笺注》，第175页。

② 同上，第177页。

府没有承认，但最终外蒙还是从中国分割出去。[①] 王国维对此显然有所寓意，他在《时务报》时期就非常关注西方列强对中国的虎视眈眈。

而《咏史》的第五首则将矛头指向袁世凯手下的谋士："少读陶杜诗，往往说饥寒。自来夸毗子，焉知生事艰。子云美笔札，遨游五侯间。孔璋檄豫州，矢在袁氏弦。魏台一朝建，书记又翩翩。文章诚无用，用亦未为贤。青春弄鹦鹉，素秋纵鹰鹯。咄咄扬子云，今为人所怜。"其中"青春弄鹦鹉，素秋纵鹰鹯"，当是讽刺袁世凯手下谋士游手好闲的生活，以及处事态度如鹦鹉般随人可否与鹰鹯般残暴无情。[②]

第三节 祭奠隆裕太后

一九一三年二月，隆裕太后去世，王国维在日本听闻消息，写了长篇挽诗哀悼。三月底他在写给缪荃孙的信中说："维自阴历开岁后共作诗十余首，而此《隆裕太后挽歌辞五言排律九十韵》颇为满意，惜篇幅太长，不能写呈。"[③] 可见王国维对此诗相当重视。诗中所述虽为隆裕的一生经历，然亦与中国近代史息息相关。隆裕，清德宗孝定景皇后，叶赫那拉氏。都统桂祥女。宣统帝即位后，尊为皇太后，上徽号曰隆裕。辛亥革命爆发，隆裕

① 《王国维诗词笺注》，第 181 页。

② 同上，第 182 页。

③ 《王国维全集》第十五卷，第 49 页。

太后下诏书率清帝退位。①

王国维后来在写给缪荃孙的信中再次提及此诗，信中云:“拙作排律用通韵，法古人，似但有一二字出入。若全首通押，现未能发现其例。惟国维平生于诗最不喜用僻韵，致使一诗中有骈枝之语、不达之意，故大胆为之。且其中‘髯’、‘佥’二字（以今日已无闭口声，故亦放胆用之）阑入‘盐’、‘咸’闭口韵，尤为从古所无。劳玉老曾以是相规，心知其非而不能改也。要之，此等诗非为一时而作，但使后之读此诗者惜其落韵，斯亦足矣。诗止于九十韵，亦由此故，若必敷衍成百韵，则难免无谓之语插入其间，先生以为何如？”② 由王国维本人对此诗的韵律一再推敲，可想见其重视程度。

《隆裕皇太后挽歌辞五言排律九十韵》起首描述了隆裕太后起初并不受宠爱的场景，诗云:“先帝将亲政，旁求内助贤。宗臣躬奉册，天子自临轩。长女爰迎渭，元妃夙号嫄。未央新受玺，长乐故承欢。”按照道理来说，她应该为皇帝生下子嗣，使皇室的继承绵绵不绝，但是“就馆终无日，专房抑有缘”，由此被皇帝抛弃。③

但是晚清在光绪帝手中，越来越多灾多难，王国维描绘了戊戌变法的场景:“家国频多事，君王企改弦。亲臣用安石，旧学重甘盘。调护终思皓，危疑伫得韩。”但是时局忽然发生变化，

---

① 《王国维诗词笺注》，第 193 页。

② 《王国维全集》第十五卷，第 51 页。

③ 《王国维诗词笺注》，第 195 页。

谣传康有为密谋政变，慈禧大怒，恢复垂帘听政："东朝仍薄怒，左卫且流言。玉几陈朝右，珠襦出殿前。"最后光绪帝惨死瀛台："梦去瀛台近，愁来渤海宽。枯桐根半死，古井水长寒。掩抑长生祝，仓皇末命宣。"[①]

慈禧和光绪去世之后的晚清，更加风雨飘摇，袁世凯密谋逼迫清帝逊位："阃外无卢植，山中有谢安。庙谟先立帅，廷议尽推袁。洒落捐前隙，低徊忆后艰。方令调鼎鼐，不独总师干。"但是隆裕太后最后还是答应了袁世凯的退位条件："帝制仍平日，官僚俨备员。"王国维不禁感慨："鹭飞今作客，龙亢昔乘乾。"意即如今的皇帝像飞禽一般来去，再也不像昔日的神龙一般。[②]

王国维当时在致缪荃孙信中说："前作《孝定景皇后挽歌辞》，东报借刊之，今剪出奉上，请政之。"[③]所说《孝定景皇后挽歌辞》即所作《隆裕太后挽歌辞五言排律九十韵》。可见王国维对于此诗，时隔多日，依旧尚在念中。

第四节　遗老群体的形成

从上文所列举之种种可以看出，王国维已经自我确认其遗老地位，而他在一九一三年初写的《壬子岁除即事》，最具有代表性。他在写给缪荃孙的信中感慨："此间岁事，寓公均照旧历办

---

① 《王国维诗词笺注》，第 197~202 页。

② 同上，第 202~207 页。

③ 《王国维全集》第十五卷，第 50 页。

理。春间，此间日人有兰亭会之举，因系永和后第二十六癸丑之故。讵知故国乃无年号可呼，与称牛儿年何异？以之相譬，可发一笑。”[①] 显而易见，王国维对于中国改元民国存在看法。

王国维信中还提及了最近所写《壬子岁除即事》一诗，诗中遗老情绪弥漫：“又向殊方阅岁阑，早梅疏蕊柳笼烟。岁时荆楚浑难记，风雪山城特地寒。可但先人知汉腊，定闻老鹤语尧年。屠苏后饮吾何憾，追往伤来自寡欢。”[②] 追忆故国旧事，独自饮酒，伤心不已。

王国维在一九一三年有所谓的“壬子三诗”，即《颐和园词》、《蜀道难》、《送日本狩野博士游欧洲》，这三首诗歌都与悼清这个主题密切相关。《送日本狩野博士游欧洲》有“庙堂已见纲纪弛，城阙还看士风变。食肉偏云马肝美，取鱼坐觉熊蹯贱”与“观书韩起宁无感，闻乐延陵应所叹。巾车相送城南隅，岁琯甫更市朝换”等句，皆表明王国维感念故国的忧思。[③]

王国维曾经在致铃木虎雄信中提及所写之《送日本狩野博士游欧洲》：“前日车站晤言，甚慰渴想，索送狩野教授诗稿，兹特呈上。惟诗中语意，于贵国社会政治前途颇有隐虑，与伦敦《泰晤士时报》意略同。窃念君子居是邦，不非其大夫，况国维以亡国之民为此言乎？贵国人观之，或恐不喜，登录杂志与否，祈斟

① 《王国维全集》第十五卷，第 48 页。

② 《王国维诗词笺注》，第 170 页。

③ 同上，第 143~151 页。

酌为幸。”[①] 此信中已经明确自己乃是“亡国之民”。

王国维在此诗中还写道：“谈深相与话兴衰，回首神州剧可哀。汉土由来贵忠节，至今文谢安在哉？”感慨清亡之后士气不存，旧官吏早已忘却气节，纷纷出仕新朝。但王国维以吴国亡国之后流连于姑苏台上的麋鹿自许：“履霜坚冰所由渐，麋鹿早上姑苏台”，转而又对百姓寄予深切的同情：“兴亡原非一姓事，可怜惵惵京与垓。”[②]

也就是在王国维“哀清”的这一“过程”中，清遗老的团体逐渐形成，林志宏先生曾经指出，当时的遗民按照居住地域而言，可分为若干个遗民聚居群落。比如京津地区，便聚集了大量闭门隐居的遗民。他们定居京津地区的考虑主要是在京津地区可以随时向逊帝问安，这其中的许多人选择成为民国官僚，借以等待复辟时机来临。[③]

最为典型的例子便是后来出任民国总统的徐世昌，日记中居然大量出现“蒙恩赏”的字样，尤其是一九二四年冯玉祥逼宫之后，清室善后委员会在宫内进行文物清点时，赫然发现徐世昌感谢逊帝颁赏物品而亲笔写就之函件，引发舆论的轩然大波。[④]

而当时在青岛、上海等地，同样聚集着许多清遗民，而最典

---

① 《王国维全集》第十五卷，第 61 页。

② 《王国维诗词笺注》，第 149 页。

③ 林志宏著：《民国乃敌国也—— 政治文化转型下的清遗民》，联经出版事业股份有限公司，2009 年版，第 37 页。

④ 参见罗家伦、黄季陆主编：《吴稚晖先生全集》，第 518 页。转引自：《民国乃敌国也——政治文化转型下的清遗民》，第 43 页。

型的代表便是寓居青岛的恭亲王爱新觉罗·溥伟和在上海筑海日楼的沈曾植。王国维一九一五年回国时，逐渐与沈曾植往来密切，这一交游象征着王国维从流亡日本的清遗民群落融汇到以沈曾植为代表[illegible]民群落。虽然王国维对沈曾植极为推崇，但是沈氏与王国维多少有些不快。

第三章

学术精进

第一节　宋元戏曲有阳秋

王国维在一九一二年底，逐渐在日本安顿下来，着手写《宋元戏曲考》。他在这一年年底给铃木虎雄的信中写道："前闻大学藏书中有明人《尧山堂外纪》一书，近因起草宋元人戏曲史，颇思参考其中金元人传一部分，能为设法代借一阅否？又郑樵《通志·金石略》中石鼓释文一本，亦欲奉借一观。"[①] 可见当时王国维已经在为写《宋元戏曲考》做材料上的准备。

窦忠如曾经将王国维在戏曲上的著述加以排列，其先后顺序为：《戏曲考原》、《曲录》、《录曲余谈》、《优语录》、《唐宋大曲考》、《录鬼薄校注》、《古剧脚色考》、《宋元戏曲考》。[②] 从这一排序中可以看出，王国维在戏曲上的造诣并非一朝一夕之功，而是循序渐进。

---

① 《王国维全集》第十五卷，第62页。

② 参见窦忠如著：《王国维传》，百花洲文艺出版社，2007年版。

王国维在撰写《宋元戏曲考》时曾经自述："凡一代有一代之文学：楚之骚，汉之赋，六代之骈语，唐之诗，宋之词，元之曲，皆所谓一代之文学，而后世莫能继焉者也。独元人之曲，为时既近，托体稍卑，故两朝史志与《四库》集部均不著于录，后世儒硕皆鄙弃不复道，而为此学者大率不学之徒，即有一二学子以余力及此，亦未有能观其会通，窥其奥窔者，遂使一代文献，郁堙沉晦者且数百年，愚甚惑焉。"[①] 所以王国维本人要开风气之先，对宋元戏曲加以研究和总结。

王国维继而对宋元戏曲加以表彰，同时对自己撰写《宋元戏曲考》的成因加以略述："往者读元人杂剧而善之，以为能道人情，状物态，词采俊拔，而出乎自然，盖古所未有而后人所不能仿佛也。辄思究其渊源，明其变化之迹，以为非求诸唐宋辽金之文学，弗能得也，乃成《曲录》六卷、《戏曲考原》一卷、《唐宋大曲考》一卷、《优语录》二卷、《古剧脚色考》一卷、《曲调源流表》一卷。"[②] 王国维完成此书大概只有三个多月，其间忽然患上胃病，且头痛与齿痛交错，一度暂停撰写。[③]

王国维后来在给缪荃孙的信中曾言："近为商务印书馆作《宋元戏曲史》，将近脱稿，共分十六章。润笔每千字三元，共五万余字，不过得二百元。但四五年来中研究所得，手所疏记心所储藏者，借此得编成一书，否则荏苒不能刻期告成。惟其中材料皆

① 《王国维全集》第三卷，第 3 页。

② 同上，第 3 页。

③ 《王国维年谱长编》，第 85 页。

一手搜集，说解亦皆自己所发明。将来仍拟改易书名，编定卷数，另行自刻也。”[①] 王国维本人还是喜欢《宋元戏曲考》这个名字，虽然发表的时候乃是以《宋元戏曲史》的题目发表。王国维去世后，罗振玉将《宋元戏曲考》这一本名恢复，也算是完成了王国维一个早年小小的心愿。罗王之相知亦可见一斑。

在王国维完成《宋元戏曲考》之前，实际上也有很多戏曲方面的著作，比如清代黄绰的《梨园原》，王德晖、徐沅澄的《顾误录》，刘熙载的《艺概》以及姚燮的《今乐考证》等等。[②] 但是此类著作最大的毛病便是缺少现代学科规范，条例很不严谨、系统也不连贯。王国维之工作，类似于今天史学界所极力倡导的“史实重建”。

第二节 封泥研究

一九一三年十月，罗振玉出示所藏齐鲁封泥摹本，请王国维排比，编成《齐鲁封泥集成》一卷，王国维在此书序言中说：“癸丑之岁，上虞罗叔言参事既印行《敦煌古佚书》及所藏洹阴甲骨文字，复以所藏古封泥拓本，足补潍县陈氏、海丰吴氏《封泥考略》之缺者甚多，因属国维就《考略》所无者，据《汉书》表、志为之编次，得四百余种。付诸精印，以行于世。”王国维对此

① 《王国维全集》第十五卷，第 47 页。

② 参见中国戏曲研究院编：《中国古典戏剧论著集成》，中国戏剧出版社，1959 年版。

研究的意义加以揭示："窃谓封泥与古玺印相表里，而官印之种类，则较古玺印为尤多；其足以考正古代官制、地理者，为用至大。"①

王国维后来在写给缪荃孙的信中言及此项研究："近为韬公编《封泥集存》，续陈、吴二人《封略》，汰去重复及《考略》所有者，得四百余种。因考两汉地理，始知《汉志》之疏。"②可见王国维在此研究中深为获益。

王国维在一九一三年冬天，又撰写了《齐鲁封泥集存后》一文，因其成文时间在影印本出版之后，所以当时并没有收入书中，王国维后来将此文收入《观堂集林》，他在此文中论证"即墨为汉初一郡"，继而通过考证认为"汉初郡首已名太守"，从而确认了"即墨太守"封泥为"汉初之物"，对当时官制沿革与地名变迁颇有发现。③

周一平先生指出，王国维的《齐鲁封泥集存》的编撰和研究，是在其写作《简牍检署考》之后，《流沙坠简》之前，这也是其"二重证据法"最初尝试的代表作。以实物与文献互证，以实物证文献之是，以实物纠文献之误，同时又以文献给实物以说明，这种研究法在其后考释简牍、金文和卜辞时都得以发扬光大。因而王国维得以"存一代之故，发千载之覆，决聚讼之疑，正沿袭之误"，与其在简牍研究中所提倡的"纪史籍所不纪之事，更比

① 《王国维年谱长编》，第 94 页。

② 《王国维全集》第十五卷，第 53 页。

③ 《王国维年谱长编》，第 99 页。

古书为可贵”，学术的脉络上可谓一脉相承。[1]

第三节 纠沙畹之谬

英国学者斯坦因在一九〇七年将在敦煌西北古长城烽燧遗址发现的千余枚汉竹简和他以前在楼兰等地所得魏晋竹简，连同若干写本、绢画织物等，共 11604 件，交由巴黎法兰西学院沙畹教授研究，沙畹选取其中较为完整的 991 号，撰成考释，在一九〇七年付印。[2]

沙畹后来将其所撰写的《汉晋木简文字考释》一书寄给罗振玉，罗振玉和王国维初略看过之后，觉得其中颇多不妥和不满意之处，有重新加以编撰的必要，两人联手重新进行分类考订。[3]因为王国维较为精通两汉史事，所以有关屯戍竹简的考订，则由王国维代理。其他诸如小学方技术数书与简牍遗文，则由罗振玉经手。[4]最后定名为《流沙坠简》出版。

王国维在此书出版之后，作《流沙坠简序》，对这一过程做了简单的回顾："光绪戊申英人斯坦因博士访古于我新疆甘肃，得汉晋木简千余以归，法国沙畹博士为之考释。越五年，癸丑岁暮乃印行于伦敦，未出版沙氏即以手校之本寄上虞罗叔言参事，

---

① 周一平、沈茶英著:《中西文化交汇与王国维学术成就》，学林出版社，1999 年版，第 323 页。

② 《王国维年谱长编》，第 100 页。

③ 同上，第 100 页。

④ 同上，第 101 页。

参事复与余重行考订。握椠逾月，粗具条理，乃略考简牍出土之地，弁诸篇首，以谂读是书者。”①

王国维还对于书中木简的来源作出了相关的考释：“案古简所出厥地凡三，一为敦煌迤北之长城，二为罗布淖尔北之古城，其三则和阗东北之尼雅城及马咱托拉拔拉，滑史德三地也。敦煌所出，皆两汉之物；出罗布淖尔北者，其物大抵上自魏末讫于前凉；其出和阗旁三地者，都不过二十余简，又皆无年代可考，然其最古者，犹当为后汉遗物，其近者亦当在隋唐之际也。今略考诸地古代之情状，而阙其不可知者，世之君子，以览观焉。”②

王国维后来在《流沙坠简后序》对此又有追述：“余为《屯戍丛残考释》，属稿于癸丑岁杪，甲寅正月而就。二月以后，从事写定，始得读斯坦因博士纪行之书，乃知沙氏书中每简首所加符号，皆纪其出土之地。”③

王国维后来又在致缪荃孙信中说：“岁首与蕴公同考释《流沙坠简》，并自行写定，殆尽三四月之力为之。此事关系汉代史事极大，并现存之汉碑数十通亦不足以比之。”“考释虽草草具稿，自谓于地理上裨益最多，其余关乎制度名物者亦颇有创获，使竹汀先生辈操觚，恐亦不过如是。”④

王国维可能又觉得意犹未尽，所以写了《题殷虚书契考释》

① 《王国维年谱长编》，第 102 页。

② 同上，第 102 页。

③ 同上，第 104 页。

④ 《王国维全集》第十五卷，第 54 页。

一诗，继续抒发畅快之情，觉得前贤如今老去，大有舍我其谁的气派："不关意气尚青春，风雨相看各怆神。南沈北柯俱老病，先生华发鬓边新。"诗中所言"南沈北柯"，指的是沈曾植与柯劭忞，而先生则代指罗振玉。王国维后来在写给罗振玉的信中说："前年《殷虚书契考释》成时，前印公写照，维本拟题诗四首，仅成一首，故未题……现凤老不知何如，乙老多疾，然无甚病，尚足支十年。公年力俱尚未艾，此数年中学问上之活动，总可继续二十年。试思此十年中之成绩，以度后之二十年，其所得当更何如？公事业尚未及半，切勿以小事介于怀抱而身体受其影响。此非维一人之私望也。"[①]

次年罗振玉撰写《殷虚书契考释》，王国维为之校定，这却成为了后人之于此书著作权解释不一的来源。[②] 王国维为此书写了前序和后序，对罗振玉颇多推崇："商遗先生《殷虚书契考释》成，余读而叹曰：自三代以后言古文字者未尝有是书也……余为商遗先生书《殷虚书契考释》竟作而叹曰：此三百年来小学之一结束也。夫先生之于书契文字，其搜集流通之功，盖不在考释之下。"[③]

也就是王国维与罗振玉在学术上日渐精进之时，一九一四年，罗振玉拟校勘群书，请王国维担任编辑，当时海上有人请罗振玉

---

① 《王国维诗词笺注》，第 225 页。

② 有论者如傅斯年与郭沫若称《殷墟书契考释》作者乃是王国维本人，罗振玉乃是花重金买下其稿，相关说法可参见《王国维之死》，第 106~127 页。

③ 《王国维年谱长编》，第 115 页。

续编《国学丛刊》，王国维于是代罗振玉撰《国学丛刊序》。后来因为在刊印古籍之外，另出新书，于是改名为《雪堂丛刻》。[①]王国维在序中说："宣统辛亥，某始创《国学丛刊》于京师，遭遇国变，中道而辍；今年春，海上友人，乞赓续之，亟允其请，编类既竟，乃书其端曰：秦汉以还，迄于近世，学术兴替，可得而言。"[②]

第四节 金文之学

王国维在一九一四年，学术上还有一项重要的工作，便是开始了金文的研究。而得以从事这项研究，和他研究甲骨文密不可分。加上当时还有独一无二的便利条件，并起初研究了罗振玉收藏的彝器，后来回到上海又得以一睹哈同的收藏，之后入职南书房之后又有一窥大内彝器的机会，所以王国维在金文方面的研究，起到了承前启后的作用。[③]

王国维在一九一四年的六月，撰写《宋代金文著录表》，自序中对金文研究之学术史做了一番简单的回顾："古器之出，盖无代而蔑有。隋唐以前，其出于郡国山川者，虽颇见于史，然以识之者寡，而记之者复不详，故其文之略存于今者，惟美阳、仲山父二鼎与秦权、莽量而已。赵宋以后，古器愈出，秘阁太常既

① 罗继祖著：《永丰乡人行年录》，江苏人民出版社，1980年版，第45页。
② 《王国维年谱长编》，第107页。
③ 《中西文化交汇与王国维学术成就》，第272页。

多藏器，士大夫如刘原父、欧阳永叔辈，亦复搜罗古器，征求墨本，复有杨南仲辈为之考释，古文之学，勃焉中兴。伯时与叔复图而释之，政宣之间，流风益煽，籀史所载宋代著录金文之书至三十余家，南渡后诸家之书犹多不与焉，可谓盛矣。”①

王国维继而写道：“国朝乾嘉以后，古文之学复兴，辄鄙薄宋人之书，以为不屑道。窃谓《考古》、《博古》二图，摹写形制，考订名物，用力颇巨，所得亦多。乃至出土之地，藏器之家，苟有所知，无不毕记，后世著录家当奉为准则。至于考释文字，宋人亦有凿空之功，国朝阮吴诸家不能出其范围，若其穿凿纰缪，诚若有可讥者，然亦国朝诸老之所不能免也。今错综诸书，列为一表，器以类聚，名从主人，其有异同，分条于下，诸书所录古器有文字者，胥具于是。”可见王国维此书之作用，在于在表中标上简称，各器一一予以类分，便于检阅。我国学者素来重视索引之书，王国维此举，实在有筚路蓝缕之功。②

王国维后来写信给缪荃孙提及此项工作，信中云：“近二三月内作《金文著录表》宋代一卷已成，国朝四卷正在具草。又就蕴公所有拓本未著录者尚有十之四五，蕴公即拟以次印行，亦即归入表内。近时收藏金文拓本之富，无过于盛伯羲之《郁华阁金文》，而蕴公二十年所搜罗固已过之。前年盛氏拓本亦归其所有，故其全数除复出外尚有千数百器。虽世间古物不止于此，然大略可得十之六七。故此次所作表，谓之金文之全目录，

① 《王国维年谱长编》，第109页。

② 同上，第109页。

亦略近之。”[①]

王国维继而写道：“比年以来拟专治三代之学，因先治古文字，遂览宋人及国朝诸家之说。此事自宋迄近数十年无甚进步，《积古》于此事有荜路蓝缕之功，然甚疏陋，亦不能鉴别真伪。《筠清》出龚定庵手，尤为荒谬。许印林称切实，亦无甚发明。最后得吴清卿乃为独绝，惜为一官所累，未能竟其学。然此数十年来，学问家之聪明才气未有大于彼者，不当以学之成否、著书之多寡论也。蕴公继之，加以龟板等新出文字，乃悟《说文》部目之误，并定许所谓古文指壁中书，所谓籀文指汉代尚存之《史籀篇》，此实小学上一大发见，而世尚未之知也。此外有裨于国邑、姓氏、制度、文物之学者，不胜枚举；其有益于释经，固不下木简之有益于史也。”[②] 王国维在文中对于罗振玉之于这项工作的功劳及其学术成就，多有推崇。

王国维后来又撰写了《国朝金文著录表》，与《宋代金文著录表》可谓相得益彰。前言中有云：“国维东渡后，时从参事问古文字之学，因得尽阅所藏拓本。参事属分别其已著录者与未著录者将以次编类印行，又属通诸家之书，列为一表。自甲寅孟夏，讫于仲秋，经涉五月，乃始毕事，书成都六卷。盛夏酷暑，墨本堆案，或一器而数名，或一名而数器，其间比勘一器，往往检书至十余种，阅拓本至若干册，穷日之力，不过尽数十器而已！既具稿，复质之参事，略加检定。然毫厘之间，摹拓先后，

① 《王国维年谱长编》，第 109~110 页。

② 同上，第 110 页。

又有工拙之别。虽再三复勘，期于无误，然复重遗漏，固自不免。庶竺古君子董而教之。”①

王国维在金石学上造诣日渐化境，于是罗振玉对此也有激励之举。一九一四年，沙畹联合欧洲学者邀请罗振玉前往欧洲审定文物，罗振玉将此来之不易的机会与王国维共享，邀请王国维一起前往，晚年罗振玉在《集蓼编》中如此记述：“予三十以前，无境外之交。旅沪时，始识东邦诸博士。宣统初，因法国伯希和教授得与沙畹博士书问相往还，又与英国斯坦因博士通书问。尝以我西陲古卷轴入欧洲者，所见仅百分之一二，欲至英德法各国阅览，沙畹博士闻之欣然，方联合英德学者，欲延予至欧洲为审定东方古文物。予将约忠悫偕往，乃未几而巴尔干大战起，乃中止。今沙畹博士及忠悫墓已宿草，予今且戢影海滨，万念都灰，此愿恐不克偿矣。”②

王国维去世之后，罗振玉在《海宁王忠悫公遗书》初集弁言中再次提及此事，可见对未能去欧洲的耿耿于怀，反倒是王国维对此有着清晰的认识：“予在海东，公先归国，英法学者斯坦因、沙畹诸博士邀余游欧洲列邦，予请公同往。将治任矣，而巴尔干战事起，予告公行期将待战后。公复书言，欧洲近岁，科学已造其极，人欲亦与之竞进，此次战事实为西政爆裂之时，意岁月必久长，公此行或不果邪？”③王国维的天才预见，于此可见一斑。

① 《王国维年谱长编》，第 111 页。

② 《雪堂自述》，第 43~44 页。

③ 《王国维年谱长编》，第 515 页。

第四章

非复辟不能存中国

第一节 罗振玉归国

一九一四年初，罗振玉先期回国，他在回国后写给王国维的信中言：“上海气象昏惨，尤异者，从前壮丽之街市，今骤视之宛如邦备（庞培）古城之新出于劫灰中者，陆沉之祸，已现于气象，可悲也。”[①]感慨上海今不如昔，遗老之口吻，与王国维之哀清如出一辙。

罗振玉在上海拜访了沈曾植和梁鼎芬，后来写信给王国维称：“昨午后见沈乙老，畅谈二时许。今朝梁节老来，略悉近来情状。乙老坚持‘非无可挽’四字，节老则痛禽兽之充斥，所闻颇有得之意外者。节老火气退尽，和平诚挚，此又一异事也。”[②]沈曾植“非无可挽”，便是遗老立场的清晰呈现。而梁鼎芬则更

---

① 王庆祥、萧文立校注、罗继祖审定：《罗振玉王国维往来书信》，东方出版社，2000年版，第12页。

② 同上，第12页。

加激进，直接将民国之后诸人称为“禽兽”。

梁鼎芬如此激进，实与其身在民国受辱有关，对此罗振玉给王国维的信中留下了线索：“节老辫发竟被其学生剪去，今安一假辫。沈、曹则不复他出，故幸免。”[①] 此前端方在四川保路运动中被杀，尸体从四川运回，梁鼎芬曾溯江而上到武汉迎接灵柩。梁氏为保护他的辫子，每天出门都戴着风帽，遮盖得严严实实。黎元洪一日跟部下闲聊，打算请梁鼎芬到都督府来参加宴会，趁机剪了他的辫子。梁鼎芬早有戒备，将请帖退回。革命党人曹亚伯自告奋勇，带人到旅社见梁鼎芬，称天气太热，先生不要太过拘礼，还是脱掉帽子。梁鼎芬不理，曹亚伯手下动起手拉下风帽，硬是把梁鼎芬的辫子剪断，呼啸而去。梁伏地痛哭，当晚搭乘轮船逃离武汉。[②]

梁鼎芬身处民国的遭遇，只是遗老的若干缩影，因此其遗老立场的自持，也是由来有自。而梁鼎芬之外，更有激烈者如鲍心增，庚子年八国联军入京，慈禧母子仓皇出逃，军机处唯一的跟随官员就是当时的章京鲍心增。辛亥革命后，鲍心增回到故乡镇江，以遗老自居，授读为生。一直到死，不问晴天下雨，出门必然打伞，以示与民国不共戴天。[③]

---

① 《罗振玉王国维往来书信》，第 12 页。

② 参见陈晓平：《悲情遗老梁鼎芬》，《信息时报》，2011 年 8 月 7 日。

③ 此事乃友人告知，许汝棻为梁鼎芬所作的墓志铭中有载，另参见陈玉堂著：《中国近现代人物名号大辞典》，浙江古籍出版社，1993 年版，第 1271 页。

第二节　遗老眼中的民国乱象

罗氏当时返回国内，在上海盘桓数日，故乡淮安也未成行，只是派儿子代往祭祖，由此可见其在沪上与众遗老之过从。而他在致王国维的书信中，一连三日，密度极大地向其通报国内政治的变动，其之于民国政治格局现状的不敢苟同，亦是清晰可辨，同时对于复辟一事，抱持高度期许，一九一四年三月二十九日他在给王国维的信中说："长江一带将有事之说，此间转无所闻，惟白狼已入关，西报以为李自成再现，颇讥中央之无力平定，恐流寇时代，即在目前。"①

而罗振玉对当时的上海也是不容乐观，他在信中说："沪上盗贼横行，白昼持枪杀人取财之案，屡屡见之，而人情嬉酣，过于平时，不可解也。尤可异者，奢侈之风，视昔百倍。"此外，罗振玉还谈到了上海出现的许多新事物，体现出了遗老对于新时代的忧惧："自动车赁金，每小时五元，而接轸相望，乘者如织。又近数月间开银楼甚多（张勋亦开一号，其人可知），有某号者，第一日开张，即售十八万金（所售皆银制器，其如瓶盎之类，他店亦如此），工人应给不暇，此可谓骇人听闻者也。"②

罗振玉后来又将所阅报纸上的诸事写信告知王国维，信中再次提及民国间的白狼军，言语之间颇多隐忧："一、法国于此次

① 《罗振玉王国维往来书信》，第13页。

② 同上，第13页。

借款，谓中央不能平定白狼，故谢绝；一、西报有‘李自成再现’一条，言白狼多谋多众，不出数旬，业已蔓延。绝非中央所能收拾，而中央仍不知惧，可谓怪事云云。一、江督电称，白狼易生肘腋之患，难防云云。”①

所谓白狼军，乃是白朗的误传。据张耀杰先生考证，白朗是河南省宝丰县的绿林头目，一九一二年与李鸿宾、宋老年等人以舞阳县母猪峡为根据地，以“打富济贫”的口号聚众抗官，人称“白狼”。一九一三年夏天，白朗乘北洋军主力调离豫西南之机，率众攻破唐县、禹城，声势壮大。“二次革命”爆发后，率部南下夺取湖北枣阳，同年十一月又攻占宝丰县城。一九一四年一月，白朗率领两千人越过京汉铁路，接连攻破光山、潢川、商城及安徽省六安、霍山等县城，所到之处烧杀抢掠、奸淫妇女无所不为，白狼军人数迅速扩张到数万人。袁世凯为此把张镇芳撤职，派陆军总长段祺瑞兼任河南都督，调集两万多精锐部队进行围剿。白朗率军从霍山突围之后，先后转战湖北、陕西、甘肃、四川、河南等省，于一九一四年八月初战死于河南鲁山的石庄。②

在白狼军刚开始兴起的时候，革命党黄兴曾经加以利用。一九一三年，江苏都督程德全在黄兴等人的武装挟持之下，被迫任命黄兴为江苏讨袁军总司令，江苏省的“二次革命”正式爆发。③

---

① 《罗振玉王国维往来书信》，第 14 页。

② 张耀杰著：《悬案百年—— 宋教仁案与国民党》，新锐文创出版社，2010 年版，第 363 页。

③ 参见张耀杰：《二次革命后的黄兴》，《随笔》，2010 年第 4 期。

随后上海《民立报》刊登黄兴的《致起义各省电》，其中写道："顷据河南确报：白狼军已将铁路电线拆毁，张镇芳已逃，讨袁军得手。"由此可知，在黄兴的心目中，是把白狼军当做自己所统率的讨袁军的一部分来看待。①

但是后来随着局势的发展，黄兴开始与白狼军划清界限，一九一四年，黄兴在秘书李书城等人的陪同之下，由日本横滨启程前往美国。他在赴美途中接受檀香山《太平洋商业广告人》记者登轮采访时，以嫁祸于人的方式公开出卖了白狼军，黄兴声称："本人直接奉孙先生之命向美国转达他的意见，我们认为美国公民必须知道真相……袁世凯花钱制造谎言，隐瞒其政府与中国现况的真相，几乎所有外人在华设立的报纸和外国通讯员都有津贴，以致大家无法明了自由在我国被扼杀的情形。而孙先生在世人面前被诬为自私自利、贪赃枉法、卷款潜逃，这些都是谎言。袁世凯更下令制造另一项谎言，说'白狼'与革命党勾结，掠夺残杀，为革命党谋利。'白狼'和我们可没有丝毫关系。"②

第三节　国内政争的加剧

罗振玉给王国维的信中，还谈到了当时国内政争的加剧："报载，中央电召段祺瑞，段复电云：中州土匪充斥，非数月不能平静，暂时不能入都云云。报馆加以批评云，据此电观之，则段将

① 《悬案百年——宋教仁案与国民党》，第 362 页。

② 同上，第 364 页。

引兵入京以清君侧之语不可信。”[1] 后来罗振玉在信中再次提及段祺瑞和国内动荡的时局：“昨报载二段与梁士诒相攻，而中央又分皖粤党……去年革命党尚在，为御侮时代，今则为阋墙时代。”[2]

罗振玉所言“阋墙时代”，乃是军阀混战的前兆，当时梁士诒颇得袁世凯重用，一直为袁世凯复辟出谋划策，加上其他一些政争的因素，不赞同袁世凯称帝的地方实力派段祺瑞对此颇为不满。是年筹安会起，段祺瑞拒不依附，称病不去。但是有重要军事会议，段祺瑞依然必到。[3]

邸永君先生指出，梁士诒在历史上与袁世凯关系密切，民国初年，梁士诒遵袁世凯旨意，利用桑梓人脉，先挑拨广东新锐胡汉民与陈炯明关系，使陈拥袁；继而以为父祝寿之名，回粤收买粤籍将领拥袁；同时遣其胞弟梁士吁赴香港活动，促成广东军变，取消独立，南方反袁军事同盟瓦解，因而在挫败孙中山等人发起的“二次革命”、平息南方诸省反袁过程中立下大功。后来袁世凯急于做正式大总统，命梁士诒于九、十月间组织公民党，胁迫国会，选举袁为大总统。此时，财政总长周学熙告假，梁士诒出任财政部次长代理部务，既掌握中枢大权，又控制交通、财政大权，得“梁财神”之号，交通系进入鼎盛时期。[4]

然而，袁世凯却在此刻梦想称帝，一九一三年十一月下令解

---

① 《罗振玉王国维往来书信》，第 14 页。

② 同上，第 15 页。

③ 吴廷燮著：《段祺瑞年谱》，中华书局，2007 年版，第 28 页。

④ 参见邸永君：《翰林总理梁士诒》，《海内与海外》，2009 年第 9 期。

散国民党，翌年又解散国会，在复辟的道路上越走越远。梁士诒对此表示异议，被袁世凯逐出总统府。梁士诒在连吃苦头后，悟出“赞成帝制是不要脸，不赞成则是不要头”之情势，转而在袁世凯称帝过程中，在财政上大力支持，成为帝制派中坚。这一年三月，梁士诒曾奉袁世凯之命，以总统府秘书长身份，至北京孔庙代行祀孔之礼。礼毕梁士诒宣讲《论语》中“导之以德，齐之以礼”一章，以弘古道。①

第四节　复辟浪潮的初起

台湾学者胡平生曾经指出，民国初期的复辟派来自于宗社党人、逊清遗老、保皇会分子、旧官僚群体。②而其中宗社党在民国初年影响最大，也最为活跃，甚至后来在日本的支持下策划了满蒙独立。③而当时的逊清遗老虽然有所活动，但是不如宗社党人激烈。

逊清遗老中，有不少是坚决的守旧分子，如劳乃宣、胡思敬、刘廷琛等，曾经反对过洋务、变法、新政和立宪。而有一些乃是帝党，如沈曾植、郑孝胥、陈三立等，这些人虽然曾经支持维新，但是后来在革命的浪潮下，逐渐走向反共和、反民国的道

---

① 参见《翰林总理梁士诒》。

② 胡平生著:《民国初期的复辟派》，学生书局，1985 年版，第 1 页。

③ 《民国初期的复辟派》，第 34 页。

路。[①] 而王国维与罗振玉情形相当，虽然算是前清官僚，但是在真正的政治运动中毕竟属于边缘阶层。

逊清遗老的活动方式有很多种，其中有一种较为隐蔽，便是诗酒唱和，发起文社，定期雅集，以诗酒派遣时日，并借此抒发对于清朝的由衷怀念。[②] 比如当时沈曾植对于复辟便非常热心，可谓由来已久，后来在张勋复辟之中，有一积极奔走者名为胡嗣瑗，沈曾植隐居沪上，常与胡互通声息，对于张勋复辟之事抱持高度期望。沈曾植于一九一六年前后得到元代朱玉摹《灵武劝进图》，以为复辟有兆，喜不自胜，遍征诸人题咏以张之。[③]

而当时也有遗老进行付诸实践的复辟活动，比如民国元年七八月间，广州遗老温肃前往东北，劝说东三省都督赵尔巽起兵匡复清廷，未果。旋即南下与寓居青岛的恭亲王溥玮及其他遗老会晤。民国二年二月，温肃再次北上，访问青岛、济南，与诸遗老互通声息。[④] 但是据胡平生的分析，由于遗老星散各地，各地遗老之于复辟的看法不一定一致。

王国维与罗振玉还谈到了甚嚣尘上的复辟运动，比如罗振玉给王国维的信中曾经说："李佳白在上海演说，谓非复辟不能存中国。"[⑤] 李佳白当时积极支持袁世凯复辟，王国维与罗振玉在书

---

① 《民国初期的复辟派》，第 53 页。

② 同上，第 55 页。

③ 参见罗继祖：《沈曾植康有为参与丁巳复辟》，《史学集刊》，1992 年 3 月号。

④ 《民国初期的复辟派》，第 61 页。

⑤ 《罗振玉王国维往来书信》，第 14 页。

信中没有表明态度，可见对袁世凯称帝，多少有些保留。

遗老之于袁世凯称帝的态度，实际上已经体现出了遗老内部的分化。林志宏指出，由于有不少遗老在清季政争中和袁世凯有私人恩怨，所以他们对于袁世凯的态度普遍消极，但是情况不一定如所想的那样，对于袁世凯称帝全然站在反对的立场上。如林纾就曾给郑孝胥写信，私心希望袁世凯能维持现状，保留清室的地位及相关的优待条件。而袁世凯也积极联络遗老，期望借此争取支持，张勋便看出了袁世凯的用意，对袁世凯讲了一番意味深长的话："袁公之知不能负，君臣之义不能忘；袁公不负朝廷，勋安敢负袁公？"①

罗振玉当时也在书信中表达了自己的遗老立场，他在给王国维的书信中，提到了当时的遗民董康传闻即将入司法部的消息，对此罗振玉颇有微辞，继而说："弟蛰居中，虽未出外征逐饮食，而戚友多以刍豢相饷，幸尚知节，不至踏破菜园。"②由此可见，王罗二人虽在日本潜心学术，一旦踏上故土，立即开始在书信中谈论国是，与旧日在日本纯然论学，截然不同。只是罗王二人多多少少尚有些学人本色，在政治面前，始终能够保持适度的清醒，较诸年长的沈曾植，自然要有分寸。罗王二人在这一时段，只是在书信中交换之于时局的意见，几乎与现实政治绝缘。而沈曾植则在一九一七年协同康有为等人，参与丁巳张勋复辟，由此身败名裂。

---

① 《民国乃敌国也—— 政治文化转型下的清遗民》，第 113~115 页。

② 《罗振玉王国维往来书信》，第 15~16 页。

第五章

重归故国与学术回顾

第一节　初交沈曾植

一九一五年三月中旬，王国维携家眷返回国内，并回海宁扫墓，四月上旬，罗振玉亦返国，王国维在上海迎接。当时罗振玉邀请王国维同往安阳等地考察文物，王国维因为眼疾，未能如愿。四月中旬，罗振玉介绍王国维与沈曾植认识，沈氏与王国维相谈甚欢，王国维不时前去请益，王国维所撰《尔雅草木鱼虫鸟兽名释例》，便是和沈曾植不时切磋古音韵学的成果。王国维后来在此文的序言中称："甲寅岁莫，余侨居日本，为上虞罗叔言参事作《殷虚书契考释后序》，略述三百年来小学盛衰。嘉兴沈子培方伯见之，以为可与言古音韵之学也。然国维实未尝从事于此。"[①] 可见王国维作此文，与沈曾植的影响有着密切的关系。

王国维与沈曾植交往持续七年，一直到沈氏去世，王国维在《尔雅草木鱼虫鸟兽名释例》序言中又回忆了两人学术交流的细节：

---

① 《王国维年谱长编》，第 118 页。

“乙卯春归国展墓，谒方伯于上海。以此愿（指的是治古音之学）质之方伯，莞然曰：‘君为学乃善自命题，何不多命数题，为我辈遣日之资乎？’因相与大笑。”①

王国维继续写道：“维又请业曰：‘近儒皆言古韵明而后诂训明，然古人假借转注多取双声，段、王诸君自定古韵部目，然其言诂训也，亦往往舍其所谓韵，而用双声。其以迭韵说诂训者，往往扞格不得通。然则与其谓古韵明而后诂训明，毋宁谓古双声明而诂训明欤。’方伯曰：‘岂直如君言，古人转注假借虽谓之全用双声可也，君不读刘成国《释名》乎？每字必以其双声诂之，其非双声者，大抵讹字也。’国维因举‘天、显、也’三字以质之。方伯曰：‘显与湿（济漯之漯）俱从㬎声，湿读他合反，则显亦当读舌音，故成国云：‘以舌腹言之。’维大惊，且自喜臆之偶中也。”②

王国维与沈曾植的交往，罗振玉是其中的中介。罗振玉与沈曾植相交于戊戌变法时期，而王国维本人也是在这一年与罗振玉结识，罗振玉后来在《五十梦痕录》中将两人与自己的交往并提，可见二人在罗振玉心中的重要。王国维对沈曾植仰慕已久，在写给沈氏的信中自称“向往之切”，尽管两人有很多会面的机会，但是最终还是“踪迹睽违，未得一奉几杖”。③两人开始交

① 《王国维年谱长编》，第119页。

② 同上，第119页。

③ 参见《雪堂自述》，第88页。王国维致沈曾植信藏于嘉兴市博物馆，转引自彭玉平：《王国维与沈曾植之学缘》，《中山大学学报》，2010年第2期。

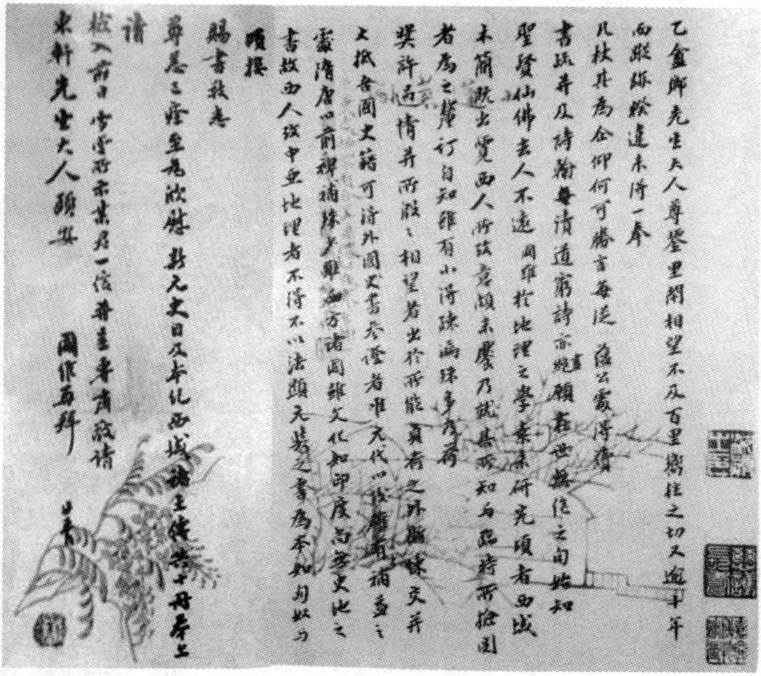
乙盦姻丈先生大人尊鉴里闬相望不及百里向往之切又逾十年
而瞻晤之缘未得一奉
几杖其为企仰何可胜言每从孙益庵得读
书疏并及诗翰尊读遗篇诗亦窥硕学在世伟作之旨始知
圣贤仙佛去人不远国维于地理之学素未研究顷者西域
木简既出觉西人所致意颇未餍乃就其所知而略考所捡国
者为之考订自知罪有小得疏漏殊多方荷
奖许过情并所疑之相望若出于所能及者之外感殊交并
大抵各国史籍可补外国史书参证者惟元代以后补者为多
而汉唐以前裨补殊少难求方诸国非文化如印度而多史也之
书故西人欲中亚地理者不得不以法显玄奘之书为本如月氏为
嘤
赐书敬悉
尊恙已痊至为欣慰敦元史目及大纪西域诸王传然十册奉上
请
教入前日少坐聆承教一候并呈专函敬请
东轩先生大人颐安
国维再拜
廿八

王国维致沈曾植

往，已经是王国维和罗振玉认识之后十七年，而七年之后，沈曾植便溘然长逝。

第二节　与林泰辅的论战

王国维在一九一五年初，撰写《洛诰解》，日本学者林泰辅读到之后，对此文予以批评，林泰辅认为，王国维据甲骨文解释“王宾杀禋”之说是有偏差的，因而林泰辅在《东亚研究》上发表《读〈国学丛刊〉》一文，与之争论。同年一月，王国维撰写《与林浩卿博士论洛诰书》，回答了林泰辅的质疑。[①]

王国维在信中说：“夏间驾莅京都，获亲道范。嗣读大著《周公及其时代》一书，深佩研钻之博与论断之精，于考定《周官》及《礼经》二书编撰时代，尤征卓识，诚不朽之盛事也。《国学丛刊》中拙著小篇，乃荷称许，又加以攻错。敝国近日承学之士日鲜，又阙讨论机关，是以罕获切磋之益，今乃得此于先生，何其幸也。兹就先生所赐教者，略陈述鄙见，祈再正之。”[②]

一九一六年一月，林泰辅又以其刊于《东亚杂志》之答辩寄王国维，王国维乃作《再与林浩卿博士论洛诰书》。王国维的这三篇文章，后汇为《裸礼榷》，刊入一九一六年上海“广仓学窘”

① 《王国维年谱长编》，第119页。

② 同上，第119页。

《学术丛编》第四期。[①]

王国维在给林泰辅的信中说："承教以祼字之义，谓灌地降神为第一义，歆神为第二义，用于宾客为第三义。周中世以后，尚多用第一义，不应周初作《洛诰》时却用第二义。剖析至精，甚佩甚佩！"寒暄之后是列举事实反驳批评："果字最古，祼字次之，祼字形音义三者皆不与灌同，则不宜释为灌地降神之祭，既非灌地降神之祭，则虽在杀牲燔燎之后，固无嫌也。"又云："吾侪当以事实，不当以后世之理论决事实。此又今日为学者之所当然也，故敢再布其区区，惟是正而详辨之。"[②]

王国维后来在写给罗振玉的信中云："《学术丛编》已装成，维得十本。先以五本奉寄，中请寄林博士一本，藤田先生一本，内藤一本，余请留或酌送。"[③]可见王国维对于林泰辅并无恶感，二人在学术上互相切磋，并未影响私谊。

钱穆先生后来在一九三一年为上海商务印书馆《国学小丛书》翻译了林泰辅《周公及其时代》一书，学界对林泰辅著作的重视，应该与王国维的评价有关。一九一八年王国维致罗振玉信云："昨有日人长井江衍者来访，此君狂甚，历诋林浩卿辈。"长井江衍"历诋林浩卿辈"，不知是否与林泰辅驳斥白鸟库吉"尧舜禹抹杀论"有关，但招致王国维的不满，可见王国维对林泰辅

---

① 参见廖名春：《试论古史辨运动兴起的思想来源》，《原道》第四辑，学林出版社，1998年版。

② 《王国维全集》第十五卷，第80~81页。

③ 同上，第143页。

的维护。[①]

第三节　与日本惜别

一九一五年夏天，已经随罗振玉回到日本的王国维结识了神田喜一郎。当时神田喜一郎不过是未满二十岁的孩子，其祖父神田香岩和罗王均有交情，因而有机会拜访王国维。神田喜一郎后来在文章中记述："我最初会见王静安先生，大概是在大正四年三月左右，当时祖父曾托罗叔言先生及内藤湖南先生书写家藏《隶古定尚书》的跋文。有一天，祖父命我携带新影印本数部送往寓居洛东净土寺村的罗叔言先生，就在那时我第一次会见王静安先生，他正来访问罗先生。"[②]

神田喜一郎后来的记述，则有利于观察当时罗振玉、王国维在学术界的地位，一个当时尚年幼的学生，其观察是直观而不带任何功利色彩的，神田喜一郎如此描述道："我已经不复记忆当时的详情，惟仍然记得因见到大名满天下的王先生深觉荣幸。辞别时，先生以他的诗集《壬癸集》——京都山田圣华房用古雅的木活字排印的——赠送祖父，托我转交……王先生风采质朴……至今以后，我便常找机会往请教于先生。当时我仅是高三的学生，与先生的交情尚谈不上，不过那时的我，正在年轻好胜的时候，深受以内藤狩野为中心在京都大学新兴的汉学研究的刺激，

① 参见《试论古史辨运动兴起的思想来源》。

② 《王国维年谱长编》，第128页。

对与此新兴学脉相通的罗叔言、王静安先生的学问，无上仰慕，自己以认识罗王两位先生自夸。”①

神田喜一郎此文写于王国维自沉之后，他还在文中如此自责：“但是现在回过头来看，当时的我究竟理解先生的学问到了怎样的地步呢，真是不胜羞愧。”② 虽然神田喜一郎如此自责，实际上他还是从王国维那里受益良多，神田喜一郎后来曾经在上海住过一个多月，王国维屡次带他去蒋汝藻的密韵楼读书，拿出了很多善本书给神田喜一郎看，临别时王国维还写了很长的两首古诗送给神田喜一郎。王国维后来兴趣转向了研究西北地理，时不时拜托神田喜一郎为之搜集日本学人的相关著作。③

王国维与神田喜一郎的交往，是他与青年一代学人交往的侧影，也是他与日本学术界保持密切关系的见证。一九一六年一月，日本学术界假座圆山春云楼名出所藏苏东坡墨迹与书籍陈列，王国维与罗振玉均与会，并集古人成句为诗助兴。④ 早在王国维初来日本的一九一三年，日本京都大学教授原田雨山等与罗振玉、王国维有兰亭会之举，各以所藏王右军兰亭帖佳本展出，同时以诗记其事。王国维当时创作了《癸丑三月三日京都兰亭会诗》一首。⑤

一九一六年掐指算来，王国维流寓日本已经五年，当时京都

---

① 《王国维年谱长编》，第 128 页。

② 《王国维之死》，第 319 页。

③ 同上，第 320 页。

④ 《王国维年谱长编》，第 134 页。

⑤ 同上，第 90 页。

物价飞涨，罗振玉由于历年印书所费甚多，王国维不想有累于罗振玉，于是决意回国。当时同乡邹安为上海英国籍的犹太富商哈同写信给王国维，请其担任学术杂志的编辑，于是王国维决定春节之后立即动身回国。大年初二，王国维携长子潜明回国，至车站送别者有罗振玉、狩野直喜等人。[①] 王国维此前回国时并无相关友人前来送行的记录，可见王国维此次回国未必打算再回到日本，所以日本学者才会对此如此重视。

第四节　归国之后的沉潜

王国维在回国之前一天的日记中写道："自辛亥十月寓居京都，至是已五度岁，实计在京都已四岁余。此四年中生活，在一生中最为简单，惟学问则变化滋甚。客中书籍无多，而大云书库之书，殆与取诸宫中无异，若至沪后则借书綦难。海上藏书推王雪澄方伯为巨擘，然方伯笃老，凡取携书籍皆躬为之，是讵可以屡烦耶。此次临行购得《太平御览》、《戴氏遗书》残本，复从韫公（罗振玉）乞得复本书若干部，而以词曲书赠韫公。盖近日不为此学已数年矣。"[②] 信中言及王国维在日本期间缺书阅览，大多取自罗振玉的大云书库，到上海后借书更加困难。

二月十一日，王国维已经到达上海，他在致罗振玉信中说："别后于神户、门司、长崎连上三书，想达左右。自过长崎，风

① 《王国维年谱长编》，第 135 页。

② 同上，第 135~136 页。

浪殊大，一昼两夜殆不能起，惟不至呕吐耳。船因风力少阻，至初七日午后二时始抵上海，纬、敬、抗三公与尧香已在埠相候。至沪由尧香照料，一切甚便，堪慰远念。”①

简单安顿之后，王国维立即投入到学术之中，可见其未忘学人本色。这一年，王国维撰《史籀篇疏证》，三月又撰写叙录一篇，其中云：“史籀十五篇，古之遗书，战国以前未见称述。爰逮秦世，李赵胡毋本之以作《仓颉》诸篇。刘向校书，始著于《录》。建武之世，亡其六篇。章帝时王育为作解说，许慎纂《说文》，复据所存九篇，存其异文，所谓籀文者是也。其书亦谓之史篇，即史籀篇之略称。”②

当时王国维还在沈曾植的影响下研究音韵学，缪荃孙在写给王国维的信中，谈及王国维一直在寻找的江有诰《音学十书》，沈曾植处还藏有一本。王国维于沈曾植处借来读之，此书为咸丰壬子重刊本，其所刊者为《诗经韵读》、《群经韵读》等九种。王国维即以其所撰《史籀篇叙录》同《谐声表》、《入声表》、《唐韵四声正》先后刊入《学术杂志》。不久，王国维在上海书店里买到两册原刊本，自留一本，另一本赠予罗振玉。王国维曾听说王雪澄欲购此书数年不得，今购得两本，实属奇缘。③

而此书的出现，则将王国维、罗振玉、沈曾植三者的关系在一九一六年巧妙地结合起来。王国维在沪上与沈曾植过从甚密，

---

① 《罗振玉王国维往来书信》，第 28 页。

② 《王国维年谱长编》，第 140 页。

③ 同上，第 144~145 页。

两人经常纵论学问，对时事谈论尤多，而王国维则在书信中将其与沈曾植的谈话告知罗振玉，三人在某些问题上的看法，加强了遗老之间的一致性，以至于日后王国维诸事，常常与罗振玉、沈曾植商量之后再行决定，王国维由此成为真正意义上的遗老。

第六章

哈同花园与上海

第一节　初入哈园

王国维还在日本期间，同乡邹安就曾经给他写信，请王国维回上海就任哈同花园学术杂志的编辑，王国维可能当时生计艰窘，回信表示答应，他在日记中曾经记载："去冬十二月，同乡邹景叔太令移书谓，英人哈同君之夫人罗氏拟创学问杂志，属余往任其事。其杂志体例，分字学、礼学、文学、觉学、宗教诸门，并候余到沪商酌。已于去岁函允。"[1]

哈同花园正式的名称乃是"爱俪园"，由上海的犹太富商哈同始于一九〇九年在静安寺路所建，当年正是宣统元年。民国初年，政府为了表彰这位在生意上非常成功的商人，多次授予哈同嘉禾章。哈同的夫人罗迦陵出生于上海，父亲名叫路易，母亲姓沈，她父母结合的历史，可谓"知者不言，言者不知"。[2]

---

① 《王国维全集》第十五卷，第 909 页。

② 李恩绩著:《爱俪园梦影录》，三联书店，1984 年版，第 21~22 页。

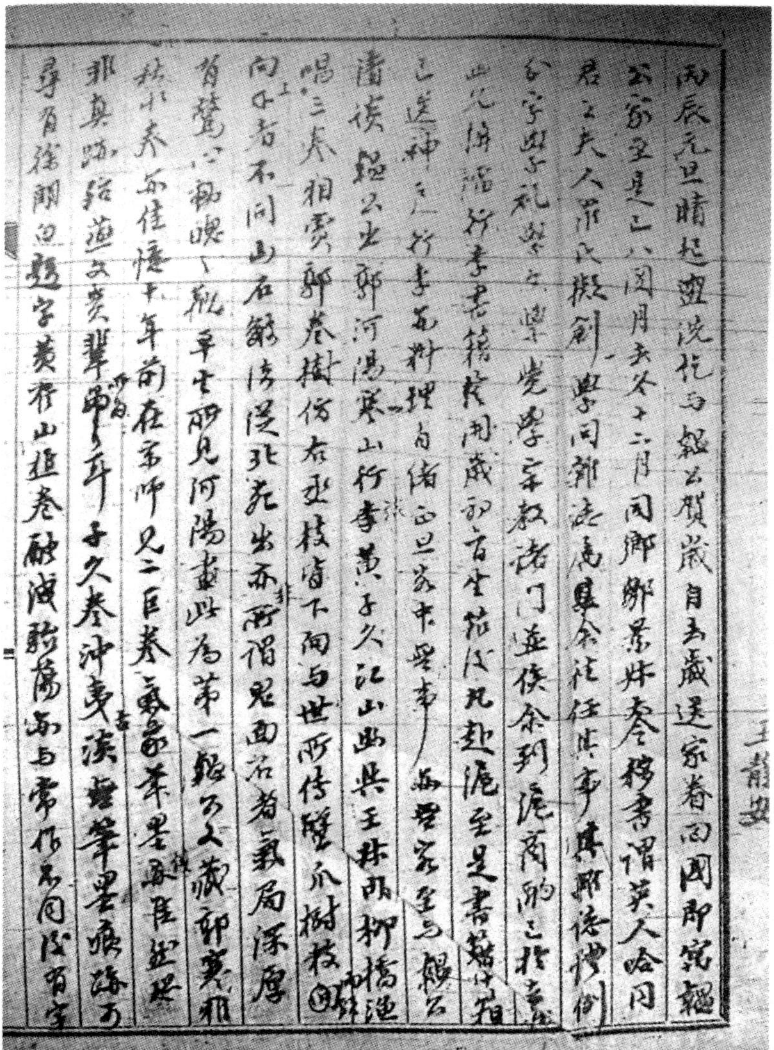

王国维丙辰日记

王国维回上海之后，在友人樊炳清、沈曾植那里首先听闻了哈同花园的种种轶闻，当然谈到了哈同花园的女主人罗氏和管家姬觉弥之间的桃色新闻，王国维对此“殊出意外”。[①] 传言当然是由来有自，罗迦陵信佛，所以曾经点定两个和尚入园，第一个是“革命和尚”黄宗仰，曾经与章太炎等革命党过从甚密，但是民国成立之后“渐入颓唐”，与革命党人渐渐疏远，最终在一九一四年去世，后来姬觉弥乘虚而入，成为了爱俪园的总管。[②]

王国维写信给罗振玉，谈到他在哈园初步的观察：“姬君为人，在沪见敬、抗二公，即略闻不妥，尧香亦知之。及晤乙老，又道其详。外间或云哈同夫人罗女士之干儿，乙老则直云罗氏嬖人也。而罗氏者，或云出于上海娼寮，或云广东咸水妹，其名誉颇不甚佳。姬君本姓潘，后改姓，皆谓系下等人。”[③] 可见王国维对来哈园一事，开始有些后悔。

当时的哈同夫妇为了附庸风雅，居然在姬觉弥的鼓吹之下，想起了办大学，其首先的举措便是鼓吹“仓学”。所谓“仓学”，便是取“仓颉造字”的典故，口气甚大，不仅如此，姬觉弥还要弘扬“仓教”，可谓装神弄鬼。同时还创办了所谓的仓圣明智大学，王国维私下斥责姬觉弥“荒谬不经，信口胡诌”。[④]

王国维对姬觉弥和哈同夫妇颇不认同，只是迫于生计，暂时

---

① 参见房鑫亮：《王国维丙辰日记注考》，《中华文史论丛》，2006 年第 4 期。
② 陈鸿祥著：《王国维全传》，人民出版社，2004 年版，第 423 页。
③ 《罗振玉王国维往来书信》，第 28 页。
④ 《王国维全传》，第 423 页。

王国维在哈园

隐忍不发，但是在书信中表达了自己的看法："尧香谓其（姬觉弥）曾在广学会，与许默斋共事，后入哈处逐乌目山僧而代之。乙老并言其刻薄倾险，有江西人士黎某在哈处校经，后以不合去，而姬君扣其行李。又言僧某夙以忍辱著，欲藉哈以行其志，亦卒辞去。乙老谓与此种人共事，非与哈亲立合同不可。又谓其人为善不足，为恶有余。看来此人非可与共事者。"[①]

王国维向罗振玉提出了解决问题的办法，等待邹安来到，与之相见，看其为人，再做打算。王国维认为结局大致有两种情况，其一为与邹安严定办事界限，自己每月需要交多少稿子，拿多少润笔，不问其他。其二则是尽弃前约。王国维认为办学校的主张颇不可行，加上先前哈园所办学堂外界非议甚多，所以王国维坚决不予过问。[②]

但是随后王国维与姬觉弥见面之后，对其印象稍有改观，王国维认为姬觉弥"似不如所闻之甚"，但是觉得"对其人交涉，须谨慎耳"。[③]随后王国维又见到了邹安，与邹安和姬觉弥一起参观了哈园，此次王国维对姬觉弥少许的好感也丧失殆尽，王国维认为姬觉弥不学无术，挥霍无度。姬觉弥甚至盖好了房子请王国维入住，王国维婉言谢绝。[④]

罗振玉后来回信给王国维，劝其暂作安顿再做定夺，并且夸

---

① 《罗振玉王国维往来书信》，第 29 页。

② 同上，第 29 页。

③ 同上，第 29 页。

④ 同上，第 33 页。

奖王国维乃是“环顾海内外，能继往哲开来学者，舍公而谁？此不但弟以此望先生，亦先生所当以此自任者。若能如前此海外四年余，则再十年后，公之成就必逾于亭林、戴、段，此固非弟之私言也”。罗振玉随后才道出其如此推崇王国维的原因：“若以天挺之资，而以生活二字了之，岂不可惜？”[①] 极力劝王国维就任其职。

王国维和罗振玉随后又有几封书信往返，讨论是否就任问题，王国维对此颇为悲观，但是最终还是听从了罗振玉的劝告，随后迁往爱文义路上大兴路吴兴里三百九十二号新居，就任哈园学术杂志编辑，主管《学术丛编》。他在致罗振玉信说：“迁居二日，诸事稍定，今日往园，现在已定分三支：一、《学术丛编》，由维任之；二、《艺术丛编》，景叔任之；三、《仓圣大学杂志》，则况夔笙任之。”[②]

第二节 学术发展期

王国维还没有开始编《学术丛编》之前，先在仓圣明智大学教书，据李恩绩后来回忆，学堂里的学生，对于这位拖着辫子的王先生，不大欢迎。还有一层原因则是王国维虽然懂得教育学，但是实施起来并不会高谈阔论，做不出噱头来，引不起学生的兴趣，当时园里的学生国学程度非常幼稚，更不会了解他，后来要

① 《罗振玉王国维往来书信》，第28页。

② 同上，第40页。

编《学术丛编》，就此不再上课。[①]

王国维主编的《学术丛编》每期都印五百册，开始的时候并不是整部发售，所以整部的在外面留下来的不多。李恩绩回忆即便是自己看到哈园所剩下来的，实际上都不齐全。[②]王国维编《学术丛编》，大大便利了学术著作的发表和出版，同时也提高了哈园的学术声誉。

这一年四月，王国维代姬觉弥撰《学术丛编》序言，其言曰："学术之盛衰，其故万端，而传播之道亦居其一焉……爱俪园主人产自西土，久客东方，每发思古之情，深知为善之乐。德配罗夫人夙皈正觉，兼嗜外典，二乘秘文，复兹结集，三仓横舍，于焉宏开。复刊是编，以饷学者。海宁王静安征君噬肯适我，出其书，上虞罗叔言参事远自异邦，假以秘籍，故书新著，萃于一书，月为一编，岁成编帙。佛陀承乏校事，坐观厥成，冀使子云绝言尽示其最目，孝公论难渐得夫道真，于流通学术之道，庶几无憾云尔。"[③]

王国维这一年最重要的学术成就是《毛公鼎考释》一文，王国维在此文的自序中说："三代重器存于今日者，器以盂鼎克鼎为最巨，文以毛公鼎为最多。此三器皆出道光咸丰间，而毛公鼎首归潍县陈氏，其打本摹本亦最先出，一时学者竞相考订，嘉兴徐寿臧明经（同柏），海丰吴子苾阁学（式芬），瑞安孙仲颂比部

① 《爱俪园梦影录》，第 59 页。

② 同上，第 60 页。

③ 《王国维年谱长编》，第 153~154 页。

（诒让），吴县吴清卿中丞（大澂），先后有作。明经首释是器，有凿空之功，阁学矜慎，比部闳通，中丞于古文字尤有悬解，于是此器文字可读者十且九八。"①

有关于此文的意义，王国维指出："文无古今，未有不文从字顺者。今日通行文字，人人能读之，能解之。诗书彝器，亦古之通行文字，今日所以难读者，由今人之知古代，不如知现代之深故也。苟考之史事与制度文物，以知其时代之情状，本之诗书，以求其文之义例，考之古音，以通其义之假借，参之彝器，以验其文字之变化，由此而之彼，即甲以推乙，则于字之不可释，义之不可通者，必间有获焉。"② 王国维此处所言"考之史事与制度文物，以知其时代之情状；考之古音，以通其义之假借；参之彝器，以验其文字之变化"，便是其所创"二重证据法"的开端。

王国维此年另外一项重要的学术工作，便是研究魏石经，撰成《魏石经考》。他在致罗振玉的信中说："近日写《毛公鼎考释》毕，后又修改《魏石经考》，尚须重写一次。其中《魏石经经本考》一篇几全行改易，其子目为：《汉石经经数石数考》、《魏石经经数石数考》、《魏石经经本考》、《魏石经拓本考》、《魏石经经文考》、《魏石经篇题考》、《魏石经古文考》、《魏石经书法考》共八篇，分为二卷，附以碑图七。次殆可为定稿矣。"③

① 《王国维年谱长编》，第 151 页。

② 同上，第 151~152 页。

③ 《罗振玉王国维往来书信》，第 143 页。

王国维此项学术工作的一项附属工作，便是《汉魏博士考》。《魏石经考》脱稿后，王国维颇怪汉石经诸经全用今文，而魏时全用古文，因思官学今古文之代谢，实以三国为枢纽。乃考自汉以来诸经立学之沿革，为《汉魏博士考》。[①] 王国维将博士的兴起、俸禄多少、历代变迁等考察得极为详尽。

王国维此间还有一项重要的工作，前文已经述及，便是在沈曾植的影响下研究文字音韵之学，写成《尔雅草木虫鱼鸟兽释例》。王国维对沈曾植的贡献不敢专美，在致罗振玉的信中说："《尔雅草木虫鱼鸟兽释例》至前日始脱稿，昨日作一序。书仅十八页，序乃有三页，专述乙老口说并与乙老谈论之语，因乙老万无成书之日，非记其说不可也。"[②]

第三节　与遗老往来

王国维在哈园期间，与沪上诸遗老时相过从，尤其是他帮助罗振玉鉴定书画，协助罗振玉进行书画以及古代器物的收购，加深了他与遗老之间的往来。王国维自己也买一些书画，委托罗振玉在日本出售，王国维罗振玉往来书信中这一类的记载较多。[③] 王国维所在的哈园也定期举办古物展，丰富了王国维对于文物的

① 《王国维年谱长编》，第 169 页。

② 《罗振玉王国维往来书信》，第 217 页。

③ 同上，第 179 页。

认知和鉴定。[①]而王国维在此期间，也通过书画的交易，加强了与遗老如沈曾植之间的往来。

王国维自己鉴赏书画的功力颇为深厚，但实际上却是颇为自谦。他曾在给罗振玉的信中言及鉴赏一事："鉴赏一事，非可但凭理想，弟十余年来，皆凭理想鉴定，近二年来，始有根据。盖必见古大家名迹确然可信者数人，以为研究之标准，则源流乃可寻溯，非仅天资理想优胜，便可得之也。"[②]接着王国维对沈曾植的鉴定水平大加推崇，但却有些怀疑："乙老天资高，理想富，弟所深信，其经验如何与否，曾得重要之根据否，则尚非与详论，不能知也。"[③]

王国维后来写信谈及和沈曾植关于书画的一些交往："昨朝在乙处见二画，一明人文通（景泰二年画）仿周昉《试儿图》，后有《洗儿图》。二图相连，其间《试儿图》全仿公宋人集册中物，而题曰仿元人，盖元人亦有摹本也。又有一卷雪景，树仿郭河阳，山石仿范中立，气象甚大，末有千里伯驹四字隶书款（款亦佳），乍观之似马、夏一派，用笔甚粗而实有细处。向所传千里画皆金碧细皴，惟此独粗，盖内画近景与远景之不同。此恐千里真本，不观此画不能知马、夏渊源（惟绢甚破碎）。乙甚赏此画，又甚以鄙言为然，谓得后乞跋之。言价尚未知（必不贵，凡

① 《爱俪园梦影录》，第66页。
② 《罗振玉王国维往来书信》，第94页。
③ 同上，第94页。

乙处画皆然），乙告以如渠不留，请为公留之。”[①]从信中可以看出，沈曾植对于王国维的书画鉴赏能力，至少极为认同。

但王国维和沈曾植关于书画的交往，实际上并不都是很愉快，有时候也在与罗振玉书信中对沈曾植颇有微辞，此外还谈及王国维帮助罗振玉收购书画等事：“维之商务股单已售出，并今年利，约近成数。本拟暂存银行，而出入均须改算银数，吃亏殊甚，因思购书画数件，以作将来预备，而苦于眼力未敢放手。乙老之眼虽就近可以请教，然亦出入颇多。此款公如有用处则可行暂用，如将来尊驾抵沪则为代购书画，此较自购为稳当也。”[②]

王国维在这时已经不知不觉地投入到了遗老圈的活动之中，最典型的例子，便是其与沈曾植的诗酒唱和。王国维平时便经常去沈曾植那里问安，其间当然有不少关于学术以及时事的探讨。而王国维与罗振玉的通信中，更是常常谈到沈曾植，罗振玉经常托王国维打听沈曾植的消息，可见沈曾植在沪上遗老之中的地位，一九一六年末，王国维还在信中抄录了沈曾植的长诗给罗振玉。[③]

第四节　沉湎礼制之重建

王国维如此积极热心与沈曾植往来，很大程度上源于当时复

① 《罗振玉王国维往来书信》，第78页。

② 同上，第134页。

③ 同上，第179页。

邹安、姬觉弥与王国维

辟浪潮的再起，这一点和当时的政局有着密切关系，而这一点在王国维学术上也有反映，便是这一时期他倾心于研究礼制，这一研究看似无案可稽，实则有迹可查，充分表现了王国维的学术轨迹和现实政治之间微妙的关系。

王国维作有关于礼制的研究，是在学术研究不顺的情况下的选择，这或许与当时变幻莫测的政局给予王国维的刺激有关。王国维在一九一六年八月十日写给罗振玉的信中说："近成绩甚不佳，思作自十余页至四五十页之短文，题目颇不易。数日觅题，拟作《先秦儒术考》，每思儒家独传之学在于六艺，而《书》与《诗》又为儒墨公共之学，惟《易》、《春秋》、《礼》、《乐》乃儒家专门，而讲求礼制尤为儒家所独，其书存者亦最多，如大小《戴记》大半作于先秦之世，凡郑《礼记目录》中所云，于《别录》属制度吉事丧服祭礼诸篇，尤非汉以后礼家所能作也。"[①]

但是王国维还是觉得此项研究颇为困难，他在随后写给罗振玉的信中言及："前函言拟作《先秦儒学考》，此事颇不易，因拟先作《汉魏博士考》。"[②]但王国维最后还是开始了这项研究，他在十一月五日与罗振玉的通信中言及："近日将《礼经》古今文异同写出，知郑君所见古文非壁中书，且其所见古文亦非一本，云某字古文或为某者，凡七八处，知古文或有本矣。现拟将两汉以后所谓古文零星研究，作为一书。"[③]

① 《王国维年谱长编》，第167页。

② 同上，第169页。

③ 同上，第168页。

王国维写作礼制研究文章的寓意，恐怕多少包含其对于重建道德礼制秩序的考虑。他随后撰写了《周书顾命后考》序，序言称：“丙辰春二月，余草《周书顾命考》一篇，据《礼经》通例及彝器所载册命制度，以大保承介圭由阼阶阶为摄成王，以乃受同瑁一节为康王受献事，以大保受同降盥一节为大保自酢事，以正郑注（《尚书正义》引）及孔传之误。自谓得此解，则《顾命》一篇文字与其仪制，怡然理顺矣。”①

王国维还对郑玄的注释提出了质疑：“若如郑注，则受册之礼行于殡所，祭咤之事所以对神，君臣吉服，拜起尸柩之侧，献酢同事，分于二人之手。凡此数者，无一与礼意相合。郑君，礼学大师，岂宜不见及此？嗣读《通典》（卷十七）魏尚书所奏王侯在丧袭爵议，（后附夺情议，实则一条，而杜氏分载之）引郑君又一说，则与《正义》所引郑注大异，而与余说正合。《通典》此议，当出魏台访议，或六朝人所集《礼论》、《礼论钞》诸书；其后又载王肃驳议，足与郑说相发明。而自宋王深宁及近世江艮庭、王凤喈、孙伯渊诸家辑《尚书》郑注者，全不及此，故取而诠释之。不独为古人表微，亦深喜余前说之非无根据也。”②

而与此巧合的是，王国维后来在十月份购得明版《孔子家语》，对此颇为欣喜，便取来汲古阁本对勘，王国维写信告知罗振玉称：“前晚于坊间以小洋八角得明季刊本《孔子家语》，卷末有岁甲寅（实万历四十二年）吴旹用书，黄周贤金贤刻小字两

---

① 《王国维年谱长编》，第173页。

② 同上，第173页。

行,《天禄琳琅后目》所谓宋本者即此本，板式精雅似嘉靖景宋本,而刻手较粗。”[①] 而罗振玉手中恰好有此书的日本宽永活字本，后来王国维重新去日本，罗振玉将此书送给了王国维，王国维以之校嘉靖本一卷，乃知宽永本远优于其他刊本，罗振玉这其中的用意，颇耐人寻味。

① 《王国维年谱长编》，第 173 页。

第七章

北京政争与地方

第一节　王国维书信中的讨袁运动

一九一六年二月二十六日，罗振玉给王国维写信，谈及国内政局，颇为悲观："近闻北方情形甚悉，土崩不远，必不能久延。但恐土崩之后，继以瓦解，仍有悲观而已。"[①] 三月十五日，广西宣布独立，几天之后，袁世凯被迫取消帝制，仍然称大总统。罗振玉写信给王国维，信中言："此次劫象，瞬将过去，不知来劫，又且如何？"[②]

罗振玉后来又写信给王国维谈及国内政局的变幻："今日抵东寓，阅报知动力大作，然则我等所预策者不虚也。"[③] 罗振玉还谈及当时沈曾植希冀借日本人之力恢复帝制，已成泡影："然又料此次必是新派制胜，逊老与弟既被卖，即江户寓老亦受软困，

① 《罗振玉王国维往来书信》，第 43 页。

② 同上，第 47 页。

③ 同上，第 48 页。

所希望殆归泡幻矣。天乎人乎，可为痛恨！”①

时隔半月，王国维在写给罗振玉的信中说：“昨寐老言，北方既不能支持，而云贵两省蔡锷、李烈钧两党交閧不成事体，粤西亦至纷乱，梁某在彼亦无发言权，动则以炸弹手枪互相恐猲，一切状态与辛壬之间无异。”②

时隔一日，王国维又有信致罗振玉：“时局看来，南北皆失败，其关键全在老成诸将态度如何。唯北方趁此时机又可施其机械，不识前途如何？古人所谓民之无辜，并其臣仆，瞻乌爰止，于谁之屋者，语语皆若为今日发也。”③

国内乱象如此，王国维感慨道：“天下滔滔，恐沦胥之祸遂始于此，可知中国总是此中国，人民终是此人民，虽有圣者亦无可为计，观近日所经验者，即可知矣。”④随后在四月二日写给罗振玉的信中又言及国内局势：“今日报载冯、张电北方，谓时局至此，无论何人不能当此重任，而下文无一语，不知何意？”⑤王国维写此信后不久，广东和浙江接连宣布独立。

四月十日王国维有信致罗振玉，信中内容极多，尤其值得注意的是，该信谈到了升允密谋复辟的举动。当时升允与青岛、上海的诸遗老往来密切，王国维与沈曾植皆参与其中，信中还指责参与其事的刘廷琛成事不足败事有余，随信件还附带了一份剪

① 《罗振玉王国维往来书信》，第 48 页。

② 《王国维年谱长编》，第 149 页。

③ 同上，第 149 页。

④ 同上，第 149 页。

⑤ 同上，第 155 页。

报，题目叫做《复辟再运动由来》，内容分为四题：问题发生之由来，浙人真面目，升允来朝，宣统帝复辟问题。[①]复辟的潮流呼之欲出。

四月十一日，王国维再次致信罗振玉信："北庭解纽，南势方张，匹碑欲钞辛亥陈文解决时局，凡旧系人物已隐隐成一同盟，党人声势，亦有加无已，而实力终逊于段，将来总以袁退段代，了此一局。揆诸人民厌乱，与各方面畏难苟安之心理，舍此绝不出他途。以后此篇陈文，尚需时时钞袭，不知尚有大英雄出起而定之者否？沪上一时治安，尚无他虑。今年蚕事又为乱事大有损失，江浙二省所损恐在千万上下耳。我辈只做蠹鱼，别无可为者。"[②]

罗振玉随后向王国维通报了当时国内的情况："前者扫墓提前，竟得从容往返，今则道阻矣。回思幸甚幸甚。不知沪上近何如状？沪南能免攻战之祸否？念公等殊甚。逊老近晤面否？可有所闻否？缪老见否？其议论必有奇特可喜者，其门首厶寓字已刮去，可鄙亦可笑也。报纸记严又陵近至津沽，下场如何，何苦乃耳！"[③]信中明确提到了帮助袁世凯复辟的严复，嘲笑之意可以想见。

① 《罗振玉王国维往来书信》，第57页。
② 同上，第57~58页。
③ 同上，第58页。

第二节　国内局势的变幻

此日王国维写信谈及当时的国内局势："粤东适独立……该处秩序大乱……此间近日戒严殊甚，浙省独立，火车已断，仅开至松江。至今未接海宁、嘉兴等戚串信，恐邮政亦阻滞。不知该处治安如何，殊可念也。"[①]当时江浙大乱，王国维已经明确感受到了国内政争的山雨欲来。

罗振玉随后在复信中，告诉王国维自己打算回国，其意是否参与复辟，颇不能解。王国维随后有云："现沪杭不通车已十日矣，小轮尚往来，邮信亦通。浙沪之间，闻已妥洽，不致有战事，沪上党人往浙者，闻多为浙党人所拒，故现在苏属颇吃紧，江阴、吴江相继独立，冯氏宣言系持中立态度，各省亦大略相同，其能保持秩序与否，则须观其后之措置矣……此间戒严已近一月，而法界炸弹时有所闻……一切状态殆复辛壬之间。"[②]

王国维还谈到了遗老之于袁世凯的反应，耐人寻味的是，一向热中于复辟的张勋依然按兵不动，王国维对此颇为奇怪："缪老久不悟，唯闻敬公言，其对傅仁兄咨嗟惋惜耳……彭城至今未见其一话一言，殆持老氏之见乎？"[③]王国维认为傅增湘下场颇为可惜。傅增湘当时是袁世凯政府约法会议的议员，在讨袁运动

---

① 《罗振玉王国维往来书信》，第 59 页。

② 同上，第 64 页。

③ 同上，第 65 页。

中自然受到影响。

王国维在四月二十三日给罗振玉的信中说："静观大局，乱靡有定，识者多谓此次当烈于辛壬之变。近日乙公亦骂诸马为奴才，又谓天下书痴唯我辈耳。此言可知经略矣。"[①] 沈曾植信中的"诸马"，乃是遗老升允的部下，当时是宁夏青海的军阀。王国维称沈曾植"可知经略"，对其为人自然是有所保留。

五月三日，罗振玉写信给王国维谈到所谓"投机贸易"，似乎影射张勋。信中言："所言投机贸易，或辽张即日出张，一面由麟迎缩地子司人入主公司事，何如？"[②] 信中所言，当指袁世凯拉拢张勋的事情，因为信中提到的"麟"，便是袁世凯的心腹鹿钟麟。

五月初，王国维接连写给罗振玉两封信，对时局进行了通报，信中云："乱事靡定，人思息肩，天下大势恐遂归匹碑之手。以势力计之，大约段七分，南军三分。颇闻袁之要人已多归心匹碑，然亦可反复。此人在今日，正如夫己氏之在辛亥，然亦岂拨乱之才哉？至一二年后又当复生变故，恐神州自此已矣。"[③] 所谓匹碑，指的便是段祺瑞，所谓夫己氏，便是指袁世凯。

王国维在此信中又谈及了缪荃孙。一九一四年，赵尔巽被袁世凯聘为清史馆馆长。赵尔巽后来又聘请遗老柯劭忞、缪荃孙等人参加纂修，缪荃孙当时任清史馆的总纂，与其在清季国史馆总

---

① 《罗振玉王国维往来书信》，第 67 页。

② 同上，第 76 页。

③ 同上，第 76 页。

纂一职，可谓“遥相呼应”。王国维对此嗤之以鼻：“报又载艺风之事，可笑之至，世有此人，真读书者之羞也。”①

接着，王国维谈及盛宣怀已经去世，当时江阴的战役将要完结，王国维写道：“昨日《时事新报》谓炮台变兵已由艺风托人经手以七万元买收枪炮，前此要求南京不派兵进攻，亦由党人以劝进事恫吓老艺，并诱以利，使联名电宁，宁即以疏通责彼，亦许以酬报，此等恐未必尽实，然空穴来风，亦有以致之也。沪宁车通，沪杭仍未通，唯轮船及邮件尚无阻滞。浙中持柄者与宁沪仍有联络，故苏浙之间想不至有战事。”②

王国维在五月十七日写信给罗振玉，谈及当时中国银行和交通银行停止兑现钞票一事，可见国内局势变幻莫测：“此间银行风潮尚未过，中国银行上海钞票仍旧兑现，可以通行，外埠则否。交通有兑现之说，不知果否？此次诸友中闻纬公所搁钞票最多，不知已设法换得否也？商务股息，今年得一分五厘，息单公处想已收到矣。”③

时隔五日，王国维给罗振玉写信，再次谈及银行兑换钞票之事，感慨局势动荡：“沪上中国银行风潮已定，交通亦有开兑之说（诸家所有钞票均无甚损失，惟抗父殖边损二三元而已，并闻），而市面奇紧。蟫隐外埠生意，以钞币故，以后甚不易做，

① 《罗振玉王国维往来书信》，第76页。

② 同上，第76页。

③ 同上，第85页。

以此为难。中垒已行，时局益混沌，未识乱何时可了耳！”[①]

第三节　袁世凯去世之后的政局

一九一六年六月初，罗振玉写信给王国维，信中篇末言：“诸人竞入海求不死之药，恐亦无效果，诸君仍执迷不悟，何耶？”所谓“入海求不死之药”，乃是暗指遗老寻求日方支持，以图复辟。罗振玉在日本居留甚久，因而对此颇有警觉。[②]

一九一六年六月六日，袁世凯忧愤成疾，卒于北京，次日黎元洪接任大总统，重新任命段祺瑞为国务总理。随后政府申令恢复民国元年约法与旧国会。[③]罗振玉写信给王国维，谈及袁世凯之死：“晨阅报纸，知袁已伏冥诛，但恐彼伟人者，想率以去矣。此为千金一刻之时机，而某蛮帅则已为接续人，此虽水母，必有群虾指导之。马定等必不能下心低首，然如何居心，仍未可知，恐第二羊角风又且作矣。”[④]

罗振玉在此信中依然打探遗老的消息：“乙老处有何消息，同人有布置否？”[⑤]焦急之心态溢于言表。罗振玉随后又写信给王国维谈及袁世凯去世之后的政局：“连日阅报纸，知黎邱将妥洽，我辈夙望付诸逝水矣。但曼倩此次眈眈虎视，海陆征发，意

① 《罗振玉王国维往来书信》，第 87 页。

② 同上，第 92 页。

③ 《王国维年谱长编》，第 164~165 页。

④ 《罗振玉王国维往来书信》，第 97 页。

⑤ 同上，第 97 页。

在窥隙而遂其大欲，若黎邱局定，彼之失望，与我辈异辙而同复也。”①

罗振玉还言及袁世凯下葬之事："黎邱新政，决定袁逆用国葬，议费百万元，此失必应改之。我先皇山陵，由臣工设法，彼盗人之国，乃食报至此者，此何说耶！又张勋等请保袁遗产，而我武英殿所陈列之物，乃皇室私产，袁乃欲以抵押借款，张勋等亦不一言。又诸人持惩罪魁，所谓罪魁者，乃吮疽舐痔之小人耳。罪魁果为何人？乃议决用国葬以宠之者也，放饭流歠，而问无齿决，可笑万状。以上所陈，望告节老。若皇室一面，非与黎邱立条约不可。”②

王国维回信，对罗振玉深表赞同，继而告知罗振玉梁士诒与世续暗通款曲："元凶既毙，虽快人心，然后来之事，仍如长夜。闻夫己氏未死时，梁某曾往世中堂处有所接洽，而世婉谢之。此甚有识。此人真所谓不祥人，'夭子蛮，杀御叔'者也。"所谓"世中堂"，指的是清末大学士兼军机大臣世续，辛亥革命时曾经起首赞成清帝逊位，参与磋商优待条件，同时出任逊清总管内务府大臣。③梁士诒与世续暗中接洽，显然与袁世凯去世有直接关联。

王国维后来又写信给罗振玉，谈及诸位遗老最近"精神甚好"，康有为更是"发奋图强"，居然幻想组织内阁。但是时局变

---

① 《罗振玉王国维往来书信》，第99~100页。

② 同上，100页。

③ 同上，102页。

幻，黎元洪并不能完全掌握大局，只是作为“过渡人”出现，将有如段祺瑞这样的人物取而代之。[①]王国维随意之言，最后变成了现实。

王国维在六月二十日写给罗振玉的信中谈及遗老的行动：“近日此间殊无所闻，南北亦似无调和之望，如东报之言，恐需他力矣。阅报知节旅行由金陵而至彭城，潜庵亦在彼，又闻同甫入都，此君与汴水余肄素稔，或径出所谓下策，未能详也。现在人心厌乱已极，唯静者能得人心，动者反是。至求弭乱而不得，虽至愚者亦有悔悟之日，诸君苦不知之。求仙不得，转而求魔，不已甚乎！”[②]

第四节　罗振玉的观望

此时的罗振玉在日本心牵国运，在书信中与王国维互告政治动向。罗振玉给王国维写信，分析了时局，罗振玉言：“黎邸有敝屣之意，此人殆力不足以胜魔，又疲于津梁，彼为过渡人亦甚合宜，酝酿既久，必自生动力。尊论所云海内厌乱，正可因此得归正轨。”罗振玉还谈及南方想拉拢段祺瑞。罗振玉认为吾辈不必参与其中，以后自然瓜熟蒂落。[③]

一九一六年七月一日，罗振玉写信给王国维，谈及袁世凯去

---

① 《罗振玉王国维往来书信》，第104页。

② 同上，第103页。

③ 同上，第104页。

世之前革命党的动向。革命党当时闻说袁世凯的密探来上海，便密谋将其除去，而警察居然也甘为袁世凯之鹰犬。当时袁世凯即将举行国葬，所费甚巨，王国维抨击此乃“非寸磔不足泄敷天之愤矣”。[①]

三日之后，王国维又写信告知国内政争的结局：“政争之事，南方获全胜，此后只再演壬癸旧剧。”此外还谈及“楼船之变，亦以贿成，滔天流毒，可谓至巨”，今后不管谁人秉政，“必至无一可恃之人，无一可用之兵，坐待成奴隶耳”。[②]

时隔不久，王国维又写信论及国内政局：“一切已成明日黄花，现在二马甘为人奴。”二马意即冯国璋。王国维认为黎元洪和岑春煊都是傀儡，今年下半年肯定有好戏看，并谈及有人论及白狼军，认为白狼军和袁世凯才算得上是勉强能够掌控时局之人。[③]

罗振玉在后来的信中，又谈及沈曾植和升允密谋依靠日本人复辟失败之事：“逊辈计画，付诸东流，素尤可惜，但恐自始至终为魔力所缚，不能觉悟耳。”[④] 王国维回信谈及时局纷扰：“时局逾纷纠，昔之歌舞颂祷之报纸，今亦稍有微辞，总有天然淘汰之一日。”[⑤]

而罗振玉也密切关注沈曾植的一举一动，显然袁世凯去世之

---

① 《罗振玉王国维往来书信》，第 108 页。

② 同上，第 110 页。

③ 同上，第 114 页。

④ 同上，第 113 页。

⑤ 同上，第 118 页。

后，国内形势日渐变幻莫测，复辟派此时蠢蠢欲动，也在情理之中，罗振玉在信中坦言和沈曾植并非完全一致："哀家非旧欲借汶以自保，弟虽嫌其非我族类，然犹愈借曼倩之力，逾垣公闻亦在个中，此或有力也。"[①] 曼倩则是代指日本。

罗振玉当时尚在观望是否回国，当时柯劭忞写信给罗振玉，谈及袁世凯去世，罗振玉是否回国："郿坞已倾，辽东皂帽曷归来乎？"罗振玉回信表示："郿坞虽倾，李郭尚在。"指的是冯国璋、段祺瑞尚在位。罗振玉亦写信给缪荃孙表明心迹："玉海外余生，所以久久不归者，盖以赋性狷隘，其不能容于今之世，必矣。故宁琐尾流离而不悔，想长者能鉴此哀曲也。"可惜罗振玉并未受到理解，老友吴昌绶便曾写信给缪荃孙，对罗振玉久不归国进行了抨击："闻叔蕴造屋，欲长做东人耶？"[②]

---

① 《罗振玉王国维往来书信》，第117页。

② 罗继祖著：《庭闻忆略》，吉林文史出版社，1987年版，第67页。

第八章

时局的异常与复辟的再起

第一节　遗老的异动

袁世凯去世之后时局异常，纷争四起，此时遗老更是不遗余力，企图借此机会复辟，但是罗振玉和王国维尚在观望，不时在书信中加以点评，不失为明智之举。譬如罗振玉便对康有为想借力日本图谋复辟不以为然："素仍在阱中，恐永不得出，此次同甫一往而亟返，亦为是故，闻现已他行，再当来此。"[1]

耐人寻味的是，王国维观察到，素来以精明干练为缪荃孙所欣赏的友人左子异，在此微妙关头将辫发束在头顶。沈曾植素来与缪荃孙交好，在这一时刻也对缪荃孙政治立场的摇摆破口大骂。[2] 当时南北局势依然未见调和，加上各地骚乱，王国维对此颇为忧虑："蜀、湘、粤三省纷乱如麻，恐步其后者尚复不少，

---

① 《罗振玉王国维往来书信》，第125页。

② 同上，第126页。

且南北二派终有不能调和之日，不知发于何时耳。”[①]

罗振玉随后在回信中，询问为何沈曾植与其来信渐少，另谈到了对康有为以及日本政府的看法：“素公无出眢井日，弟恐相从入井者，尚不止一人，曼倩以善类为刍狗，可恨已极。但忻然为牵线者所弄，不但不自觉，且以为同心者，亦不仅素一人，尤可憾也。”[②] 王国维后来去信，谈到了当时海军独立的问题，认为乃是谣传，后来看到报纸，得知南方已经“如愿以偿”，大约可以归于无事。二人书信中论学逐渐开始增多，直到沈曾植和康有为爆发冲突，才引起两人继续讨论时局与时人。

沈曾植和康有为的争论，后世没留下相关的资料，所以两人争论的内容，也无法考证，但是最后沈曾植和康有为逐渐达成复辟的共识，共同参与张勋复辟，则是人所共知的事实。但是对两人的争论，王国维和罗振玉有着极大的兴趣。沈曾植给罗振玉写信提及此事，罗振玉为此还特向王国维打听两人争论的具体内容。[③]

王国维后来在沈曾植家中遇见晚清旧臣、之后出仕民国的容甫，写信给罗振玉谈及此事：“逊老前日一晤，有容甫在座，属致意。闻南轩联合诸校，自为祭酒，亦时势使然。野王为人奴不成，又转而向彼，则可笑也。”此处的南轩，便是代指张勋。[④]

---

① 《罗振玉王国维往来书信》，第 126 页。

② 同上，第 126 页。

③ 同上，第 133 页。

④ 同上，第 136 页。

复辟此时已经初见端倪。

而此时的政局，正日趋平缓，罗王之间往来书信论政减少，论学较多，唯一例外的是东京发生鼠疫，当时京都人心惶惶，即便如此，罗振玉依然没有归国之打算，两人依然往返书信不断，讨论时局，臧否时人。王国维认为，时局乃是“迥野蟪蛄多切响，高楼腐草有游魂”，罗振玉对此深表赞同，认为“时局无解救之望”。①

第二节　复辟的再起

一九一六年十月，刘鹗之侄刘大猷从北京来上海，与王国维促膝长谈，王国维写信给罗振玉谈及此事：“刘秩庭自北方来，云及将来政局将有变动。此事势所必然，大约武人与党人互为消长，然于真正之澄清无与也。阅报知康长素在彭城勾留颇久，党人言梁启超亦已加入，则恐不然。然果如此，亦势所或有也。”②

罗振玉回信，对国内政局亦表关切，进而感慨：“蛮触之争，不知胡底。”罗振玉随后劝王国维再次回日本做寓公，这样就可以和自己朝夕相处，“弟意公非海滨逐臭之夫，能再来此间，青山皓首，几杖常青，岂不快哉！”③

罗振玉随后又有信催促王国维回日本，信中倍感焦急：“弟

① 《罗振玉王国维往来书信》，第160~161页。

② 同上，第164页。

③ 同上，第165页。

之私意，中邦之离析流离，不知伊于胡底，茫茫神州，绝无我辈闭门之地，公仍以来此卜邻为最上策。弟往日尚有沪上卜居之念，今已打断此念矣！弟既不能返国，公又何能居彼？”①

王国维给罗振玉回信，对罗振玉的邀约表示感谢，但同时认为“全眷浮海，恐不能行”。②王国维在另外的信中还谈到了当时南北政局的一些变动：“时事又似入梦中，有谓须东海出而以调停了事。大约现两方皆无气力，其结果恐如是耳。”王国维还谈到了当时遗老的一些动向，朱益藩奉诏入宫担任溥仪的师傅，某些遗老依然为复辟在奔走。③

而罗振玉在回信中，也表示“时局诚如尊论”，继而提到柯劭忞给他写信，其间有“不甘隐遁之语”，罗振玉称：“此言恐非虚发，或中央亦有一线索否？”④罗振玉此间还曾经给沈曾植写信，貌似漫不经心地谈书画鉴赏之事，沈曾植有“仁者用心不同”一语。但是沈曾植此间很少给罗振玉回信，罗振玉颇为焦急。⑤

但是其后国内政局尚且平稳，罗振玉王国维往来书信中也以谈书画为主，坊间有传言罗振玉在东京乐不思蜀颇有因由，王国维将流言告知罗振玉：“京师来者皆言公在东大发财，此亦其一也云云。又云：北宋蔡京党谰言直传至王明清、周密辈，国朝人

① 《罗振玉王国维往来书信》，第166页。

② 同上，第172页。

③ 同上，第167页。

④ 同上，第169页。

⑤ 同上，第180页。

过信宋人野文，当以万季野用实录核野文之法正之，语皆有识。”王国维此信中还提及了国内政局的微妙变化：“近日浙江又似有事，警察罢站岗，诸将辞职，有谓吕与曲同丰（段党）谋易诸将帅，有谓吕为党人所运动而部下反对之，现闻吕已辞职，日内即去杭。大约可暂无事矣。”①

第三节　参加淞社

所有王国维研究者似乎都忽略了王国维在一九一六年的冬天加入淞社这一历史，实际上这是王国维生命历程中一个带有标志性的事件。王国维在这一年首先与钱塘张尔田、吴县孙德谦订交，张尔田乃是前清举人，辛亥革命之后一度闲居沪上，清史馆成立，曾经参与撰写《清史稿》中的乐志，随后又曾应沈曾植邀请，参加编修《浙江通志》，乃是遗老中的一位重要成员。②而孙德谦则在沈曾植发起孔教会之时写下长文呼应，更是遗老中的遗老，由于此二人与王国维一样，对章学诚的《文史通义》颇有研究，所以与王国维并称为“海上三子”。③

在淞社的文人中，前清遗老占了较大的比例，孙德谦是淞社的重要成员，与章梫、劳乃宣等青岛遗老往来密切。孙德谦曾有诗赠劳乃宣，其言曰：“劳山遁隐已经年，一室萧条似磬悬。翻

① 《罗振玉王国维往来书信》，第221页。

② 张尔田著：《史微》，上海书店出版社，2010年版，第185页。

③ 《王国维年谱长编》，第187页。

羡岩陵垂钓客，披裘犹有故人怜。”劳乃宣在政治上保守，反对共和，主张还政于清室。辛亥革命后举家迁居青岛，在德国人卫礼贤办的尊孔文社进行活动，帮助卫礼贤翻译《易经》等中国典籍。[①]

王国维加入淞社，乃是因为刘翰怡的约请，而张尔田、孙德谦等都与刘翰怡常有往来，而刘翰怡更是与沈曾植私交颇密。[②]也就是在这一时期，王国维开始为沈曾植编订诗稿。王国维在信中对罗振玉言及："近三日抄乙老诗，得十八页，计共五十余页。"[③]又言："连日苦寒，砚池皆冻，以火炙之，始得作书。"[④]可见王国维之用力甚勤。

有一次王国维在沈曾植的家中，遇见了同为遗老的郑孝胥，但是对郑孝胥颇有微辞，他在给罗振玉的信中言道："前日在乙座，忽见素存不知何时来此，乙颇与之作梦后之谈，渠叙康成见解，谓颇与之大同，然其学说颇谬甚，乙颇与之作王肃之诤。然招梦谈何容易。此梦若来，亦出于事势之必然，于人力无与，惟却虑为人力所坏耳。素本长者，乙亦书生，康成乃蒯通、伍被之流耳。乙前作绝句云：'乱世人才可易论，英多雄少浪批根。辙穷漫堕驱车泪，地胜难招自古魂。'所恨方叔、吉甫不可作耳。"[⑤]

---

① 参见郭泮溪：《淞社文人互赠诗作留史痕》，《半岛都市报》，2008年12月4日。

② 《沈曾植年谱长编》，第408页。

③ 《罗振玉王国维往来书信》，第225页。

④ 同上，第227页。

⑤ 同上，第228页。

罗振玉随后回信，对王国维来信中的问候表示感谢，同时表示“弟辛亥之后，无乐生之心久矣，积瘁之身，乃逾半百，故决不畏死，而畏贞疾之苦。”罗振玉对王国维为沈曾植抄诗颇为赞同，认为“乙老善人，公在沪可谈者，此一人而已，写乙老诗，亦是客中消遣一法”。[①] 可见罗振玉对于沈曾植的高度关注。

第四节　重回日本

王国维和罗振玉多次在书信中表示了与对方朝夕与共、切磋学问的美好愿望，对对方的生活也颇为关心，王国维有次写信颇为动人:“自夏后所得公书，每想见怀抱不畅，迩年心情想亦今兹为劣矣。公书时以家事为言，然此事亦正无法，大抵有可设法补救则补救之，无则姑置之，愤怒忧郁无补于事，而徒伤于身。公此次胃疾，自中医言之当以为肝病也，语亦有理。公平日最不喜闲，心常动作，乃系精力兼人之故。故以公之体，用心与动作不能为病，唯郁结为致病之源，须以动作与闲散二法排遣之。”[②]

王国维在此信中还提及柯劭忞、沈曾植等人的身体，劝罗振玉多加保重:“前年《殷虚书契考释》成时，前印公写照，维本拟题诗四首，仅成一首，故未题。其诗云:‘不关意气尚青春，风雨相看各怆神。南沈北柯俱老病，先生华发鬓边新。’现凤老不知何如？乙老多痰，然无甚病，尚足支十年。公年力俱尚未

---

① 《罗振玉王国维往来书信》，第229页。

② 同上，第223页。

艾，此数年中学问上之活动总可以继续二十年。试思此十年中之成绩以度后之二十年，其所得当更何如！公之事业尚未及半，切勿以小事介于怀抱而使身体受其影响，此非维一人之私望也。”[①]

王国维最后还是对罗振玉颇为牵挂，遂应罗振玉函招前往日本，与罗振玉共度春节。当时康有为在日本从事复辟活动，谋求日本支持。康有为从日本返回国内后，王国维启程前往日本，罗振玉在信中提及康有为访问日本，称康有为“好梦做成，为时尚早”。[②]

康有为的行动，沈曾植对此必然有所了解，沈曾植亦有相似之举动，王国维信中颇多提及。王国维此时已经乘船前往日本，在日本罗振玉以日本宽永活字本《孔子家语》相赠，其用意颇值得深思。当时海上纷扰，王国维的友人程冰泉欲赴粤，但是“虑美德决裂，海上又生阻滞”。[③]

---

① 《罗振玉王国维往来书信》，第223页。

② 同上，第231页。

③ 同上，第234页。

第九章

遗老与张勋复辟

第一节　沈曾植的蠢蠢欲动

一九一七年一月初，张勋与北方各省军阀联合举行第三次“徐州会议”，复辟运动悄然兴起，王国维致罗振玉信说：“浙事渐定，徐州会议又开，以后北派势力当增长，此自然之势也。”[①]应该说王国维非常具有预见性。参与张勋复辟中有一人与王国维往来密切，便是沈曾植。

沈曾植在近代史上声名不显，以至于为人所淡忘，最为直接的原因，在于其述而不作。更重要的则在于，曾经参与张勋复辟，成为他一生最大的污点。罗振玉之长孙罗继祖有云：“沈懒不著书，现所见到的只是一毛片甲。祖父中年和沈在上海南洋公学有一度共事之雅，晚年共历沧桑，沆瀣一气。”[②]虽然其言带有进步史观的余味，但还是可见罗继祖对于沈曾植的不以为然。

---

① 《罗振玉王国维往来书信》，第 231 页。

② 参见《沈曾植康有为参与丁巳复辟》。

遗老遗少对于张勋复辟，自然倍加关注。王国维在一九一七年二月六日的书信中，描绘了沈曾植的急切心情：“耄（沈曾植）因久不得北信，虑事中变，分途致书东海（徐世昌），劝以速决，而时局又稍变，本计在趁议会再攻匹碑之际，徐出而代之，然现议会自知不为天下所右，已降心以迎匹碑，匹碑得此遂晏然无退志，故第一招已不甚易。此种事皆在梁某入都之后，而北方内幕更施何策，此间均不能知，故耄意气颇沮。至于先之以子夏，申之以冉有，耄意亦不谓然。至于依赖根性，耄恐亦终不能脱尽，此与我辈所见大异者也（耄谓自力实他力而后动，此语颇不可解）。士衡入洛，不知作何文章，若此事遂如此消灭，他不必言，诸人将何以对素耶？”①

罗振玉回信告知王国维日本方面的情况，言及日本已经表态对复辟绝不干涉，但是嘱咐张勋“善自为之”。② 王国维收到此信的同一日，致书罗振玉又谈到了沈曾植：“逊老前日情形亦正着急，已自致书孺子（徐世昌），又令对山（康有为）作书，并和周少朴书，献以玉玦，不知有效与否？”③

王国维的书信中，详细记载了张勋复辟全过程。其重要性，不言而喻。王国维在一九一七年二月十六日致罗振玉的信中，描述了国内政治的情况：“今日各界没头于对德交涉，乃有协约国诸使之劝告，将来又种一祸根，而徐、汪诸人亦在其中，尤为可

---

① 《罗振玉王国维往来书信》，第 232 页。

② 同上，第 232 页。

③ 同上，第 233 页。

异。彭城不发一言，不知于意云何？闻潜楼至津，对山于元旦致书促北，而其使者至上元尚未到，不知果何意也？”[①]

王国维对于张勋复辟的观望态度，由此可见一斑。众所周知，“府院之争”乃是张勋复辟得以展开的重要原因。一九一六年袁世凯称帝失败后，黎元洪成为大总统，但实权掌握在国务院总理段祺瑞手中，而黎段之间在“参战”问题上发生矛盾，段祺瑞主张对德宣战，黎元洪与国会则坚决反对。张勋因为德国支持他的复辟主张，反对对德宣战，但他对黎元洪又不抱好感。所以伪装成黎段之间的调解人，同时积极为复辟做准备。

王国维在一九一七年二月十九日致罗振玉的函中，再次描述了沈曾植对于时局的热烈关切，同时提到了康有为与沈曾植的再次争吵：“乙言素是日到，而于素极多不满，盖由用蒙之说为之。然此说恐不可信，盖有人交构其间也。乙（沈曾植）于时局大有绝望之念，谓梁已预备为第二任总统，此语良然，又大骂徐东海，谓非徒梁之干儿，乃其亲儿也。但不知黄楼（张勋）近来意思如何耳？”[②]

王国维进而评论道：“北系作事全与志士无异，可知芝兰不生粪壤也。某素寡梦，此次颇觉有酣意，岂知黄粱未炊而先醒耶！ 然此梦后此必常现，只须于黄楼锲而不舍，此事在对山与潜夫（刘廷琛）矣。潜闻至津，恐尚未返。”[③]

---

① 《罗振玉王国维往来书信》，第236页。

② 同上，第237页。

③ 同上，第237页。

其中沈曾植的忧心如焚，乃至于在王国维面前的不无失态，破口大骂，都昭显了其对于张勋复辟急不可待的心态。当年的上海遗老群聚名流，其中试图复辟甚至希望民国覆亡之人虽然有之，但却不能构成大多数，而沈曾植乃是复辟派中的领袖人物。王国维与沈曾植于上海私交甚笃，自然对于复辟之事有所耳闻或是有所心动，王国维信中所言“岂知黄粱未炊而先醒耶”，乃是对于复辟之事忽生变故的悲叹，这其间对于复辟的态度，一目了然。

第二节　罗振玉眼中的康有为

这期间罗振玉在日本，对张勋复辟也有所观察，尤其是复辟遗老东渡寻求日本支持，罗振玉了然于心。康有为当时秘密前往日本，与罗振玉有过会晤，罗振玉后来追忆此事，给王国维写了一封信，通篇谈的都是康有为日本之行的成果：“素公适过此，留寒斋夜话。此次交涉，圆满之至，适如我辈之所望。”日本方面保证对张勋复辟绝不加以干涉：“观槿对素言，揭明宗旨，绝不干涉，且言此间方针，视将来两者强弱，孰强则孰与。此与弟等素料吻合。”①

罗振玉还谈到日本前后两任首相对于复辟态度之差异：“新令尹所异于旧令尹者，新令尹实行袖手旁观，不加左右袒（然

① 《罗振玉王国维往来书信》，第235页。

二者之中，宁偏于祖宗，素公此行，能见当道，而岑欲见，则谢之，且素在东京旅馆之费，由彼任之，此其明证也），俟强弱既形，而定方针。旧令尹则宗革皆纳交，而煽乱于其间（此所不同也。然皆不出弟等所素料）。故诚能利用此机，则功成指顾。惜诸奴之濡滞不决耳。”①

罗振玉继而请康有为劝张勋早日行动，对康有为的崇敬溢于言表：“弟劝素告黄楼以机不可失，如黄楼仍不决，素可向黄楼借兵自发，以此激之，或有万一之动机耳。此次又与素剀谈，此公实能虚心受益，于弟言无所违，非真坚僻不可化者，深可崇敬。”②

罗振玉还言及当时遗老对于张勋的劝说：“渠此次到沪，拟拉合肥说黄楼，合肥若不往，则迅赴青岛，仍托潜楼往，不知潜楼今尚在弱方否？素又言潜楼数事，此人见事甚明，绝非昔比，进步之速，亦甚可敬。故弟意，可与谋者，仍素与潜耳。乙老较能变通，而障碍不能尽去，盖不免因智生障，幸天事甚高，不久旋悟，然转不如素之能尽言与之谈判，为易明也。尊意如何？”③

罗振玉还为复辟出谋划策，可见其立场：“素到沪，想公尚能遇之。弟意素仍以迅返青，由潜与黄楼接洽尤妥（公幸为素言之）。因李虽为智囊，恐前后有不相贯串处。前黄楼屡招李，李

① 《罗振玉王国维往来书信》，第235页。

② 同上，第235页。

③ 同上，第235页。

未一往也。”①

罗振玉后来认为：“乙绝望于素，乃意气之过。其实素用蒙之说，意未始不可移也。弟劝以借力于黄楼，渠大谓然，即暗移其用蒙之策耳。此意请通知乙老。素心地光明，如白日有时为浮云所蔽，不可因浮云而怒白日。”②罗振玉继而对沈曾植进行了一番点评：“乙因素无心开罪于庸夫，故必为庸夫所构。此君终非善人，乙老信之，恐受祸更过于弟昔日之接渐去吴也。”③

后来到了复辟前夕，罗振玉写信给王国维：“听榜之事，仍无佳耗，意黄楼隐忍蓄机，未必竟违初衷。此间报章载，黄楼已揭穿宗旨，不知沪上新闻如何？鄙意尚不应遽作悲观也。”④罗振玉显然受到了康有为的影响，对复辟太过乐观。

而后复辟事起，局势越来越紧张，罗振玉此刻才如梦方醒：“乃闻有托东邻作调人之说，引虎自卫，以后事事受人干涉，甚或南北从此遂为两截，分裂之祸，不成于袁世凯时代而成于今日，岂不可痛哭流涕长太息乎？乙老诸人，依赖以成性根。往者以弟为偏，乃以不狂为狂，弟逆料其必致今日之事也。天乎人乎！且此刻抗命者仅段一人，败段甚易，段败而观望者皆革心矣。不求之己，而授人以柄自戕，尚何言耶，尚何言耶！”⑤

---

① 《罗振玉王国维往来书信》，第235页。

② 同上，第238页。

③ 同上，第238~239页。

④ 同上，第263页。

⑤ 同上，第269页。

第三节 王国维的忧心如焚

王国维对于复辟，虽未亲身参与，但是一心向往之。一九一六年的四月下旬，对于复辟尚不见任何风吹草动的王国维致书罗振玉责怪张勋“至今未见其一话一言，殆持老氏之见乎”，到了八月，王国维心情为之一振，因其风闻张勋“联合诸校，自为祭酒，亦时势使然”。至一九一七年的二月，在致罗振玉的书信中感慨复辟“黄粱梦碎”，由其对于复辟之起伏不定的感叹，可以观照出其于整个事件中的心态。

王国维二月二十三日致罗振玉信，对张勋复辟已经有所觉察：“大树（冯国璋）入都，外间颇有扶正之谣，观现数日政局皆在新会手中，或径行去年所主政策，但不知与匹磾关系如何。今日在逊座见某小将（不知其姓张抑章也），乃黄楼（指张勋）之人，即往返为潜作道地者，闻其语黄楼事，觉黄非无心肝者，亦尚有布置，唯魄力似不如外间所言之大耳。城北已入漳中，以后恐与新会共运命。振绮亦入此潮流，潜至津招振绮而不赴，盖已不能自拔矣。素邀李同赴彭城，而李拒之。”[①] 王国维还谈到了国内政争与列强之间的关系：“此次外交潮流与英美有益，恐方朔外虽赞成，心必不甘，逊颇思研究此事也。”[②]

罗振玉和王国维随后的信件中，还就复辟的某些细节做了信

---

① 《罗振玉王国维往来书信》，第239页。

② 同上，第239页。

息上的交流，三月初，段祺瑞辞去国务总理一职，王国维致信罗振玉谈及此事："段辞职，黎邱恐不能安于其位，闻乙言，北洋武人颇有欲藉此扫荡一切者，对山意亦动。而乙则主张持重，以现在外交棘手，不愿代人受恶名，所谓此亦一说也。"①

罗振玉后来给王国维回信，谈及局势的紧张："君执到沪晤乙老，归来又增骂东儒之材料矣。加入事，恐更进一步，则必动天下之兵，四次革命之事，恐在弹指间。念之怃然。苍生之祸，何时可弭耶？"②

时隔不久，时局再次发生转变，王国维致罗振玉信中说："今晨晤耄翁，知黄楼一局已大有进步，曼倩（代指日本）亦相敦促，以期另造成一世界潮流，乃为自保计，未必遽怀野意。曼意欲于二十日内为之，以转移内潮，故耄近日心绪又甚活泼。后日掌柜闻属对山。耄本拟函公，属先奉闻。"③

时隔二十日，段祺瑞在北京召开各省督军会议，密谋复辟的张勋参加了会议，王国维致罗振玉信中说："北京开军事会议，张勋因东海之招亦往与会，不知此事与议加入外，别有关系否？段内阁屡见破绽，恐将瓦解。闻跃跃欲试者为李经羲，不知究竟如何？把晤不远，余俟面陈。"④

王国维在信的结尾，还补写了几段，谈到拜会沈曾植的情况

① 《罗振玉王国维往来书信》，第 244 页。

② 同上，第 251 页。

③ 同上，第 253~254 页。

④ 同上，第 260 页。

以及局势的变幻："（沈曾植）云三日内不闻他语，云潜楼前自彭来书，颇抱乐观。北镇祧徐祖张，已联为一，匹碑遂为寡人。北人欢迎善化，善必不允，故归对山，次则对山南亦同意。大树因回禄之灾，失赀钜万，闻大火时，烟土之气，腥闻于天，又焚去交通钞四百万，前此野心乃稍熄。据个中人观察，谓可不劳而就。佃某又赴彭敦促，盖欲以新潮流灌输世界。不知内情究竟如何？"[①] 王国维还谈到听闻康有为得到钱款欲来上海，岑春煊又有组阁的消息等等。[②]

第四节 张勋复辟中的王国维

六月六日乃是张勋率兵进京的前一日，王国维在致罗振玉的信中说："此次北方事变不能乐观，公前书言继起正自有人，自是定论。然继起者标榜新帜，恐较前人更为可畏也。但愿横渠能（原缺）耳，则较稳健耳。"[③] 时隔半月，王国维又写信给罗振玉，信中言及沈曾植对于复辟一事的看法："今晨往海日楼（沈曾植在上海之寓所），主人言此次黄楼北行，宗旨本甚坚定，乃中途为某（某即某君所称为龙阳君者）所误，遂尔中变。潜楼已与告绝，而万某（万绳栻，张勋复辟时授内阁大臣）留之，谓尚非绝望，故尚留在北。素存已翩然返矣。惟对山尚乐观，不知究如何

① 《罗振玉王国维往来书信》，第 260 页。

② 同上，第 261 页。

③ 同上，第 262 页。

也。”[①]

值得注意的是，虽然王国维与沈曾植一样热中于光复清室，但在表达方面，一者重言而一者重行。其中的玄机，难以使人认清。这可以认为是王国维天性懦弱，一贯不善于从事社交活动，更惶论亲身参与复辟。或许是深知王国维为人之品性，沈曾植在参与复辟的最为重要的一步上，没有将王国维带上。在王国维致罗振玉的书函中，这一历史性的时刻被记录了下来："十一日往访寐叟，其家人云已于初八日赴苏，询其何日返沪，则云尚有耽搁。询其与何人同行，则云朱某（其人乃常奔走于康沈之间者）。而今日报纸载对山已到京，或此老亦向北行耶？苏游之说自不可信。以此观之，或尚有听榜之日耶？近日报纸于横渠事所记甚略，或暗中有动作乎？"[②]

王国维的记述清晰地向世人表明，七月一日张勋拥戴溥仪在北京复辟，六月三十日王国维函告罗振玉其在六月二十九日拜访沈曾植不遇的情况。据王国维的分析，沈曾植显然已经应诏北上，参与张勋复辟，其家人所谎称的赴苏州游玩，显然缺乏可信度。据此，王国维得出了沈曾植北上参与复辟的结论。值得注意的是，王国维并没有就此表露其态度，其中的原因，或是源于当时局势的紧张和戒严的开始，七月十四日其在致罗振玉的信中写道："前日所寄书，因沪上业经戒严，检查邮信，故无多言，时

① 《罗振玉王国维往来书信》，第262页。

② 同上，第264~265页。

局恐已于东报中悉之。”[1] 王国维的小心谨慎，由此可见一斑。

七月一日张勋在进京半月后，公然宣布复辟。次日王国维致信罗振玉：“阅报后知榜已揭晓，但未得其详。报载对山于初九抵京，有沈某、王某同行，而不言其名，则乙老实与对山同行矣。此间报纸所载寥寥，东报当更详，然不能尽其内容则一也。维初六晨晤乙老，尚不言及北行。报言对山之行，系黄楼所招，当信然也。东方通信社电云黄楼为首揆，亦事理所必然也。”[2]

局势很快发生变化，段祺瑞以讨逆军总司令名义讨伐张勋，响应者云集。王国维在致罗振玉的信说：“此间局势近日始明，后事如何，尚难预睹。大约北方反对者为段祺瑞，惟李长泰马厂之师从之，此军在津浦道上，或发生战事亦未可知。南方则冯之态度，今日报纸始有表示。彼依据约法，欲自为大总统，而沪上党人与海军反对极力，欲迎黎南下，在上海立政府，二者之间必生内讧。沪与浙均受冯意，声言北伐。然其兵（杨之一部）乃由宁南下，驻江浙间，其意可知。段于北方旧势力早悉为王士珍所有，王张合一，段恐不能为祟。南方则武人与党人共事，后必有冰炭。恐将来全局之定，不以干戈而以策略，此亦近来一习惯也。沪上报纸狂热不可形容，而两粤却尚未有真切表示，大约党人、武夫之形，名虽携手，而其相戒备，乃较防敌为甚。冯虽移檄北伐，而禁止招兵与粤东同，事可知矣。

① 《罗振玉王国维往来书信》，第 270 页。

② 同上，第 265 页。

海上人心浮动，以后便拟简出，恐招意外之侮辱也。”[①]

王国维随后补写道：“今日情势大变，北军多已应段，战争即将起于京津间，张军中断，结果恐不可言。”并为赴北京参与复辟的康有为、沈曾植、劳乃宣、刘廷琛诸人担心说：“北行诸老恐只有一死谢国。曲江之哀，猿鹤沙虫之痛，伤哉……不忍再书矣。”[②]

① 《罗振玉王国维往来书信》，第267~268页。

② 同上，第268页。

第十章

复辟之后

第一节　面对残局

张勋复辟失败后，王国维致罗振玉信说："此次之变，段、冯、梁三人实为元恶，冯思为总统，段则欲乘此机以恢复其已失之势力，梁为幕中画策之人。然其结果已可逆睹，首则必为国会与冯、段之争，而国会与民党必败；继则为冯、段之争，为军人与进步党之争，此种局面不能支持一年，可预决也。"①

王国维继而感慨："人心险诈，乃至天理尽绝。黄楼微日通电见于报中，托君美持上，可以知此次真象。盖事前均有按约，临时并不通知，此二语足以尽之。末日即在今明。乘与尚可无事。此次负责及受职诸公，如再靦然南归，真所谓不值一文钱矣。诸公中以横渠为最可惜，素公、玉老当能不忘久要，寐叟于前日已有传其南归者，此恐不确也。止庵乃无心肝，竟有电辨明心迹，

---

① 《罗振玉王国维往来书信》，第 270 ~271 页。

甘与犬羊为伍，岂不痛哉！”[①] 王国维进而安慰罗振玉：“公病新愈，尚期自宽，因此后尚有种种责任，不可为无益之伤感也。”[②]

而王国维对于张勋复辟后的时局，亦有颇多洞见之语。令人感慨的是，王国维在张勋复辟失败之后，居然流露出了轻生之念，在一九一七年七月十七日致罗振玉的信中，情绪低沉，甚至一度谈到了自尽：“惟永所惓惓者，不在公前恙之未去，而虑连日外界恶耗，甚不与公体相宜，祈自宽假为荷……报纸记北方情形，惟在军事一面，而寐叟等踪迹均不一一纪，惟一纪陈、伊二师傅，一投缳，一赴水，不知信否？黄楼赴荷使署，报言系西人迎之，殆信。又言其志在必死，甚详，此恰公道，三百年来乃得此人，庶足饰此历史。余人亦无从得消息。此等均须为之表彰，否则天理人道均绝矣。”[③]

王国维随后写道：“此次取巧之人，自以为得意，然实无利益可言。冯觊正位，而仍不敢行；黎卫队有变，仍往奔使馆。段之总理，则党人已证明其伪造黎命，云南已发电鸣其罪，进步党人欲加入段阁，然亦逡巡不敢。浙江岌岌，畏内变猝发，他省恐不可免。试问此种结果，何一非自取之？徐世昌入京，外间有总统之说，亦非无因。生民之祸，不知何底耳。北征诸公，报上不载一字，不知究竟如何。”[④]

---

① 《罗振玉王国维往来书信》，第 270~271 页。

② 同上，第 271 页。

③ 同上，第 271~272 页。

④ 同上，第 272 页。

随后王国维又有一信致罗振玉，信中提及国内局势："报载南北决裂，而于过去之事甚略。存中诸君消息，均不可知。横渠不践小节，亦未始非福也。"[①] 时隔半月又谈到："前日闻蜀叟与楚少已归，寐叟尚留京，又有移寓津沽之说。敬公访之确未归。有人见蜀叟述横渠事，与公述玉牒言相同。"[②] 存中诸君代指沈曾植等参与复辟诸人，而蜀叟代指康有为，楚少疑指遗老陈毅，玉牒则借指清宗室宝熙。[③]

八月底，王国维在致罗振玉的信中谈及遗老的最新动向："抗父前日来谈，气色复佳，甚可喜也。逊翁处仍无消息，纬公与君美想已到矣。前日与抗谈，谓横渠事若成，则一切凶人皆声名俱泰，乃无天道，自今以后可知不顾一切而自以为巧者，乃天下之至拙。不身受此报，固不能悟也。"[④] 时隔四日，又写信给罗振玉说："实斋闻已返沪，逊老秋后可到，闻修志之脩亦照送，天下事固有不可解者，非我辈所能料也。"[⑤]

与王国维在沪上对于遗老的关心与赞誉不同，罗振玉随后在回信中，谈及缪荃孙和出仕民国的董康，评价极低："积余亦为人所啖，缪种则不足言。弟年来甚薄广川，以为全无心肝。然此人不过无心肝而止，缪种则远在广川之下矣。公以拟中将，殆其伦

① 《罗振玉王国维往来书信》，第 273 页。
② 同上，第 279 页。
③ 同上，第 273~279 页。
④ 同上，第 285 页。
⑤ 同上，第 286 页。

乎？为之浩叹！”[①]

第二节 《游仙》存哀思

王国维在这一年八月十八日写给罗振玉的信中曾经言及近作《游仙》一首，诗云："如盖青天倚杵低，方流玉水旋成泥。五山峙海根无着，七圣同车路总迷。员峤自沉穷发北，若华还在邓林西。含生总作微禽化，玄鹤飞鹗自不齐。"[②]陈永正认为，此诗用典极多，加上张勋复辟失败的背景，恐怕王国维乃是有感而发。[③]

诗中"如盖青天倚杵低，方流玉水旋成泥"，写天地巨变，很明显的指涉张勋复辟的失败。而"五山峙海根无着，七圣同车路总迷"则更有深意，写的则是参与复辟的康有为、沈曾植诸人。"员峤自沉穷发北，若华还在邓林西"，写的是夸父逐日的故事，指涉张勋复辟的功亏一篑，而最后一句"含生总作微禽化，玄鹤飞鹗自不齐"，指的则是参与复辟的诸位遗老的结局。[④]

王国维对张勋复辟失败之后的政局非常不满意，他在一九一八年初写给罗振玉的信中大发牢骚："永居上海二年，于此间社会情形乃稍详悉，无论公私，皆腐败颟顸至无可言。如吴下曹君者，蒋孟平延之校书，乃终年未有一字。编《通志》者亦大半如

① 《罗振玉王国维往来书信》，第 287 页。

② 《王国维诗词笺注》，第 246 页。

③ 同上，第 247 页。

④ 同上，第 247~249 页。

是……至于政局，则系此种腐败局面之放大而又极端者。不知我羲黄之子孙、周孔之后裔，乃有此现象。然若在二十年前，则尧香所见此等人，当有彭刚直、沈文肃者处以极刑矣。现在窃钩窃国，同一无罪，此后不为安南、高丽人不可得矣。”①

而王国维此种牢骚，在他参加浙江桐乡人沈纮的丧礼上，表现的尤其明显。他写了两幅挽联，一幅自作，一幅是代罗振玉作，代罗振玉所作的挽联中写道：“问君胡不归，赤县竟无干净土；斯人宜有后，丹心喜见凤皇雏。”王国维自撰的挽联写道：“壮志竟何为，遗著销烟，万岁千秋同寂寞；音书凄久断，旧词在箧，归迟春早意缠绵。”②

第三节 寄寓殷周之际

张勋复辟失败后，日本汉学家、京都大学教授小川琢治博士来上海，见到王国维，劝王国维剪掉辫子，王国维极为不快，致信罗振玉说：“小川博士过沪见访一次，永以不出未能往答，因告以不出之由，彼云：‘此甚不便，何不去此障碍物？’殊可笑也。”③

或许是此事的刺激，王国维写下了《殷周制度论》。此文颇有渊源，他在致罗振玉信中说：“前日拟作《续三代地理小记》，既而动笔，思想又变，改论周制与殷制异同：一、嫡庶之制；

① 《罗振玉王国维往来书信》，第323页。

② 同上，第360页。

③ 同上，第286页。

二、宗法与服术（此二者因嫡庶之制而生）；三、分封子弟之制；四、定天子诸侯君臣之分；五、婚姻姓氏之制；六、庙制。此六者，皆至周而始有定制，皆至周之所以治天下之术，而其本原则在德治。”[①] 此可以看作其写《殷周制度论》的起始。

时隔一周，王国维写成《殷周制度论》，致信罗振玉说：“《殷周制度论》至今日始脱稿，约得二十纸。此文根据《尚书》《礼经》与卜辞立说。惟近久不为名理之文，故尚嫌未能畅发，且存此以待后日修补耳。”[②] 又言：“《殷周制度论》于今日写定。其大意谓周改商制一出于尊尊之统者为嫡庶之制，其由是孳生有三：一、宗法，二、服术，三、为人后之制。与是相关者二：一、分封子弟之制，二、君天子臣诸侯之制。其出于亲亲之统者，曰庙制。其出于尊贤之统者，曰天子诸侯世，而天子诸侯之卿大夫皆不世之制（此殆与殷制同）。又同姓不婚之制，自为一条，周世一切典礼皆由此制度出，而一切制度典礼皆所以纳天子诸侯卿大夫士庶人于道德，而合之以成一道德之团体。”[③]

王国维在信的最后，指出此文的真实意图：“政治上之理想，殆未有尚于此者。文凡十九页，此文于考据之中，寓经世之意，可几亭林先生。惟文字未能修饰尽善耳。”[④] 可见此文的写作，与张勋复辟的失败，多少存在着联系。

① 《罗振玉王国维往来书信》，第 288 页。
② 同上，第 289 页。
③ 同上，第 290 页。
④ 同上，第 290 页。

《殷周制度论》对于殷周之际中国政治文化之变革作出细心考察，指出“中国政治与文化之变革，莫不剧于殷周之际”的历史事实。王国维指出“特如商之继统法，以弟及为主，而以子继辅之，无弟然后传子”，终于导致中丁以后的动乱，到了周代，鉴于商代的历史教训，遂由周公订立舍弟传子之法。

王国维写出《殷周制度论》除却其学术上的日渐精进之外，对于国家前途命运的关切或许也是此文的深刻寓意。作为目睹中国数十年来动乱的亲身经历者，王国维深知国家长治久安的重要性，他认为社会不安定源于纷争，而解决纷争最直接的办法就是建立秩序，王国维由此对于周公建制大加褒扬。王国维虽然史识极深，但于西方政治文明之精要，茫茫然不知其所以然。而他所醉心的周公建制，以德治为中心，欲求国家之长治久安，恐怕也存在颇多问题。

王汎森认为，王国维的《殷周制度论》影响深远，如傅斯年的《夷夏东西说》便很明显受到了王国维的影响。王汎森进而指出，傅斯年的《夷夏东西说》，不只批判性地运用文献，而且随处以新出土之甲骨作为证据，论证相当细密。傅斯年这一篇文字的思想源头是多方面的，有人认为他可能是受了哥廷根大学汉学家哈隆（Gustav Haloun）的影响，但王汎森倾向于认为傅斯年原有一些东、西二分的模糊看法，而王国维的《殷周制度论》深刻化他原先的观点。①

---

① 王汎森著：《中国近代学术与思想的谱系》，河北教育出版社，2001年版，第264~265页。

第四节　心期上古

或许正是对于时局的不满，王国维在写完《殷周制度论》之后，并没有在上古史这一领域停止脚步，接着写下了《两周金石文韵读》和《汉书艺文志举例后序》。[①] 而早在此前，他的《殷卜辞中所见先公先王考》、《殷卜辞中所见先公先王续考》也陆续完稿，王国维这一年的研究构成了一条完整的学术链。

王国维在写《两周金石文韵读》时，曾经给罗振玉一封信，信中说："近日写《两周金石文韵读》以充九月报稿。《礼经记篇目考》或《戴记考》不能遽成，材料已抄撮及半，此书成或需两卷也。"[②] 随后王国维在《两周金石文韵读》的序言中说："余比年读诸家韵书，窃叹言韵至王、江二氏，殆毫发'无遗憾'。惟音分阴阳二类，当从戴、孔。而阳类有平无上去入，当从段氏。前哲所言，固已包举靡遗，因不复有所论述。惟前哲言韵皆以《诗》三百篇为主，余更搜周世韵语，见于金石刻者，得数十篇。中有杞、鄫、许、邾，徐、楚诸国之文，出商鲁二《颂》及十五《国风》之外。其时亦上起宗周，下迄战国，亘五六百年。然其用韵，与三百篇无乎不合，故即王、江二家部目谱而读之。虽金石文字用韵无多，不足以见古韵之全，然足证近世古韵学之精密，

① 《王国维年谱长编》，第 218~223 页。

② 《王国维全集》第十五卷，第 344 页。

自其可征者言之，其符合固已如斯矣！”[1]

而《汉书艺文志举例后序》也是这一时期王国维学术方面的代表作，此文乃是王国维应友人孙德谦之邀为其著作《汉书艺文志举例》所写的序言，序言中说：“丁巳秋，益庵复出所撰《汉书艺文志举例》，索予一言，余谓益庵之书精矣，密矣，其示后人以史法者备矣……窃叹世之善读书者，殆未有过于益庵者也。顾曩读《汉志》，有未达者数事，今略举之……此三疑者，盖久蓄于余心，求之此书所举例中，亦未得其说，既读此书，爰举以相质，以益庵之善于读书，必有以发千载之覆也。”[2]

郭沫若虽然对王国维曾有暗袭之处，但是对王国维依然给予极高的评价，他曾经指出：“卜辞的研究要感谢王国维，是他首先由卜辞中把殷代的先公先王剔发了出来，使《史记殷本纪》和《帝王世纪》等书所传的殷代王统得到了物证，并且改正了它们的讹传。如上甲之次为匚乙、匚丙、匚丁，而非报丁、报乙、报丙，主壬、主癸本作示壬、示癸，中宗乃祖乙而非大戊，庚丁乃康丁之讹，大丁以文丁为是，均抉发了三千年来所久被埋没的秘密。我们要说殷虚的发现是新史学的开端，王国维的业绩是新史学的开山，那样评价是不算过分的。”[3]

---

① 《王国维年谱长编》，第 223 页。

② 同上，第 224 页。

③ 郭沫若著：《十批判书》，东方出版社，1996 年版，第 4 页。

第十一章

遗老与欧战

第一节　王国维的预言

一九一七年第一次世界大战爆发，王国维同样对此有所观察和评论。时罗振玉受邀前往欧洲鉴赏文物，罗振玉邀请王国维同往，但是因为一战爆发而终止。罗振玉后来回忆："予在海东，公先归国，英法学者斯坦因、沙畹诸博士，邀予游欧洲列邦，予请公同往，将治任矣，而巴尔干战事起，予告公行期将待战后。公复书言，欧洲近岁，科学已造其极，人欲亦与之竞进，此次战事，实为西政爆裂之时，意岁月必久长，公此行或不果邪？"[①]

王国维在一九二四年上溥仪的奏折中，再次论证了欧战之后欧洲意识形态的破产："原西说之所以风靡一世者，以其国家之富强也。然自欧战以后，欧洲诸强国情见势绌，道德堕落，本业衰微，货币低降，物价腾涌，工资之争斗日烈，危险之思想日

---

① 《王国维年谱长编》，第 515 页。

多。”[①] 王国维口中的危险思想，指的便是共产主义。

王国维继而对欧洲之于中国的“文化侵略”大加挞伐，可见遗老立场的日趋坚定：“中国此十二年中，纪纲扫地，争夺相仍，财政穷蹙，国几不国者，其源亦半出于此。臣尝求其故，盖有二焉。西人以权利为天赋，以富强为国是，以竞争为当然，以进取为能事，是故扶其奇技淫巧，以肆其豪强兼并，更无知止知足之心，浸成不夺不餍之势。于是国与国相争，上与下相争，贫与富相争，凡昔之所以致富强者，今适为其自毙之具。此皆由贪之一字误之也。西说之害根于心术者一也。”[②]

王国维在一九一七年三月，曾经写下《海上送日本内藤博士》一诗，长久以来论者以为此诗以论文入诗，词语艰涩，学究气太浓，诚非佳构。[③] 王国维在此诗的起首标注：“湖南先生北游赤县，自齐鲁南来，访余海上，出赠唐写古文《尚书》残卷景本，赋诗志谢，并送其北行。”[④] 因此绝不能将此诗看作交游诗予以忽略。

与此诗相类似的是王国维写于一九一二年的《送日本狩野博士游欧洲》，当时狩野直喜游历欧洲寻访敦煌遗物，王国维以此诗劝勉狩野在欧洲学有所成，并在写给铃木虎雄的信中言及此诗：“惟诗中语意，于贵国政治前途颇有隐忧。”[⑤] 时隔五年又写下《海上送日本内藤博士》，显然会让人想起当年写给狩野的诗，而

---

① 《王国维年谱长编》，第517页。

② 同上，第517页。

③ 《王国维诗词笺注》，第250页。

④ 同上，第250页。

⑤ 同上，第150页。

“于贵国政治前途颇有隐忧”一语，也必然会联系到欧战中日本的抉择，因此此诗中的诸多“中国元素”，恐怕是事出有因。

王国维在诗中写道：“南下彭城过梁楚，飙轮直邸黄歇浦，回车陋巷叩蓬户。”写的是内藤湖南的行程。“送君西行极汉浒，游目洞庭见娥女。北辕易水修且阻，困民之国因殷土。”[①] 诗中的“困民之国”，恐怕有王国维本人的政治立场在内。“君今渡河绝漳滏，眼见殷民常黼冔，归去便将阙史补。明岁寻君道山府，如瓜大枣傥乞与，我所思兮衡漳渚。”意即您如今渡过黄河，横越漳水滏水，会亲眼看到殷地的人民穿着殷代的礼服，回到日本后便可把有缺漏的历史填补。[②] 这其中中国文化本位的立场，再清楚不过。

第二节　沈曾植与罗振玉的激辩

辜鸿铭晚年追忆沈曾植，曾经有一段颇为生动的描述，当时俄国哲学家赫尔曼·凯塞林伯爵来中国，辜鸿铭介绍沈曾植与其认识，辜鸿铭在《硕儒沈子培先生行略》中将凯塞林伯爵的旅行日记摘录出来，其中凯塞林对沈曾植赞不绝口：“余今竟得如愿以偿见沈先生也矣。余在北京时，每与诸华友谈论欧洲事，余常从旁证其谬误，彼辈必相顾而言曰：沈子培先生告我等亦如是，然我等以为沈先生学问虽深博，而对于欧洲文明所见恐未免肤浅

① 《王国维诗词笺注》，第256页。

② 同上，第258页。

也。因是余始知沈先生未尝实地考察，而所言所知能如此正确，其人必非庸碌者流可知也。”[①]

当时沈曾植与罗振玉之间有一场激辩，罗振玉描述了自己之于欧战的看法，与王国维的看法高度吻合，但是与沈曾植的看法却颇有迥异之处：“后数月，予返沪上，沈乙庵尚书觞于海日楼，语及欧战，予以公语对。尚书曰，然此战后，欧洲必且有大变，战胜之国，或将益扩大其国家主义，意谓德且胜也，予曰否，此战将为国家主义及社会主义激争之结果，战后恐无胜利国，或暴民专制将覆国家主义而代之，或且波及中国。尚书意不谓然。”[②]

由王国维对于欧战的预见，直至罗振玉对于战后世界格局的预测，这一带有相承意味的历史预言，显然由王国维发其肇始。即便是沈曾植这样对天下大势了然于胸的旧学鸿儒，对于欧洲政局方面亦是不甚明了，甚至说出德国胜出的历史笑话，可反衬出王国维的过人之处。

后世学人在论及王国维的政治态度时，往往以简单的激进与保守之分或是治学之方向将其归类为保守派，殊不知这位看似思想“落后”的旧式学人，实际上心怀天下。张荫麟若干年后追忆王国维，感慨王氏眼光的独到：“先生之治学方法，视并世诸家，有一特具之优长，即历史眼光之敏锐是也。”[③]而罗振玉虽然与王国维在相交后期不无意气之争，但在对于王国维的评价方面，无

---

① 《沈曾植年谱长编》，第366页。

② 《王国维年谱长编》，第515页。

③ 张荫麟著：《素痴集》，百花洲文艺出版社，2005年版，第196页。

疑独具慧眼，乃是知己之言："世人独惊公之学，而不知公之达识，固未足以知公，而公重节行，不知公乃知仁兼尽，亦知公有未尽也。"①

而罗振玉与王国维之间的交往，亦多次谈到欧战："渠研究加盟事，此甚有研究之价值。此邦于我加盟事，原有两派，其实无定见，因彼对英对德，从违恐有大转纽，非于我无一定方针。我于此时以各货加税事与列国相商，愚不可及，微论不能得快诺，即得快诺，亦不过虚名少实。况以后德国方面尚不知如何乎？群盲谋动，可哀可惮。"②

罗振玉对中国参战与美国之关系有着深刻的洞察："此次加入问题，由于为美之牛后（此举已甚卑劣，盖欲与美通财。其实美人放债主义，固无论加入不加入，但观我之当道根本之安固否。我安固则放债，不安固则不放债。今不于安固是谋，而为此姑妄主义，可痛可嗤）。今美德之交且无断绝之势矣，群盲乃尚营营不已，可为捧腹。公谓如何？请与乙言其理。"③

第三节　辜鸿铭的批评

欧战爆发前夕，素来好出惊人之语的辜鸿铭则旗帜鲜明地反对中国参战。当时的日本希望攫取德国在山东的侵略权益，所以

① 《王国维年谱长编》，第 516 页。

② 《罗振玉王国维往来书信》，第 242 页。

③ 同上，第 242~243 页。

反对中国参战，而西方列强则希望中国参战，以缓解战争压力。国内经过黎元洪与段祺瑞的政争，最终由段祺瑞决定中国参战。[①]当时英国记者辛博森在《京报》上写文章陈述参战利害，竭力促使中国参战，辜鸿铭写文章对此提出批评："近者中国对于德国潜水艇无限制攻击之通告有抗议，使专为尊重人道起见，出于忠告之诚心，诚不失为义举。而北京《京报》新闻记者辛博森氏辄欲中国加入协约国战团，侈陈种种利害，以相劝诱。辛博森氏为英人，其用意自别有在。而我国策士者流，乃亦深信其说，亟图利用此谋为冒险投机之事业，则蒙窃有惑焉。"[②]

辜鸿铭接下来分析了国际形势，指出中国参战毫无道理："我与德邦交素睦，初无深仇夙怨，又无航行西方之商船足以受德潜艇之攻击，顾动于战后之利，受协约国之劝告，遽加入战团，与之为敌，使战祸益延长而不可遏，征以君子之道，得为武乎？今人动言国际法，不复知有君子之道。然在英国游戏规则中，其义尚有存焉者。"[③]言辞中已经将君子之道看作终结战争的不二法门。

辜鸿铭接着追忆昔日往事，感慨中国参战的越俎代庖与出师无名："忆昔在苏格兰公学时，其校中游戏规则，凡合众力而搏一童者，虽是童在校中为至顽劣，胜之亦不武。英童所视为不武

① 孔庆茂著：《辜鸿铭评传》下册，百花洲文艺出版社，2010年版，第163页。

② 黄兴涛编：《辜鸿铭文集》下册，海南出版社，1996年版，第227页。

③ 同上，第228页。

者，辛博森氏转称为雄举，不已左乎？西人动欲教我以国际法，不知我国自孔子以来自有真实切用之国际法在。其言曰：‘以礼让为国。’又曰：‘远人不服，则修文德以来之。’又曰：‘师出必以名。’今我出师抗德，其名安在？规利以崇仇，附众以敌寡，揆诸礼让之道，修文德之义，当乎不当？若徒徇西人之所谓国际法，则我国固无力足以判德之是非而加之罚，徒为协约国所牵率投入漩涡。此后无厌之要求，应担之责任，皆无可逃免。稍或不慎，越俎代庖者立至，恐欧战未毕，而我已不国矣！”①

辜鸿铭在参战之争甚嚣尘上的时候，明确表示反对参战：“今者欧洲列国倾竭人民之脂膏，糜烂人民之血肉，以争胜于疆场者，只此竞利之心相摩相荡，遂酿成千古未有之战祸。迨至精疲力尽，两败俱伤，饱受夫创巨痛深之苦，而追溯其恃强逞忿之私，必有大悔其初心之误用者。我国兵备不充，军气不振，无可讳言。即使励精图强，极意整顿，俾陆海皆有用武之实力，必非旦夕所能期。然则目前所恃以御侮而救亡者，独有以德服人之一理而已。我诚采用戈登将军之言，事事蹈义而行，不为利诱，不为威怵，确守其中立不倚之道。对于列强无所左右于其间，则可谓君子之国矣。”②

辜鸿铭还指出欧战之不义，提出以中国君子之道以救世界文明：“列强以竞利之故，互相吞噬，穷极其残暴不仁之武力。而环顾世界中犹有一国焉，其人口四百兆，独能以君子之道自处，

① 《辜鸿铭文集》下册，第228页。

② 同上，第229页。

而并欲以君子之道待人，未有不内愧于心而敬之重之者。夫至敬之重之，而又从而侮之，此为事理之所必无，可断言也。我国御侮救亡之道，舍此岂有他哉！ 美人阿姆逊之言曰：‘尚武者，吾见其必败。以仁义为械者，足令世界相观相感而迁于善。’今日黩武穷兵之祸，欧人亲受之痛苦，不啻自涂其脑，自剥其肤，盖已有废之不及者。吾诚善用阿姆逊之良械，仁以爱人，义以断事，发挥而光大之，庸讵不足使世界改恶迁善，而息争解纷耶？吾故曰：当兹有史以来最危乱之世，中国能修明君子之道，见利而思义，非特足以自救，且足以救世界之文明。”[①]

第四节　郑孝胥与梁启超的反应

欧战爆发，郑孝胥全程都有关注，并在日记中留下了大量的记载。一九一四年七月二十九日之日记中记载：“报言，塞已发炮击奥，〈奥〉迁都避之。英集各国公使欲和解之，德未答。”[②]时隔七日，又在日记中写道：“竟日欧洲无来电，西人皆惶惶，知英德海军在北海决战。”[③]

一九一七年四月二十日，郑孝胥在日记中记载：“俄奥媾和，日本报纸颇研究此事。”[④]时隔四日，又在日记中记载：“言闻俄德

① 《辜鸿铭文集》下册，第229~230页。

② 《郑孝胥日记》第三册，第1524页。

③ 同上，第1525页。

④ 同上，第1658页。

已停战。日本总选举已毕，政府党多五十一票，内阁已巩固。”[①]

围绕中国是否参战，段祺瑞和黎元洪纷争不已。郑孝胥在五月十二日日记中记载：“政府以宣战案交国会，惧其反对，集无赖数千人，称公民请愿，围议院、殴议员以胁之。国民党甚愤，进步党则助政府，乱甚亟。”郑孝胥继而听友人丁衡甫言“北京或有异举”。[②]郑孝胥不愧为老谋深算之辈，立即看出时局之中隐藏的玄机：“西人皆言：‘张勋入京，必议复辟。’余曰：彼等以争权树党之际，借复辟为挡箭牌耳。适成为加入宣战之口实。复辟则皇室甚危，此曹真堪千斩万段也。”[③]

后来欧战三周年之际，郑孝胥在《神州日报》上看到《欧战三年之统计》一文，便将其剪贴在日记中，此文记载了欧战的若干大事，并统计了相关数据。[④]可见郑孝胥对于欧战之关心。当时郑孝胥还看到美国柏来士的《日本在中国之势力》一书，前面有留美哈佛大学学生会序言，文中有“日本挑成中国之内乱”之说，郑孝胥大加抨击：“实则中国乱臣贼子自甘以国与人，日本不足怪也。使中国有良政府，亦何足怪也。”[⑤]

与郑孝胥之于欧战的关心相似，梁启超也同样关心，就是否参战问题，曾经接受英国记者采访，并表示：“总统对德问题意见尤疑，迭次更变，最后则主保中立，段氏因向总理声明内阁负

① 《郑孝胥日记》第三册，第1658页。

② 同上，第1661页。

③ 同上，第1662页。

④ 同上，第1676页。

⑤ 同上，第1682~1684页。

责之说，而总统亦不为之动……事虽至此，然绝非无希望，使总统信任阁员，用其政策，大局必无何种之阽危，现国会至少有五分之四赞成中德绝交，而后继之以宣战，北京有九大政团，几全体一致加入。势既如此，总统虽不许，亦不可得。”①

梁启超同时还身体力行，亲自在欧战之后与蒋百里、丁文江等人游历欧洲，尽管其当时已经呕血，身体状况大不如前，但是依然写下了《中国国际关系之改造》一文，为国是呼吁。②并在此期间写下了《欧游心影录》，得出了欧洲文明即将崩溃的结论。这一点倒是与王国维颇为相似。

张朋园先生曾指出，梁启超游历欧洲，对于国内知识界影响甚大，民国十二年所爆发的“科学与人生观”的论战，便是梁启超游历欧洲之后发其肇始。梁启超将欧战的爆发归结于只图物质享受和互相竞争，而这一观点深刻影响了随他一起游历欧洲的弟子张君劢，张君劢的“人生观”演讲，其间便有很浓重的梁启超的影响。③

---

① 丁文江、赵丰田编：《梁启超年谱长编》，上海人民出版社，2009年版，第561页。

② 同上，第561页。

③ 张朋园著：《梁启超与民国政治》，吉林出版集团，2007年版，第153~160页。

第十二章

欧战告终赤化方兴

第一节　欧战与赤化

一九一七年欧战即将结束，俄国革命爆发，共产主义第一次由理想变成了现实，引起了欧战列强的极大恐慌，中国亦不例外，只是反应稍显迟钝。在一九一九年，北洋政府督办边防事务处驻满联络员王兴文曾有密电传至北洋政府，电文声称："昨奉藤井师长面告：现过激派主义传染甚速甚烈，闻有阻留欧俄之华工万人，已悉附激党，由列宁政府出款五千万卢布，畀此华人，使潜回国内鼓吹社会主义。日前沙河子煤矿已发见此等华工三名，当即逮捕。日军对此极为注意，尚望中国亦严加阻范，于蒙古、新疆各边界尤宜注意，勿任传播，害及东亚，实为至盼。"[1]

随后不久，曾经担任吉林督军的鲍贵卿电告国务院以及参战处等部门，信中亦曾提到俄国布尔什维克收买中国劳工诸事，言

---

① 中国第二历史档案馆史料编辑部编：《五四爱国运动档案资料》，中国社会科学出版社，1980 年版，第 613 页。

辞激烈："现在过激派主义传染甚速，闻在欧俄之华工万余人不能归国，因受过激派之运动，已悉数加入该派，并由列宁政府提出五千万卢布，付与华工，令其潜行回国鼓吹过激派主义，以使世界益臻紊乱。日前沙河子煤矿已发现华工三名，确受过激派之传染，由西伯利亚归来者，现在该处大肆鼓吹，幸发现尚早，未成巨患，特请贵国对于新疆及各边省应特别警戒。东亚幸甚！并我军队对于此事亦非常注意。"①

俄国革命的成功，象征着工农革命这一口号不再是空想。工农革命对于现政权的威胁，政府早有提防。维金斯基来华，中国共产党已经成立，北洋政府显然对此有所反应。督办边防事务处曾经发布过查禁上海组织中华全国农工联合会的训令，训令的发布者便是段祺瑞，训令称："十二月三十日，探闻美国过激派来沪，联络中国工党首领及全国工界协进会主任陈家鼎、于亚龙并孙文等，在法租界贝勒路原总会地址组织农工联合会，其宗旨以社会共产主义为目的。一俟组织完全后，即扩充为全国农工联合会，以厚其势力。兹将该会拟定草章一并报告前来，除饬该营严密侦查外，理合将该会草章开列于左，密报鉴核等情，暨抄录该会拟定草章到部。查过激主义实为召乱之媒，亟应严密查禁，以消隐患。除分行外，相应抄录该会草章，咨请查照，饬属严禁等因。"②

训令还附录了一份《中华全国农工联合会草章》，草章称中

① 《五四爱国运动档案资料》，第613~614页。

② 同上，第616页。

华全国农工联合会以农工为直接统治机关，中央及地方之权力，皆以农工联合会掌之。中华农工联合会以民族自由结合为基础，合全国平民自由团体而成一联邦。宗旨为防止人类剥削人类，与夫社会中阶级之区分，且为施行社会主义之组织，与夫确定各国中社会主义之胜利。①

内务部同时也对革命的东来颇感忧虑，在致江苏督军、省长、淞沪护军使关于查禁苏俄“过激党人”来华活动的电文中称：“俄过激党员来沪，联络工界协进会主任陈家鼎、曹子祥等，曾假法界贝勒路全国工商联合会集议，议定办法。一、各县遍设工商联合会及农工联合会，以厚势力。一、各省组织农工商演讲团，赴各村镇演说平民自由主义。一、先从西南各省实行。一、暂假上海各农工商团体为总办事处。等情。应请查禁等语。事关激党构煽图乱，自应切实查禁，请查照办理等因。除分行外，特电请查照，饬属认真办理。”②

卢永祥随后复电，对查明的相关情况进行了通报，电文声称：“先后据探报：俄激党近因其势力已达于西比利亚及海参崴、双城子等处，与我国接壤，亟欲传播其主义于我国内地，以期扩张势力，特由该党首领保的保夫派其党徒罗萨诺夫等二十余名，挟带巨款来沪，意图设法联络本埠农工商学各界及各军队，闻已与全国各界联合会代表陈家鼎、姚作宾、曹亚伯、许德衡等接洽，于本月一日假法界义和里全国学生联合会开秘密会议一

① 《五四爱国运动档案资料》，第616~617页。

② 同上，第618页。

次，民党要人孙伯兰、戴天仇等均到会，共同议定在上海组织总机关，以立基础而通声气；并刊印鼓吹过激主义之书报，暗行散布，使一般人均洞悉过激主义之精神及共产之利益；一面分派党徒赴天津、济南、汉口、南京、厦门、杭州等处，与各该地农工商学各界联络，筹设各分会，散发印刷品，组织演讲团，务期全国人民一致进行。等情。业经密令军警一体注意查禁，并责成各军队官长，对于所部士兵务须随时认真查察，以杜煽惑；一面商请租界捕房协助侦查矣。”①

而从长远来看，此事不仅关系内政，对于外交亦有深刻影响。外交部内务总长曾发公函给外交部称：“关于俄过激党在沪传播过激主义一事，准四月二十八日函称，等因。当经本部派员详告法使，请其注意。该使允即电致驻沪法领查询。除得复再达外，相应函复贵部查照。”②

这些电文和函件封封言辞急切，加上收到美国《芝加哥宪报》访员亨德的说帖，国务院最后发布了一封电文，声称：“顷接美国《芝加哥宪报》访员亨德关于防止过激主义说帖一件，内称：为中国计，欲防止过激主义之鼓吹，首在监察与中国人民有特别关系之俄人，禁止过激主义之书籍，监视东清路界内之华工，其中国人曾服务激党而回国者，因其接近国人较易，尤须严为约束。等语。查所陈不为无见，堪备采择，特电查照，希即饬属严

① 《五四爱国运动档案资料》，第618~619页。

② 同上，第620页。

密防范为要。”[①]

外交部等部门随后紧急行动，查禁苏俄代表在上海等地宣传“过激主义”的活动，相关的公函称：“关于俄过激党在沪传播过激主义一事，业于五月五日函达在案。兹准英馆称：据驻沪英领报告：上海有俄人组织机关，运动宣播广义主义，并有华人附和等因。除由本部电达上海特派员密查外，相应函达贵部查照，希转达该处地方官设法严重取缔为荷。”[②]

关于赤化、过激主义的问题，徐世昌在军中的心腹王怀庆上书请制定取缔“过激党人”专条公函，函中声称：“自俄国扰乱以来，社会无政府共产主义传播中土，过激潮流方兴未艾，而首都重地竟有散布刷印传单书册等件，任意煽惑劳工，主张共产，反抗政府，邪说横行，其祸甚于洪水猛兽，外省地方亦多有此项文字鼓吹。查社会无政府主义原系欧洲一种不良学说，各国政府以其有碍国家政治进行，均严加防范，以遏乱萌，俄之纷扰，足为殷鉴。”[③]

王怀庆进而指出：“我国边境与俄毗连，于是此种谬说乘机流传，当此时局蜩螗，中原多故，南则干戈扰攘，祸乱迭乘，北则五省旱荒，饥民遍野，深恐党人利用机会，扰乱治安，蒿目时艰，杞忧易极。此等越轨言论，本属内乱罪范围，自可援用刑律条文，惟事关国家安危，又未可与普通犯罪同日而语，非议

① 《五四爱国运动档案资料》，第620页。

② 同上，第621页。

③ 同上，第623页。

订专条，从严惩办，恐不足以资制止。查民国初元，各省土匪蜂起，刑律惩罚未足示儆，袁前大总统特颁惩治盗匪法，治乱世用重典，故不数月而萑苻敛迹，过激党人之言行，虽不能以盗匪相衡，而宗旨悖逆，危害国家，则有甚于盗匪之行为。拟请饬下院部议订惩治过激党人专条，并将为该党印刷运送之人一并拟定惩治附条，提交国务会议，一俟通过，请以教令颁布，俾便各省一体遵守，而保公安。”①

第二节　罗振玉的忧虑

欧战结束之后的一九一九年，罗振玉启程回国，日本友人设宴为之送行，席间犬养毅对罗振玉言：“公居此邦，平日但言学术，不及政治。今垂别，破例一言可乎？”罗振玉谦虚道：“辱承下问，敢不以对？”随后断言：“今欧战告终，赤化遽兴，此平日不谋均安之效也。此祸或且延及东方，愿贵邦柄政诸公幸早留意。”犬养毅对此大不以为然，认为“此虽当虑，但东方素无此等思想，似不至波及”。罗振玉随后言及：“欧洲开化迟，今日所谓新思想，在中国则已成过去。不但曾有此思想，且实行实验，盖试而不能行，故久废也。即如今日苏俄所倡产业国有及无阶级政治，中国固早已行之，而早灭矣。”犬养毅对罗振玉的回答颇感震惊。②

① 《五四爱国运动档案资料》，第 624 页。

② 《雪堂自述》，第 46 页。

罗振玉随后解释道:“井田之制，非产业国有乎？阡陌开，而井田废矣。《孟子》言‘貉之为国，无君臣、上下、百官有司’，非无产阶级政治乎？此等政治仅见于《孟子》书中，不见他载籍。盖至孟子时，废且久矣。窃谓今日为国，不谋均安而鹜富强，则苏俄其前车也。”犬养毅对此表示赞同。罗振玉晚年追忆此次会面，不禁悲从中来:“今去予返国甫逾十年，而东方少年思想日异，予当日所虑者，乃不幸而中矣。”①

有趣的是，王国维后来也将共产主义比喻为井田制，显示了王国维与罗振玉的高度契合。王国维在一九二四年上溥仪的奏折中痛陈:“井田之法，口分之制，皆屡试而不能行，或行而不能久。西人则以为不足，于是有社会主义焉、有共产主义焉，然此均产之事，将使国人共均之乎？抑委托少数人使均之乎？均产以后，将合全国之人而管理之乎？抑委托少数人使代理之乎？由前之说则万万无此理；由后之说，则不均之事俄顷即见矣。”②

林志宏指出，返抵国门后的罗振玉，由于某些因缘和机遇，在二十年代初，曾经由遗老升允私下的介绍，两度前往青岛、旅顺，会见当时流亡的白俄军事首领谢米诺夫，还有拍照留存纪念。谢米诺夫向来主张君主立宪制，经常活动出没于东亚地区，图谋恢复沙皇帝制，罗振玉之所以会风尘仆仆赶来面晤谢米诺夫，当中意态颇值注意。除了有恢复中俄两国帝制做为共同信念

---

① 《雪堂自述》，第 46 页。

② 《王国维年谱长编》，第 518 页。

外，防止赤化恐怕亦是无法忽略的理由之一。[1]这一趋向显示了遗老之于欧战之后赤化加剧的恐慌和忧虑。

罗振玉之孙罗继祖也曾经提及罗振玉会见谢米诺夫之事："祖父己未、庚申两年间几次前往青岛、旅顺都是为了会见谢，曾经拍照留念。"[2]罗继祖继而提到："祖父素来对军阀不抱幻想，而对谢却寄有很大希望，以为他是沙俄遗黎，和谢的下属如多布端（汉名包文渊）、王式等人都有联系。"[3]

第三节　溥仪的"反赤复国"

晚年经历过思想改造的溥仪曾经如此回忆谢米诺夫："谢米诺夫是沙俄的一个将军，被苏联红军在远东击溃以后，率残部逃到中国满蒙边境一带，打家劫舍，奸淫烧杀，无恶不作。这批土匪队伍一度曾想侵入蒙古人民共和国，被击溃后，想在中蒙边境建立根据地，又遭到中国当地军队的扫荡。到一九二七年，实际上成了人数不多的股匪。这期间，谢米诺夫本人往来于京、津、沪、旅顺以及香港、日本等地，向中国军阀和外国政客活动，寻找主顾，终于因为货色不行，变成了纯粹的招摇撞骗。"[4]

据溥仪回忆，谢米诺夫起先乃是由升允和罗振玉向溥仪推

---

① 《民国乃敌国也——政治文化转型下的清遗民》，第312页。

② 《庭闻忆略》，第71页。

③ 同上，第91页。

④ 溥仪著：《我的前半生》，中华书局，1977年版，第221页。

荐，由于陈宝琛的反对，自己没有见他。后来郑孝胥经罗振玉的介绍，和谢会了面，认为谢是大可使用的“客卿”人才，郑孝胥向溥仪吹嘘了一通，主张不妨先把谢介绍给张宗昌认识，当时正是溥仪对张宗昌抱着希望的时候，因此同意了郑孝胥的办法。在郑孝胥的直接活动下，张宗昌接受了谢米诺夫提供的外国军火，扩大了白俄军队，后来张、谢之间还订了一项《中俄讨赤军事协定》。①

经过郑孝胥的怂恿，一九二五年溥仪曾经在张园和谢米诺夫会面，溥仪当时很满意这次谈话，相信了谢米诺夫的“犯难举事、反赤复国”的事业必能实现，并且给了谢米诺夫五万元以助其行，后来郑孝胥、谢米诺夫、毕瀚章、刘凤池等人在一起照了相结成盟兄弟，表示一致矢忠清室。②

溥仪回忆，那时正是继十四国进军苏联失败，世界上又一次出现大规模反苏反共高潮之时，溥仪记得谢米诺夫和郑孝胥曾经和他谈起过，英美日各国决定以谢米诺夫作为反苏的急先锋，要用军火、财力支持谢米诺夫，“俄国皇室”对谢米诺夫正抱着很大希望，皇室代表曾与郑孝胥有过来往。溥仪回忆，当时谢米诺夫和多布端准备使用他们在满蒙的党羽和军队，夺取满蒙地区建立起“反赤”根据地，由溥仪在那里就位统治，这或许就是伪“满洲国”构想的最初由来。③

① 《我的前半生》，第 221 页。

② 同上，第 221 页。

③ 同上，第 222 页。

为了供应谢米诺夫活动费，溥仪专门为谢米诺夫立了一个银行存折，由郑孝胥经手，随时给他支用。谢米诺夫曾经表示，他本来并不需要溥仪供给他活动费，因为他将要得到白俄侨民捐助的一亿八千万卢布，以后还会有美英日各国的财政支援。但是，这些钱一时还拿不到手，故此先用一点溥仪的钱。后来他屡次因为“钱没到手”，总是找郑孝胥支钱，而每次用钱都有一套动人的用途。①

溥仪记得曾经有一次谢米诺夫说，日本驻津司令官高田丰树给他联络好了张作霖，他急待去奉天商讨大计，一时没有川资；又一次说，苏联的驻沪领事奉上级命令找了他，为了取得妥协，表示愿把远东某个地区给他成立自治区，他因此需要一笔路费，以便动身到东京研究这件事。谢米诺夫究竟拿去了多少钱，溥仪已经无法计算，只记得直到“九一八”事变前两三个月，还要去了八百元。②

第四节　小朝廷内部的分歧

在谢米诺夫和溥仪来往期间，出现了不少的中间联络人物。其中有个叫王式，乃是谢米诺夫的部下，此人自称和日本要人及中国军阀均有密切关系，溥仪从他嘴里最常听到的是这几句话：“这是最紧要的关头”，“这是最后的机会”，“此真千载一时之机，

---

① 《我的前半生》，第222页。

② 同上，第222页。

万不可失”，“机不可失，时不再来”等等，总是把溥仪说得心眼里发痒。[1]

王式曾经上书溥仪，奏折中提及谢米诺夫在沪上与其相见，彼此以至诚相感，而订互助之口约，始终不渝。尤其到了1929年春末，谢米诺夫始获得苏俄扰乱满蒙及朝鲜日本的确据，向王式出示。王式进而声称：“日本此刻才有所觉悟，毅然决然为其（谢米诺夫）招募朝鲜子弟八千人，一切饷糈器械，悉已完备，更欲为其招募俄国白党万余人，现散处于满蒙一带者，其饷糈器械等等亦已筹备。”[2]

王式亦称当时已经获得列强支持：“英国人首先与苏俄绝交，同时表示愿以香港汇丰银行所存八千万元，俟调查实在即予提取，故特电英国政府派遣参谋部某官至奉天，候其同往察看。法意二国亦有同情均愿加入；美国则愿先助美金五百万元，后再接济，共同在满蒙组织万国反赤义勇团，推其为盟主，共灭赤俄。”[3]

随后王式认为：“今闻臣张宗昌已归顺朝廷，曾造臣金卓至大连，订期面商，加入团中，两月之间成军可必，成军之后即取东三省，迎銮登极，或俟赤俄削平，再登大宝。所拟如此，不敢擅专，嘱臣请旨遵行。臣又同日臣田野丰云，彼国政府虑赤祸蔓延将遍中国，中国共和以来乱益滋甚，知中国必不能无君，张学良勾结南京伪政府，必不能保三省治安，必不能为中国之主，故

---

① 《我的前半生》，第222页。

② 同上，第223页。

③ 同上，第223页。

朝野一致力助谢米诺夫，使谢米诺夫力助皇上，光复旧物，戡定大乱，共享承平。”①

据溥仪回忆，王式写这几个奏折的日期，正是郑孝胥不在张园的时候，由于陈宝琛、胡嗣瑗这一派人的阻拦，他不仅进不了张园，并且遇到了最激烈的攻击。攻击王式最激烈的是胡嗣瑗，因为凡是有人要见溥仪或上书，必先经胡嗣瑗过滤一下，胡嗣瑗最反对溥仪和郑、罗等人接触。他看见了王式的折子，就给溥仪逐条分析王式和谢介石等的言行前后矛盾之处，指出这纯粹是一场骗局。加上陈宝琛也很不满意郑孝胥和这些人的来往，溥仪被他们说动了心，决定不理这个王式和谢米诺夫的任何代表，可是郑孝胥一回到天津，经他三说两说，溥仪又信了他的话，又拿出了钱供客卿们花用。②

溥仪记得后来郑孝胥还推荐过一个叫阿克第的奥国人和一个叫罗斯的英国人。阿克第是奥国从前的贵族，在天津奥国租界工部局任过职，据他自称在欧洲很有地位，可以为溥仪在欧洲展开活动，取得复辟的声援。因此溥仪派他做顾问，叫他到欧洲去活动，并且一次支给了这位客卿半年俸金一千八百元。罗斯是个记者，说要复辟必得有报，要溥仪拿两万元给他办报。溥仪给了他三千元，后来以《诚报》为名出版，可是没几天就关了门。溥仪晚年追忆这些事，感慨当时不少人只要是拿着“联络军人、拥护复辟”这张“门票”，便可走进张园。溥仪指出，特别是从一九

① 《我的前半生》，第223页。

② 同上，第225页。

二六年起，一批批的光杆司令和失意政客涌进了租界，溥仪的门客更是有增无减。[①]而一九二六年，恰恰是王国维所言“赤化之祸，旦夕不测”、“联俄联共”与北伐轰轰烈烈得以展开的年份，小朝廷的悲剧，由此注定。

---

① 《我的前半生》，第226~228页。

第十三章

中外矛盾与国内政争

第一节　内政与外交

一九一八年是一个敏感的年份，夹在十月革命与五四运动之间，罗志田注意到了一九一八年的特殊性，曾经指出，当时第一次世界大战以协约国战胜而结束，中国虽号称参战，其实只派出一些劳工，却因此而成了战胜国，颇有些喜从天降的感觉。[①]

罗志田进而指出，曾因鼓吹参战而被政敌诟骂的梁启超并不特别分享这“熙如春酿”的陶醉状态，反而相当精辟地指出这一次“普天同庆的祝贺”，不过是“因为我们的敌国德意志打败仗”，换而言之，敌国被他人打败未必即中国真正战胜，与之相反的则是当时的北大学生许德珩晚年还记得那时“公理战胜强权”等口号“激动了每一个青年的心弦，以为中国就这样便宜的

① 参见罗志田：《从新文化运动到北伐的文化与政治》，《社会科学研究》，2006年第4期。

翻身了”。[1]

从当时的国内政局来看，正是相对平稳的时期，张勋复辟失败之后，遗老的复辟图谋也相对收敛，罗振玉王国维也知道复辟的可能极为渺茫，书信往来中提及复辟之后的政局，也只能空发感慨，而罗振玉因与沈曾植的来往函件锐减，对此极为在意，同时也请王国维提防内藤湖南，因为内藤湖南乃是日本密使。[2]这一定程度上也可以折射出当时时局平静背后的波涛暗涌。

罗振玉对当时的国际形势亦有观察：“罗刹（代指俄国）战事消息甚恶，巴黎亦有欲和之说。”[3]这年年底王国维写信给罗振玉，谈及尚存一丝希望的复辟：“梦事果系泡影，不出吾辈所料。然此后争端方烈，恐湖南博士所谓业已定者，亦未必然耳。”[4]罗振玉随后复信，亦谈及欧战和复辟：“阅此间报章，俄德和约想不日可成，草间之梦，必俟欧战了时乃熟，不知彼梦梦者盲动之结果如何？”[5]

此类的讨论，依然在书信中延续，十二月八日罗振玉写给王国维的信中谈及日本友人田中庆太郎对欧战的议论：“昨田中庆君来此，言中岛君（端）近著一书，论欧洲战局，痛斥英美诸国所谓人道主义者名是实非，又言美国谋东方甚急，不如日德俄三国单独讲和，诸厄自解。当道禁其书不许流行（此为外交之故），

---

① 参见《从新文化运动到北伐的文化与政治》。
② 《罗振玉王国维往来书信》，第 299 页。
③ 同上，第 306 页。
④ 同上，第 310 页。
⑤ 同上，第 313 页。

而阴为其说所动。然则后藤主义当复活矣。”[①]

罗振玉对欧战的关心依然如故：“欧战似已将就毕，今德军全集西部，英人果受重惩，或即天心悔祸之日乎？”[②]王国维对此深表赞同，但更为关心俄国革命之动向：“罗刹分裂，殆不复国，恐随其后者尚有数国，始知今日灭国新法在先破其统一之物，不统一则然后可惟我所为。至统一既破之后，欲恢复前此之统一，则千难万难矣。”[③]

王国维对于俄国革命的关心，最终演变为对布尔什维克的忧惧：“俄德过激党事，英法俱有戒心，恐日本亦未必不然。然至今不闻诸国有翦除之计。乙老谓威尔逊恐有与德过激党有密约，故不能致讨，理或有之。然对此种人食言而肥有何不可。德利用之以倾俄，终受其祸，乃甘蹈其覆辙而不悟耶！长此以往，则全世界将受其祸。前日致凤老一书言之，次日又作一函致同乡之某说以利害事，恐未必有效。如此则大祸不远矣。魏人之中恐怀此主义者甚多，中国报纸亦复阴赞其说，我生不辰，如何如何！”[④]

后来王国维的信中，依然对此颇为忧虑：“德、俄单独媾和已成，不知东方此后政策已决定否？俄过激党之危险，德人似已觉之，不知以后政策何如？德利俄之分，然不愿其国传染此疫也。”[⑤]

---

① 《罗振玉王国维往来书信》，第 314 页。

② 同上，第 317 页。

③ 同上，第 324 页。

④ 同上，第 321~322 页。

⑤ 同上，第 354 页。

第二节　罗振玉的幻想

在此期间，遗老的复辟活动，实际上依然在暗中进行，王国维在一九一八年初拜会沈曾植，归来之后将其与沈曾植交谈的内容写信告知罗振玉。沈曾植认为徐世昌的谋略已经成熟，目前以调节龙济光和陆荣廷之间的关系为要务。郑孝胥日记中亦记载，沈曾植其实对复辟依然痴心不改，曾经将元代朱玉摹《灵武劝进图》拿出请郑孝胥补书题字。[①]

沈曾植这年恰好六十九岁，做九不作十，这一年沈曾植的寿宴相当热闹，遗老群集，沈曾植的孙子刚满月，自然是喜上加喜。王国维也参加了拜寿，杨子勤还专门向郑孝胥求字祝贺沈曾植的寿诞，郑孝胥的贺寿联写道："宣南胜流，幽人硕果，海滨遗老，高节白头。"[②]

罗振玉当时和诸多遗老一样，依然对复辟存有幻想，在一九一八年初致王国维的信中言："时局如公之所闻，此间报纸久经喧腾，绝非子虚。惟鄙意，非至势穷力竭，不能就轨。小儿尝言三月帝星见。小儿之语往往胜预言家，或将至其时乎？"[③]

罗振玉当时在日本也蠢蠢欲动，希望早日回国，共图复辟大计，在给王国维的信中自陈："弟之涉海，忽已六年，首尾则八

---

① 《沈曾植年谱长编》，第 461 页。

② 同上，第 461 页。

③ 《罗振玉王国维往来书信》，第 351 页。

年矣。初到此间，尚可闭门造述，并略料理生计，今既久处，知此邦之人犹吾大夫，乃有去志。及德俄战局将告终，此间乃有累卵之势。我国今为乱邦，彼亦且由安而危，由危入乱（俄之前事是其明证），于是去意日切。”①

罗振玉还谈及了去年的张勋复辟：“去年之事，弟深恐卷入漩涡，今弥复不及，不能不回翔审慎。此次之行，乃借放振之名，而觇北方之人心及内幕。若复辟之事已发表，则弟命儿辈返国为谋食之计，弟则徐徐为居北之计，半岁闭门，半岁为访古之游。若尚未发表，与此梦不成，则弟于谒陵之时，于梁格庄寻一墓地，为异日葬身之所。”②

在此信的结尾，罗振玉感慨：“人生不能无末日，若长此时局，不能归首淮安，尚得葬身先帝寝宫之旁，可以无憾。一面入京乞一陵差，而以鬻印刷品为食之助，往来京与海东，而仍留家居于东寓。倘梦成，则弟绝不愿厕身其中，与哙等为伍也。”③

罗振玉对欧战也有鲜明预见：“本月十七日北京白虹亘天，由西而东北，至南方而灭，鄙意白者金象，殆兵事由欧东渐之兆，满蒙及海东兵事，殆不可免矣。至南而灭，意兵事至印度而后止乎？现德俄缔约，高加索全归德人，德可由波斯而窥印度，若印度竟借德势力而独立，苏格兰与英分离，加拿大并于美，或竟独立。意者尚有天道乎？此虽称心之谈，然一年前之俄人，固

① 《罗振玉王国维往来书信》，第 352 页。

② 同上，第 352 页。

③ 同上，第 352 页。

金瓯无缺，而今日何如焉？”[①]

后来徐世昌当选总统，由于徐乃是前清忠臣，加上民国之后和溥仪常有联系，这重新燃起了遗老的复辟热情，罗振玉致王国维信中心潮澎湃，居然主张明目张胆、大张旗鼓地举行复辟，罗振玉亦和柯劭忞谈及复辟的具体细节，比如电询各派势力等等，[②]罗振玉的糊涂，由此可见一斑。

第三节 国内政局与国际局势

罗振玉对于国内政局的关心，实际上和其对于国际局势的观察同样细致入微，一九一七年末，罗振玉在书信中谈及康有为向日本谋求支持复辟一事：“今日阅报，知素等向东邦借兵费二百万元，实行南伐主义。闻阪商某已磋商债事。报又记前段之马厂军费，系借三菱百万元，乃得举兵。然则大树外交，仍段不改，而此邦宗旨，亦仍旧不移，双方皆可谓天下之至愚矣。”罗振玉继而提到了友人来书，称今日之时代乃是朱梁时代，他对此深表赞同，继而指出，现在已经是石晋时代。[③]可见罗振玉对当时的政局相当不满。

罗振玉还提到了日本忽然召回日本驻华公使林权助，对此颇为疑惑，加上当时康有为即将去往日本，让罗振玉更为忧虑，罗

---

① 《罗振玉王国维往来书信》，第 354 页。

② 同上，第 410~417 页。

③ 同上，第 318 页。

振玉认为此时适合静观其变。对于段祺瑞极力主张参战，罗振玉认为此乃自毙之道路，可见罗振玉对于中国参战问题是抱持反对态度的。①

王国维回信中不无深意地谈到了沈曾植对其讲起坊间传言国内军事方面的消息，还言之凿凿地称乃是柯劭忞和沈曾植谈起，当时柯劭忞正托友人向王国维询问可否让其子跟随王国维学习。② 王国维信中所言柯劭忞和沈曾植的谈话内容，应该不是毫无根据之言，可见当时遗老之间联系的加剧，再次复辟的浪潮已经暗中涌动。王国维还谈到当时传言康有为远赴西北，并认为康有为此举毫无意义，可见王国维对于复辟的悲观。③

罗振玉后来还谈到了俄、德交涉协定，大为惶恐，连忙致信沈曾植、柯劭忞言及此事。王国维认为如果西方局势牵涉到了东方局势，罗振玉应该早做预备。复辟之事不管能否成功，希望徐世昌与德国不至于有所冲突，意即中国以不参战为宜。④

王国维认为欧洲局势的变动，似乎对东方没有太大影响，日本政府和政党都很稳练，应该不至于为无益之争。但是欧洲报纸极为震动，认为德国和日本都很可怕，一方面怂恿中国出兵，一方面对中国加以限制。但是王国维认为即便日本出兵，也不至于爆发战争，中国参战本来就是对内缓解矛盾，绝对没有兴师动众

---

① 《罗振玉王国维往来书信》，第 318 页。

② 同上，第 322~323 页。

③ 同上，第 323 页。

④ 同上，第 339~341 页。

之意，总之中国应该看日本的行动采取对策。[①]

当时遗老对于徐世昌即将出任总统欢欣鼓舞，王国维便曾经和沈曾植谈及此事："今日诣寐叟谈，知政局将有变，东海将出，乙与南轩接洽，匹�则立傍观地位，各方面已接洽，惟传单报言安庆有事，此亦野王之一掉尾也。康成之子从百粤归，言象山意甚佳期，未知可信否？果尔，则将来大局略定，我辈尚得偷安，不致遭兵革之祸也。"[②]

第四节　南北局面的僵持

此一时段王国维与罗振玉书信中所谈论的问题除了欧战、复辟之外，南北权势的对垒也是重要的内容。一九一八年三月罗振玉在致王国维的信中曾言："南北之争，恐且益烈，此尚不足畏，若沪有时疫感冒，则真可畏也。"当时南京也爆发了鼠疫，罗振玉对此颇为忧心。[③]

王国维在回信中谈到当时段祺瑞的隐忍不发："匹磾于欧战未结束前，当仍保现实权力，此后变动不知何若，大约其部下有力者，当自图一安全之法，尔时或有一线光明，其余皆幻想也。"[④] 罗振玉时游历京师，与柯劭忞颇有往来，曾经和柯劭忞言

① 《罗振玉王国维往来书信》，第 342 页。

② 同上，第 344 页。

③ 同上，第 358~359 页。

④ 同上，第 362 页。

及时局："渠与黄楼及东海皆莫逆，言黄楼不日可自由，东海无他肠，其详俟返沪面告矣。"柯劭忞与徐世昌乃是同年，而且私交颇为密切，所以罗振玉相信徐世昌能够帮助复辟，张勋即将获得自由，也暗示了遗老之于复辟重新燃起的希望。[①]

由于内政关系着外交，王国维与罗振玉书信中亦谈到此，比如罗振玉曾经给王国维写信言及："此间外交乃无所闻，而对我则条约已签字，德人兵力似无变化，惟报章载其将由波斯及土耳其斯坦援印度，将来或成事实，至此则不得不媾和也。"[②]

随后罗振玉亦提到当时国际局势的微妙变化："东约签字后，留学生陆续返国，不知沪上近日景象如何？阅报知商会拒约，此或出于冯仇段之一策。时局混顿，无有畔岸。德奥重缔盟约，且联合土耳其、波斯而东联俄，势力日涨，恐联合国之联合，不久将解体。天心厌乱，此其时乎？"[③]

罗振玉对于时局的关切，绝不止步于此，随后在信中对于复辟大为期许，对社会上的谣言也是无法容忍："连日此间报纸异闻甚多。如张谋复辟，一也。俄皇流瑞士，二也（此何异放虎？此中消息可味。独人暗中主持可知）。此间异论，以日支共同动作，为日支同盟之先声，三也（将来必有俄、德、日、支四国同盟事）。寺内口中，漏言日支同盟四字，四也（独战又胜四也）。"[④]

① 《罗振玉王国维往来书信》，第366页。

② 同上，第368页。

③ 同上，第368页。

④ 同上，第371页。

罗振玉随后亦提到德国军队连续胜利，北方政局又有分裂的态势。[①] 罗振玉和柯劭忞谈到北京权贵都倾向于推举徐世昌为大总统，而徐世昌本人也有确然之志，加上张勋也被证实安然无恙，使得遗老群体更加欢欣鼓舞。[②] 但是王国维回信表示："时事山穷水尽，然尚未到穷途，必至国会不能成时或有变化。而现在两派竞争至烈，若一方势胜，一方必以消极之法抵制之，恐将来结果必出于此，故此时或有戏看耳。"[③]

王国维亦提到陆建章被徐树铮枪毙，认为此乃历来未有之事，或者此中别有变化。[④] 王国维所言的变化，不久之后便成为现实。当时罗振玉将劳乃宣给自己的一封信抄给王国维，信中劳乃宣提及康有为的西北之行颇有成效，复辟所需要的乃是等待时机。[⑤]

罗振玉接连在书信中分析中外政局变化之时，王国维并没有太多的意见，反倒是这一"变化"的出现，使得王国维论政之热情大为增长，王国维随后写信谈到："北方近派使者入桂，闻与在野某巨公有关，或用柯亭之说耶？然所谈何事则不可知，未必能如天下所期望也。"王国维还提到了俄国的近况："俄事报纸传说不一，想东方亦无确信，盖全国分裂为六七，各相秘密故也。"[⑥]

罗振玉又提到藤田丰八告诉他日本外务省让郑孝胥之子郑垂

---

① 《罗振玉王国维往来书信》，第 372 页。

② 同上，第 377 页。

③ 同上，第 377~378 页。

④ 同上，第 378 页。

⑤ 同上，第 383 页。

⑥ 同上，第 387 页。

去广东办报，嘱咐罗振玉为之留意主笔之人。罗振玉认为此报名为中日亲善，其实不过是机关报而已。另外提到了日本对于中国的种种侵略，表示抛开个人与日本人的私交不谈，本人乃是地地道道的排日党，[①]可见其对于甲午海战以来日本对于中国的欺压，加上在复辟问题上的摇摆不定，至今耿耿于怀。罗振玉在其后的信中还提及日本出兵参战导致其国内局势发生巨变，物价飞涨，暴民四起之事："日本米价风潮想渐平息，恐此后政府或有变动，当国者或为西园寺欤？此间政局亦殊无可捉摸，所可知者孺子诸人非有臣靡之心，今亦非此机会。"[②]在分析政局之后，发出了"兴也勃焉亡也勿焉"的感慨。

此外，王国维还谈到了国内政局的变化："一月以后，南北或暂时统一，维持汴水滔天时代情状耳。寐叟至近日亦复不甚乐观，但偶有一二奇论耳。小徐失势，匹磾遂无能为，此二人之败亦天道，而寐于小徐时有爱护希望之词，不审何故？"[③]

王国维还对于当时国际局势做出判断："欧战不知何时可了，战后纽约恐将代伦敦而执天下之牛耳。"当然王国维亦提到了国内局势："魏人益孤立，丁某狂易之言，或有时而信，如此则太平之世非我辈所及见矣。"[④]随后写信言及："对山近赴匡庐游历，而报纸谓其至京。至于辽张或藉此为恫喝之一术。今日报纸谓，

① 《罗振玉王国维往来书信》，第 388 页。
② 同上，第 404 页。
③ 同上，第 404 页。
④ 同上，第 405 页。

内家深畏此举，而甚满意于东海之当选，此语当得其实。顷辽张归巢，谣言亦当渐息，此际不独南北互谣，北方诸派中造谣尤甚，即彼士人亦在此旋涡中也。”[1]

① 《罗振玉王国维往来书信》，第 408 页。

第十四章

遗老与共产主义

第一节　晚清士人与俄国

有关于清遗老与赤化、共产主义、俄国的话题，学界一向讨论较少，但是自晚清以来，士人多数对俄国存在敌视，这与当时的时局有关。一八九六年六月，李鸿章在彼得堡与沙俄签订《中俄密约》，沙俄势力进一步伸入我国东北地区。一八九七年沙俄签订条约强占旅顺大连。[①]

一八九七年十二月七日，王国维父亲王乃誉在日记中记载："静儿携借到《时务报》四十五六册归家。"由此可见王国维已经极为关心时事，并且倾向新学，"于是弃帖括而不为，论举业而不就"。而此年十二月，康有为第五次上书光绪帝，陈述亡国之危险。[②]

一八九八年，英俄两国竞相借款中国。英俄对中国之虎视眈

① 《王国维年谱长编》，第 10~12 页。

② 同上，第 12~13 页。

眈，王国维都极为关注，并对于包括沙俄在内的帝国主义国家，态度大都极为仇视。这也为其日后对于俄国的日益反感，埋下了意味深长的伏笔。

王国维在与许默斋的通信中，多次提及沙俄侵略中国一事，对于沙俄的反感跃然纸上："胶事了后，英俄起而争借款之事一再，几至决裂。现闻政府拟兼借两国之债，或可稍纾日前之祸，总之，如圈牢羊豕，任其随时宰割而已。"① 王国维后来在致许默斋的信中又言："此日英俄各报均言无意于瓜分中国，然俄在吉林边界之兵日增，又放一头等铁舰东来……然俄苟不先发难，想各国也不至先动手也。"又言："胶事已结，俄法踵起要胁，闻政府许租大连湾，而不许旅顺，未识能无事否耳。"②

王国维在一八九七年前后之于沙俄的厌恶，并非一个单纯的个案。实际上早在很久之前，林则徐就已经表达出了对于俄国的反感："英夷何足深虑，其志不过鸦片及奇巧之物劫取中国钱帛而已！余观俄国势力强大，所规划布置，志实不小。俄夷包我边疆，南可由滇入，陆路相通，防不胜防，将来必有大患。"林则徐的反俄，在其晚年仍然有所反映："终为中国患者，其俄罗斯乎？吾老矣，君等当见之。"③

但是如林则徐这样对俄罗斯反感极为明显的士大夫，依然只

① 《王国维年谱长编》，第 14 页。

② 《王国维全集》第十五卷，第 2~4 页。

③ 参见欧阳昱：《见闻琐录后集》卷四，转引自冯玉军《史论结合见微知著——〈俄罗斯政治与外交〉序》，《俄罗斯中亚东欧研究》，2009 年第 3 期。

是少数。李鸿章晚年日益亲俄，黄遵宪记载道："公之使俄罗斯也，遵宪谒于沪上，公见语曰：'联络西洋牵制东洋，是此行要策。'及胶州密约成，归又语遵宪曰：'二十年无事总可得也。'"话音未落，俄罗斯便出兵侵占了江东六十四屯，黄遵宪为此有挽联云："老来失计亲豺虎，却道支持二十年。"[①]其中的悲凉，不言而喻。

无独有偶，曾在一八九七年创办《国闻报》、《国闻汇编》的严复，也表达了与王国维同样的反俄态度："俄名仗义扶邻，而实则视满洲为禁脔。既树德于中国，又以遂东封之图。俄之计得，于斯为极。"[②]晚清士人对于俄国的敌视，由来有自。

第二节　关注俄国革命

从晚清士人对于沙俄的忧惧，至一九一七年俄国革命，身处其中的王国维同样有所关注和评论。一九一七年俄国的二月革命方兴未艾，王国维在致罗振玉的书信中写道："俄国革命事起，协商诸国内情可见。此事于东方内政外交影响甚大，以后各国国体政体均视同盟与协商之胜败为转移耳。"

王国维在二月革命之后，立即断言了其对于东方内政外交的影响，更为重要的是，他以此为据，指出其后各国政体取向上的

---

① 钱仲联笺注：《人境庐诗草笺注》下册，上海古籍出版社，1981年版，第143页。

② 王栻编：《严复集》第三册，中华书局，1981年版，第50页。

走势。一九一七年的十月革命之后，王国维再次致书罗振玉谈到了俄国之局面与世界大势："西方和局或不甚远。此间并有俄都已陷之谣，不知东报所载如何？"

王国维提及俄国都城失陷，其所意指，乃是布尔什维克武装力量攻克圣彼得堡。虽然王国维在行文中并没有准确地认识到，所谓的二月革命与十月革命，完全是截然相反的两次运动。但他却对其中隐藏的不为人所注意的暴力倾向，表示了本能的反感。十月二十二日王国维致信罗振玉谈及俄国革命："罗刹战事消息甚恶，巴黎亦有欲和之说。"信中还顺带提了一下国内政局："大树之谣如真，恐亦与此事有关。"①

十月革命的当天，刘镜人在致北京政府外交部的电报上说："近俄内争益烈，广义派势力益张，要求操政权，主和议，并以暴动相挟制。政府力弱，镇压为难，恐变在旦夕。"发报时起义正在酝酿中，尚未爆发。电报中说的"广义派"，就是布尔什维克。随后刘镜人又发了一个电报，报告了起义的消息："广义派联合兵、工反抗政府，经新组之革命军事会下令，凡政府命令非经该会核准，不得施行。昨已起事，夺国库，占车站……现城内各机关尽归革党掌握，民间尚无骚扰情事。"②

而在十月革命之后，《新青年》登出马克思主义专号，歌颂十月革命。胡适与陈独秀发生分歧，进而陈独秀离开北大，与此

① 《罗振玉王国维往来书信》，第306页。

② 参见中研院近代史研究所编：《中俄关系史料》，中研院近代史研究所，1960年版。

思想上的分歧不无关联。但是胡适终究是谦谦君子，在陈独秀离开北大的事情上，从未暗中作祟，时隔多年，胡适在致汤尔和的信中，痛斥在陈独秀离开北大之事上起到十分恶劣作用的汤尔和："独秀因此离开北大，以后中国共产党的创立及后来国中思想的'左'倾，《新青年》的分化，北大自由主义者的变弱，皆起于此夜之会。独秀在北大，颇受我和孟和的影响，故不十分'左'倾。独秀离开北大之后，渐渐脱离自由主义的立场，就更'左'倾了。此夜之会，虽有尹默、夷初在背后捣鬼，然孑民先生最敬重先生，是夜先生之议论风生，不但决定北大的命运，实开后来十余年的政治与思想的分野。此会之重要，也许不是这十六年的短历史所能论定。"①

在一九一七年末，王国维再次对俄国革命保持高度警觉："俄德过激党事，英法俱有戒心，恐日本亦未必不然。然至今不闻诸国有翦除之计。乙老谓威尔逊恐有与德过激党有密约，故不能致讨，理或有之。然对此种人食言而肥有何不可。德利用之以倾俄，终受其祸，乃甘蹈其覆辙而不悟耶！长此以往，则全世界将受其祸。前日致凤老一书言之，次日又作一函致同乡之某说以利害事，恐未必有效。如此则大祸不远矣。魏人之中恐怀此主义者甚多，中国报纸亦复阴赞其说，我生不辰，如何如何！"②

将德国的皇帝专制，与苏俄的红色政权相提并论，称作"过

---

① 耿云志、欧阳哲生编：《胡适书信集》，北京大学出版社，1996 年版，第 666 页。

② 《罗振玉王国维往来书信》，第 321~322 页。

激党”，王国维对于此种政治势力的暴力倾向，表现出了不敢苟同的意向。当时即便是如鲁迅之深刻者，也认为俄国革命乃是“新世纪的曙光”，而恰恰是这个被人视作“因循守旧”的王国维，出人意料指出了十月革命的历史暴虐，并由此衍生出“我生不辰”此类绝望的叹息。

罗振玉后来追思王国维，感慨王国维的先见之明：“已而俄国果覆亡，公以为祸将及我，与北方某耆宿书言，观中国近状，恐以共和始，而以共产终。”[①] 此信已佚，但是王国维在致罗振玉的另一封信中曾提及此信：“前致敬仲（柯劭忞）书，已得其复……永书中有‘始于共和，终于共产’语，乃行文配衬之笔，而敬仲乃反复此语，将其他要言忘却，殆神明已衰矣。”[②]

周锡山先生在《王国维集》的前记中对王国维如此天才预见大加褒扬：“王国维对于古代史的卓越史识，已经为世界公认。他对于中国二十世纪的历史发展趋势，亦有令人惊叹的惊人预见……虽然当时的共产党还未成立，但以学者观世，能够如此预见，充分体现了一代历史学家的远见卓识。”[③]

---

① 《王国维年谱长编》，第 516 页。

② 吴泽主编：《王国维学术研究论集》第一辑，华东师范大学出版社，1983 年版，第 403 页。

③ 参见周锡山编：《王国维集·前记》第一册，中国社会科学出版社，2008 年版。

第三节 遗老眼中的赤化

前文已经提到，王国维、罗振玉对于欧战之后共产主义东来的趋势满含忧虑，林志宏则指出，几乎在同时，刘廷琛、陈曾矩等遗老也深虑赤潮的影响，一九二一年刘廷琛在给吴佩孚的信中，表示民国纷乱的最大原因，系“今人大抵假新说以徇私，虽亡国不恤”。形形色色的学说非但造成了人心浮动，更令国家难以长治久安，刘廷琛信里同时还对过激的共产主张乃至大同之说，最感忧愤，他明白地指称“侈言大同，直梦呓耳”，显见反对之意。刘氏认为唯独整肃纲纪一途；而维系纲常，则又非笃信孔孟之说，故他乃言：“吾党，孔孟耳！”坚持采用孔教来对抗赤化问题。①

而林志宏研究的另一位清遗民陈曾矩，也对共产主义有所观察，陈在《论世运之转变》中检视当时人们的心态，对民主政体和共产赤焰，既崇尚又感彷徨，尤表不以为然，以为如此将致使“迷惘危殆不安之象，至斯而极”。陈氏看法只有诉诸孔子之道，“为能得其当由之路耳”。陈非特肯定孔教的功能，甚至还预测此刻正是大行的时机，说其目的“非徒以为中国，亦将以拯全球于倒悬也”。②

另外与王国维私交甚密的沈曾植，也曾在言谈中提到了马克

① 《民国乃敌国也—— 政治文化转型下的清遗民》，第312~313页。

② 同上，第313页。

思。沈曾植深谙佛学，将马克思的学说比作佛教中象征仇视、怨恨的嗔。沈曾植与王国维往来密切，学术上也有教学相长之盛事。但在某些细节方面，两人的观点有所出入，沈氏曾在一封致友人的书信中如此说道："近世欧华糅合，贪嗔痴相，倍倍增多，曰路德之嗔，曰罗斯伯尔之嗔，曰托尔斯泰之嗔，曰马克斯之嗔；吾国天性主让，而近世学说贵争，既集合上四者而用之，变其名曰专制之嗔，官僚之嗔，军阀之嗔，资本之嗔，又为之枝叶曰凉血之嗔，曰不顺潮流之嗔，曰迷信之嗔，曰顽旧腐败之嗔，曰民智不开之嗔，广张八万四千均，而吾华四万万民，无一非可嗔之物矣，惟政客为造嗔之主，惟报为嗔传之媒，仆于欧亚之嗔辨之至微，而于杂糅之嗔尤视之若风马耳。"[①]

沈曾植与王国维思想相比较，更显示出遗老的保守性。王国维更为看重托尔斯泰反抗暴政的决绝果敢，这其中当然包含着他早年对于沙俄的反感在内，而沈曾植对托尔斯泰与马克思则不以为然，认为其实动乱的因素，则是清遗老之于暴民造反本能的反感，王国维对于义和团的反感也正是如此。至于对待马丁路德的态度，王氏与沈氏的区别在于，沈氏笃信佛学，深究佛理，因而对于宗教改革这种带有破除宗教色彩的激烈行为，保持不理解的态度。

遗老虽然普遍对共产主义较为反感，但是依然有对苏俄革命津津乐道者，林志宏便曾经注意到当时的马一浮相当热中所谓的

① 《沈曾植年谱长编》，第 509 页。

新经济，读了很多相关的书籍，甚至能够与学生高谈阔论俄国的新主义。[①]但是马一浮仅仅是极少的个案，大多数遗老对于共产主义，基本上抱持敌视态度。

第四节　奏折中的赤化问题

一九二四年，已入值南书房的王国维获逊帝赏赐，特许可在紫禁城中骑马，这一荣誉在王国维看来，当然是万千宠爱于一身。或许正是因为这样的原因，当王国维再三推辞最终勉强答应北大研究所国学门通讯导师后不久，因为《北大学报》所刊登的抨击逊帝毁坏文物的文章一事，毅然决然地辞去这一职务。就这一年度王国维与罗振玉通信中所谈论的宫中诸事而言，王国维对于清帝，无疑感恩戴德。而其对于清帝的忠心，从他生前留下的一九二四年的两封奏折，可以管窥一二。这两封奏折，一者写于五月十八日，一者写于五月二十六日，两封奏折的内容，其中颇有雷同，即由诸事所引之感慨，阐释新旧文化之变。

值得注意的是王国维的第二封奏折，在这封奏折中两次以俄国为反例，论证西方文明最终必将走向没落，这段材料对于理解王国维一贯的反俄态度，具有极为重要的提示作用："然自欧战以后，欧洲诸强国情见势绌，道德堕落，本业衰微，货币低降，物价腾涌，工资之争斗日烈，危险之思想日多，甚者如俄罗斯赤

① 《民国乃敌国也——政治文化转型下的清遗民》，第 310 页。

地数万里，饿死千万人，生民以来未有此酷。”又言：“井田之法，口分之制，皆屡试而不能行，或行而不能久。西人则以为不足，于是有社会主义焉，有共产主义焉，然此均产之事，将使国人共均之乎……俄人行之，伏尸千万，赤地万里，而卒不能不承认私产之制度，则曩之汹汹又奚为也。”①

此奏折名为《论政学疏》，乃是王国维为数不多的政论文字。原文已佚，此文乃是罗振玉在王国维去世后，自王国维遗稿中录出。据罗继祖云：“祖父说‘录其大要’，实则仅略去头尾而已。”后罗振玉将此文定名为《王忠悫公别传》。钱基博所著《中国现代文学史》中，收入此文，但是所收乃是罗振玉“去头尾”的部分。郭湛波《近三十年中国思想史》中，录入了王国维此文结尾中被删去的部分，这段文字对于透视王国维一九一七年至一九二四年思想方面的细微变化，或许不乏深义：“我昏不知，乃见他人之落井而辄追于后，争民施夺，处士横议，以共和始者，必以共产终！”②

罗振玉之所以要删去王国维此稿尾部，乃是因为《王忠悫公遗书序》一文中，结尾已有“观中国近状，恐以共和始，而以共产终”一语，《论政学疏》如以全貌录入，难免给人以重复之感。故而罗振玉稍微做了些技术处理，但这一处理并不高明。王国维一九一七年所言“始于共和，终于共产”或“观中国近状，恐以

① 《王国维年谱长编》，第 517~518 页。

② 郭湛波撰：《近三十年中国之思想史》，上海古籍出版社，2005 年版，第 53 页。

共和始，而以共产终"，说到底还仅仅只是带有感慨推测意味，到一九二四年他在上书溥仪的奏折中重提"共和共产"，却以决然的口吻说："以共和始者，必以共产终。"其对于民国的态度，以及对于俄国革命之于中国的"荼毒"，反感可见一斑。

王国维自一九一七年至一九二四年之于俄国的反感，除却政治上的原因之外，学术上的转型恐怕也是重要的原因之一。王国维在一九一七年末，逐渐与元史专家柯劭忞过从甚密。而王国维在晚年恰恰开始转向西北元史的研究，他在一九一七年末致柯劭忞的信中说："新撰《元史》，渐次写定，甚盛甚盛。"①

但王国维却对弟子徐中舒说："《元史》乃明初宋濂诸人所修，体例初非不善，惟材料不甚完备耳，后来中外秘籍稍出，元代史料渐多，正可作一部《元史补正》，以辅《元史》行世，不必另造一史以掩原著也。"② 王国维敢于对元史权威提出质疑，足见其元史造诣已臻造化。研究元史，必将涉及北方异族之边疆塞外之史，也肯定要接触更多有关沙俄的史料，或许王国维对沙俄态度日趋激化，已经在其学术转向上埋下了伏笔。

---

① 《王国维全集·书信》，第231页。

② 《王国维之死》，第20页。

第十五章

十月革命与中国知识界的分野

第一节 《晨报副刊》的左右之争

俄国十月革命的爆发，在中国知识阶层中引起了极大的争论，当时的《晨报副刊》在二十年代共产主义东来这一背景下更换主编，便是极好的例子。《晨报副刊》乃是《晨报》的一个副版，《晨报》原名《晨钟报》，创刊于一九一六年八月十五日，创办者是中国资产阶级政团研究系领导人汤化龙、梁启超，某种程度上而言，《晨钟报》是研究系的机关报，带有浓厚的改良主义色彩。[①]李大钊在副刊创办伊始，曾担任《晨钟报》的编辑主任，他在创刊号的《晨钟之使命——青春中华之创造》一文中，慷慨激昂，大有《少年中国》之气势，其言曰："《晨钟》自身无所谓

---

① 张涛甫著：《报纸副刊与中国知识分子的现代转型》，广西师范大学出版社，2007年版，第29页。

使命也，而以青年之使命为使命，青年不死，即中华不亡。”[①]

这种带有激进色彩的文字，注定要与以“改良”色彩著称的《晨钟报》发生冲突，加诸李大钊越来越显现出来的政治热情，让《晨钟报》的负责人忧心忡忡，仅仅过了二十几天，李大钊便辞去主任一职，埋首专注于研究马克思主义。[②]

但李大钊虽然去职，《晨钟报》依然难逃查封，一九一八年九月，因揭露段政府以出卖主权为代价向日本政府借款而遭查封。同年十二月易名为《晨报》复刊，翌年二月，李大钊再次进入《晨报》主持副刊，由此开创了《晨报副刊》的李大钊时代。[③]

李大钊时代的《晨报副刊》，一言以蔽之，迅速左倾，与《新青年》相呼应，成为宣扬马克思主义的重要阵地。三月二十四日，李大钊发表《列宁》一文，四月一日发表《马克思奋斗之生涯》一文，四月四日发表《地底的俄罗斯》一文，四月十九日至八月底连载《俄国革命史》，五月三日发表《社会主义的派别》一文，五月四日更是以“马克思研究专栏”连载河上肇的《马克思的唯物史观》、《劳动与资本》两书。[④]

而同一时期，李大钊发表大量文章，鼓吹“过激主义”，如《战后之世界潮流》，《过激派的引线》，言辞之中对于暴力的迷恋，已经不可遏制，一九一九年五月至十一月，更是写下万字

① 李大钊著：《李大钊全集》第二卷，河北教育出版社，1999 年版，第 365 页。

② 《报纸副刊与中国知识分子的现代转型》，第 33 页。

③ 同上，第 34~35 页。

④ 同上，第 37 页。

长文，宣扬马克思主义，这就是那篇著名的《我的马克思主义观》。[①]

李大钊的欢呼俄国革命，宣扬马克思主义，与其自身的激进秉性，显然不可分割，他早在一九一七年二月革命时便写下了《俄国革命的远因与近因》，欢呼俄国革命的伟大胜利。[②]而同时代的鲁迅，更是在《圣武》一文中以“新时代的曙光”对俄国革命褒扬有加，[③]这一“曙光”说，与李大钊欢呼“俄国革命为新世纪开一新纪元”可谓异曲同工。

尽管如此，李大钊依然离开了《晨报副刊》。离开的原因莫衷一是，汪晖在《现代中国思想的兴起》中将其归结为五四一代“同一性的破裂”。[④]这一点似乎稍显牵强，反倒是张涛甫先生的说法更为准确，他倾向于认为李大钊主持《晨报副刊》像《新青年》的另一个版本，走的精英化的“小众化”道路，因而难以持久。[⑤]

继任李大钊的孙伏园，一改李大钊的启蒙冲动，开始以趣味为宗旨，同时不放弃启蒙使命，在此之中寻求中道，尤其是他与周氏兄弟这两位文章高手的私谊，更使得《晨报副刊》办得有声

---

① 《李大钊全集》第三卷，第 47 页。

② 同上，第 47 页。

③ 钱理群，王得后编：《鲁迅杂文全编》，浙江文艺出版社，2007 年版，第 47 页。

④ 汪晖著：《现代中国思想的兴起》下卷，第二部，三联书店，2008 年版，第 1206 页。

⑤ 《报纸副刊与中国知识分子的现代转型》，第 67 页。

有色，而林语堂、郁达夫、徐志摩诸人的文章，更为《晨报副刊》增添亮色，孙伏园的追求在“学理与趣味”之间，获得了明显成效。他也是《晨报副刊》做主编时间最长的一位，从一九二一年到一九二四年，整整四年多，由此奠定了《晨报副刊》的卓著名声。[①]

而徐志摩在孙伏园之后接管《晨报副刊》，成为副刊历史上一个标志性的转折，副刊在徐志摩的主持下，爆发了著名的“赤白仇友之争”。[②] 这一思想史上难以忘却的事件，成为徐志摩人生历程的巅峰。他一改李大钊时期的激进色彩，激烈地批评苏维埃政权和共产党，若干言辞虽然当时看起来骇人听闻，但是直至今日，依然发人深省。因此有必要对徐志摩的政治思想，尤其是他对苏联的态度做一番考察。

第二节　徐志摩的思想转变

徐志摩出生在浙江一个城市家庭，自幼接受的是新式教育，因而思想开放，晚清种种变革以及革命运动，他都有所关注，还曾为革命军的失败而痛苦，由此可见其在早年便已具备追求自由的因素。[③] 日后他留学英国成为自由主义信徒，便是顺理成章。

---

① 《报纸副刊与中国知识分子的现代转型》，第 29 页。

② 参见章进编：《联俄与仇俄问题讨论集》，文海出版社，1961 年版。

③ 徐志摩著：《巴黎的鳞爪—— 徐志摩回忆录》，华夏出版社，2008 年版，第 9 页。

他曾在文章中感慨："今自出海以来，身之所历，目之所触，皆足悲哭呜咽，不自知涕之何从也，而何有于乐？"[①] 可见其在求学过程中，亦有不少苦恼，这些苦恼，尤其表现在政治态度的矛盾。

徐志摩去英国求学，主要是想追随罗素读书，但是事与愿违，罗素因战时主张和平，被剑桥大学除名。[②] 后来徐志摩与罗素虽有交往，但是二人在思想上有较大区别。当时徐志摩的老师是著名的费边主义思想家拉斯基，因而其自由主义信仰中带有浓厚的左翼色彩。因而当苏联崛起之时，徐志摩热烈欢呼；列宁去世，还写诗悼念。[③] 尤其是一九二四年，他对苏联国旗盛赞有加："那红色是一个伟大的象征，代表人类史里最伟大的一个时期，不仅标示俄国民族流血的成绩，却也为人类立下了一个勇敢尝试的榜样。"同时他对苏联的成立欢呼雀跃："在那旗子抖动的声音里，我不仅仿佛听出这近十年来那斯拉夫民族失败与胜利的呼声，我也想象到百数十年前法国革命时的狂热，一七八九年七月四日那天巴黎市民攻占巴士底狱时的疯癫：自由、平等、友爱！"[④]

徐志摩与罗素的分歧就此埋下，一九二〇年，早于徐志摩四年访问苏联的罗素，对苏联提出了尖锐的批评，徐志摩对此展开

---

① 《巴黎的鳞爪—— 徐志摩回忆录》，第 16 页。

② 同上，第 38 页。

③ 参见高力克：《胡适与徐志摩的苏俄之争》，《浙江大学学报》，2010 年 9 月。

④ 徐志摩著：《徐志摩全集》第三卷，广西民族出版社，1991 年版，第 14 页。

了反驳:“罗氏不常言基尔特社会主义乎,奈何健忘若此? ”[①]“罗氏为科学家，常抑情感求真理，然一涉意气，即如泉涌蓬生而不已。”[②]但意气用事的，恰恰是徐志摩本人，他在一九二二年的《罗素与中国》一文中，将罗素的《中国问题》一书，大加挖苦。[③]时隔一年，他在文章中，又引用吴稚晖的话激烈抨击罗素：“说罗素只当我们是小孩子，他是个滑头大骗子。”[④]

转折发生在一九二五年，这一年徐志摩主持《晨报副刊》，爆发了“赤白仇友之争”，这是一个意味深长的事件。尤其值得注意的是，曾在《晨报副刊》工作的瞿秋白，在此之前曾以特派记者的身份与俞颂华一起访问苏联，随后写下了名动天下的《饿乡纪程》、《赤都心史》，对于苏联，一再表示深深的忧虑。[⑤]

而更加令人深思的是，一九二四年初，国民党在广州召开一大正式改组，国共合作正式形成，这一局面的寓意不言而喻。沈志华先生指出:“这一政策在很大程度上决定了此后中国社会长达几十年的基本政治格局，而这一政策的提出和推动，自然又是莫斯科在起作用。”[⑥]

---

① 《徐志摩全集》第四卷，第 50 页。

② 同上，第 56 页。

③ 同上，第 78 页。

④ 同上，第 198 页。

⑤ 瞿秋白著:《赤都心史》，广西师范大学出版社，2004 年版，第 5 页。

⑥ 沈志华著:《中苏关系史纲》，社会科学文献出版社，2011 年版，第 23 页。

第三节　徐志摩的苏联之行

徐志摩在国共合作的背景下对于苏联的赞颂，带有鲜明的趋时而动的痕迹，这种情况一直持续到一九二五年他亲身访苏。在《欧游漫录》中详细地记载了他对于苏联的看法，对无产阶级革命及其专政，包括中国走十月革命道路的问题，表达了自己深深的忧虑。在《欧游漫录》一开始，徐志摩便表示出自己的矛盾："你答应了一件事，你的心里就打上了一个结，这个结一天不解开，你的事情一天不完结，你就一天不得舒服。"[①]

表面上看，徐志摩是表达不能及时给《晨报副刊》供稿的苦恼，实际上却是对于亲历苏联表达自己惶恐不安的心情。亲身游历苏联终于让徐志摩开始清醒，对苏联也由一味地赞颂，转为激烈地批评。

徐志摩原本想象中的莫斯科，多么富有魅力，然而及至他亲临红场才明白自己的可笑："这里没有光荣的古迹，有的是血污的近迹；这里没有繁华的幻景，有的是斑驳的寺院；这里没有和暖的阳光，有的是泥泞的市街；这里没有人道的喜色，有的是伟大的恐怖与黑暗。"[②] 因而徐志摩惊呼："旅行人！快些擦净你风尘眯倦了一只眼，仔细地来看看，竟许那看来平静的旧城子底下，

① 《徐志摩全集》第三卷，第 24 页。

② 同上，第 258 页。

全是炸裂的火种！”①

而在文中，徐志摩又提及了两件事情，进一步体现了他对于苏联的怀疑，为他的右转提供了巨大的契机：“我在京的时候，记得有一天，为《东方杂志》上一条新闻，和朋友们起劲的聊了半天，那新闻是列宁死后，他的太太到法庭上去起诉，被告是骨头早腐了的托尔斯泰，说他的书，是代表波淇洼的人生观，与苏维埃的精神不相容的，列宁临死的时候，叮嘱他太太一定得想法取缔他，否则苏维埃有危险。法庭的判决是列宁太太的胜诉，宣告托尔斯泰的书一起毁版，现在的书全化成灰，从这灰再造纸，改印列宁的书，我们那时大家说这消息太离奇了，或许又是美国人存心诬毁苏俄的一种宣传。但同时杜洛茨基为做了《十月革命》那书上法庭被软禁的消息又到了，又似乎不是假的，这样看来，苏俄政府什么事情都做得出，托尔斯泰那话竟许也有影子的。”②

而徐志摩随后拜会了托尔斯泰的女儿，更确定了他对苏俄的怀疑：“我当然问起那新闻，但她好像并没有直接答复我，她只说现代书铺子里他的书差不多买不着了，不但托尔斯泰，就是屠格涅夫，道斯托耶夫斯基等一班作者的书都快灭迹了；我问她现在莫斯科还有什么重要的文学家，她说全跑了，剩下的全是不相干的。”③

---

① 《徐志摩全集》第三卷，第 266 页。

② 同上，第 266 页。

③ 同上，第 269 页。

徐志摩随后更亲身领教了苏联的专制政治，晚上他与友人去听戏，经历了戏剧性的一幕："我们一到门口票房里没有人，一问说今晚不售门票，全院让共产党俱乐部包了去请客，差一点门都进不去。"[①] 苏联的高度集权，由此可见一斑。

而参观列宁遗体陈列馆，让他对苏联的怀疑最终达到了顶端，也让他对罗素产生了由衷的歉意："我先前挖苦了他，这回我自己也到了那空气里去呼吸了几天，我没有取消信仰的必要，因我从不曾有过信仰，共产或不共产但我的确比先前明白了些，为什么罗素不能不向后转。"[②]

而徐志摩本人更是陷入了深深的自责："有时候我简直是一个宿命论者——例如我觉得这世界的罪孽实在太深了，枝叶的改变，是要不到的，人们根本不悔悟的时候，不免遭大劫，但执行大劫的死者，不是安琪儿，也不是魔鬼，还是人类自己。莫斯科就仿佛负有那样的使命，他们相信天堂是有的，可以实现的，但在现世界与天堂的中间隔着一座海，一座血污海，人类泅得过这血海，才能登彼岸，他们决定先实现这血海。"[③]

最后，徐志摩对于国内诸如李大钊这样宣扬马列主义的左翼知识分子，实施了最坚决的清算："我不是主张国家主义的人，但讲到革命，便不得不讲国家主义，为什么自己革命自己做不了军师，还得要外国的主义来策划流血？那也是一种可耻的堕

① 《徐志摩全集》第三卷，第 271 页。

② 同上，第 285 页。

③ 同上，第 285~286 页。

落……革俄国命的是列宁——你们要记着，假如革中国命的是孙中山，你们要小心了，不要让外国来的野鬼钻进了中山先生的棺材里去！”[①]

第四节　徐志摩与陈毅之争

一九二六年初，陈毅在列宁学会发表演讲，高调纪念列宁逝世两周年，讲稿《纪念列宁》以曲秋的笔名发表。在此之前，陈毅将演讲稿寄给《晨报副刊》，意在刊发。早前陈毅便以曲秋为笔名在《晨报副刊》上发表过文章，那时的主编是与陈毅私交甚密的李大钊，而陈毅文章的责编则是对陈毅颇为看重的王统照，王统照曾经向陈毅一再约稿。[②]但此时担任主编的徐志摩将陈毅的文章扣下，旋即写下《列宁忌日——谈革命》一文，对陈毅进行了毫不留情的批驳：陈先生的“是一个鲜明的列宁主义信徒的论调”。[③]

接着徐志摩表达了他对于马克思阶级学说的质疑：“我个人是怀疑马克思阶级说的绝对性的，两边军队打仗的前提是他们各家壁垒的分清；阶级战争也得有这个前提。马克思革命论的前提是一个纯粹工业主义化的社会……但至少就近百年看，就在马克思时代最工业化的国家，他的预言——资本集中，中等阶级消灭

① 《徐志摩全集》第三卷，第 288 页。

② 刘树发编：《陈毅年谱》上册，人民出版社，1995 年版，第 64~65 页。

③ 《徐志摩全集》第三卷，第 61 页。

并不曾灵验。”[①]

而对于陈毅关于“共产党是列宁指导的第三国际党的中国支部”这一说法，徐志摩嘲讽道：“那也不坏，但这样一来岂不是我们革命的领袖不是中国籍的孙文或是别人，而是一个俄国人，那原来是，共产党的眼里，据说只认识阶级，不认识种族，谁要是在这种地方挑眼，无非泄露他自己见解的浅薄。”[②]

在文章的最后，徐志摩丝毫不否认列宁的伟大，但是他对列宁，依然存在恐惧：“我却不希望他的主义传播，我怕他，他生前成功的一个秘密，是他特强的意志力，他是一个 fanatic，他不承认他的思想有错误的机会，铁不仅是他的手，他的心也是的，他是一个理想的党魁，有思想、有手段、有决断。他是一个制警句编口号的圣手，他的话里有魔力，这就是他的危险性。”[③]

而对于国内的青年一味地拥护列宁，讴歌十月革命，徐志摩非常痛心，他指出：“青年人，不要轻易讴歌俄国革命，要知道俄国革命是人类史上最惨烈苦痛的一件事实，有俄国人的英雄性才能忍耐到今天这日子的。这不是闹着玩的事情。”[④]

而徐志摩对于青年人的告诫，似乎也没有起到多大的作用，二十年代访苏的胡适，便在莫斯科中山大学遭到青年学生的质疑，虽然胡适极力夸赞苏联的巨大成就，但仅因为他对苏联的未

---

① 《徐志摩全集》第三卷，第 63~64 页。

② 同上，第 65 页。

③ 同上，第 66 页。

④ 同上，第 66 页。

来提出忧虑，便与当时共产党的少壮派蔡和森发生激烈争论。[①]二三十年代的激进左翼的感染力，于此显露无疑。

与徐志摩与陈毅的争论、胡适与蔡和森的争论相似的是，当时在北大读书，后来成为哈耶克学生的周德伟，在当时便是一个与徐志摩类似的反潮流者。当时多数新青年对李大钊所宣传的马克思主义兴趣浓厚，但是周德伟却对《新青年》极为反感，周德伟后来在回忆录中认为："《新青年》给时代影响甚大，但我不大喜爱，我嫌《新青年》的文笔太泼辣，分析及陈述不如《甲寅》及严氏译述之精密而有系统。"

而周德伟对于新青年以及马克思主义不以为然的原因，则直接源于早期共产党人罗章龙的刺激。周德伟回忆道，邓中夏、罗章龙曾经邀请自己加入马克思学说研究会，研究会由李大钊主持，周德伟心想入会研究也未尝不可。当时工读互助团成立不久，有一次邓中夏请周德伟每周去长辛店讲课，周德伟言："余读书之不暇，何有时间去教书？"邓曰："无阶级意识乎？"余受儒书及心理学之影响甚深，乃曰："余只知个人方有意义，阶级乃一集体空名，不能衣，不能食，不能思考，何来意识？"[②]左右之争，其实早已有之。

---

① 参见罗志田：《激变时代的文化与政治》，北京大学出版社，2006年版。

② 参见周德伟著：《落笔惊风雨》，远流出版社，2011年版。

第十六章

赤化与反赤化

第一节 “赤白仇友之争”的台前幕后

徐志摩回国之后接管孙伏园留下的《晨报副刊》，“赤白仇友之争”因此兴起。有关这场论争的研究，国内史学界上存在着很多空白，但相关的史料集早已编就，即是收入《近代中国史料丛刊续编》第八十七辑的《联俄与仇俄问题讨论集》，由章进编就，国民党元老吴稚晖撰写序言。[①]

这场论争的起因是陈启修在《晨报》社会周刊上发表了《帝国主义有白色和赤色之别吗？》。作为中国第一位翻译《资本论》的学者，陈启修乃是地道的亲俄派，他指出：“指赤色的苏联为赤色的帝国主义，简直可以说牛头不对马嘴了，苏联用尽它的力量，到世界各国宣传共产主义，到各被压迫的民族中去宣传反帝国主义，这是事实。”[②] 言之凿凿，已经透露出为苏联辩护到底的

---

① 参见《联俄与仇俄问题讨论集》。

② 同上，第6页。

趋向。

然而时隔两天，张奚若在《晨报副刊》上发表了《苏俄究竟是不是我们的朋友》，对于陈启修大加讨伐，张奚若指出："帝国主义的国家仅吸取我们的资财，桎梏我们的手足，苏俄竟然收买我们的良心，腐蚀我们的灵魂……还要说他不是我们的敌人！我倒要问不是敌人是什么？"[①]

对于张奚若的反驳，徐志摩深表赞同，旋即在《晨报副刊》上发起论争，十月十日，主持《晨报》社会周刊的刘勉己发给徐志摩《应怎样对苏俄》一文，徐志摩因而写下了《又从苏俄回讲到副刊》一文，在文中特别指出："中国对苏俄问题乃至共产主义与中国，和国内共产党一类问题，到今天为止，始终是不曾开刀或破口的一个大疽。"[②]"这回的问题，说狭一点，是中俄邦交问题，说大一点，是中国将来国运问题，包括国民生活全部可能的变态。"[③]

刘勉己《应怎样对苏俄》一文看似持中，实际上对苏俄革命表示难以苟同，他指出："我个人信念上不是赞成共产主义，尤其反对赤色的共产主义。对于赤色的苏俄，我虽然从科学上无法判决他为'有帝国主义的可能'的信念，然而从政治外交方面认为苏俄对外所惯行的暴力手段，和国家利益冲突时，（这时期却到了）我们为战略起见，也不妨大呼'赤祸'乃至'赤色帝国主

---

① 参见《联俄与仇俄问题讨论集》，第10页。

② 《徐志摩全集》第四卷，第337页。

③ 同上，第363页。

义祸’。”[①]

敖光旭先生在《国家主义与联俄与仇俄之争》一文中指出：“联俄与仇俄之争发生的近因和直接原因，可归结为五卅沪案及由此引起的共产派与非共产派、亲俄派与非亲俄派冲突之加剧。”[②] 此论甚为切中要害，徐志摩主持“赤白仇友之争”后不久，报馆便遭左翼势力焚毁。而同时代的工农运动正进行得轰轰烈烈，五卅运动更激化了共产派与帝国主义以及资产阶级的矛盾，共产党人在五卅反帝运动中痛感：“资产阶级不革命。”[③]

即便是报馆被焚，徐志摩依然不改初衷：“我生平经历虽则不深，可是人事浮浅的变异轻易危害不了我，吓不倒我。”[④] 于是有了次年徐志摩与陈毅的笔战，这次笔战标志着自由主义者徐志摩与共产主义者陈毅之间的历史分歧。而胡适在此时游历苏俄，他与蔡和森的争执恰恰可以与此相参照。

第二节 胡适的误入歧途

一九二六年，胡适访问苏联，得出了与徐志摩截然相反的结论，他的《欧游道中寄书》给知识界以极大的震动。李大钊等亲俄派为此欢呼雀跃，甚至出了一个策略性的方法：“我们应该写

---

① 《徐志摩全集》第四卷，第342~345页。

② 参见敖光旭：《国家主义与“联俄与仇俄”之争—— 五卅运动中北方知识界对俄态度之解析（上）》，《社会科学研究》，2007年第06期。

③ 杨奎松著：《中间地带的革命》，山西人民出版社，2010年版，第98页。

④ 《徐志摩全集》第四卷，第396页。

信给适之劝他仍旧从俄国回来，不要让他往西去打美国回来。”[①] 言下之意，不希望取道美国的胡适再度右转。而钱端升、徐新六等人则对胡适的“左转”，提出了各种各样的质疑。[②]

在此之中，胡适的老朋友徐志摩反应最为激烈。他将胡适的旅俄书签一一摘录，一一加以驳斥，加了长篇按语在副刊上发表，显示了他自由主义立场日益坚定。徐志摩指出：“俄国革命所表现的伟大精神与理想主义，我想谁都不能否认……我们应得研究的是进一步的问题，我们应得研究的是苏俄所悬的那个‘乌托邦理想’在学理上有无充足的依据。”[③]

而对于胡适高度赞扬苏联的新教育，徐志摩更是难以苟同：“就我所知道的，他们的教育几乎完全是所谓‘主义教育’或是‘党化教育’，他们都拿马克思与列宁来替代耶稣，拿资本论一类书来替代圣经，阶级战争一类观念来替代信仰——这也许是适之先生所谓世界最新教育学说的一部吧。”[④]

后来成为中国共产党内知名法学家的张友渔，斯时叫作张象鼎，他看了徐志摩对胡适的批评，立即写信与徐志摩商榷。张象鼎言之凿凿：“其实依我看来，党化教育便是新的教育，世界的新国家里，除非你甘为‘老大帝国’，不论他是共产党专政，或者别的党执政，都应该采取这种教育政策。”[⑤] 他还援引国民党的

---

① 参见《胡适与徐志摩的苏俄之争》。

② 同上。

③ 《徐志摩全集》第四卷，第 541 页。

④ 同上，第 543 页。

⑤ 同上，第 560 页。

事例为共产党辩护："譬如中国国民党，也主张党化教育，而一部分国家主义者，亦相当赞成此政策，可知共产主义和党化教育的关系，正如徐志摩和吃米饭的关系相同。"[①]

徐志摩对于张友渔的商榷不以为然："你的思想一朝进入一个划清的方向，正如你爱上一个人，或是信了一种教，你就不得不专注。"[②]徐志摩进而对于胡适之于党化教育的认同痛心疾首，大声疾呼："当然在共产主义的统治下，你可以得到不少的自由，正如在中世纪教皇统治下，你也可以得到不少的自由，但你唯一的自由——思想的自由——不再是你的了。"[③]

第三节 青年党的奋起

在"赤白仇友之争"中，当时的青年党人也扮演着重要角色，王奇生便曾经指出，在二十世纪二十年代，国共两党和青年党乃是当时中国的三大政党，正是这三大政党的鼓吹，不仅"革命"一词成为二十年代中国使用频率极高的政论辞汇之一，而且迅速汇聚成一种具有广泛影响且逐渐凝固的普遍观念，即革命是救亡图存、解决内忧外患、实现国家统一和推动社会进步的根本手段，改良及其他救国途径（如教育救国、实业救国、学术救国等）被视为缓不济急和舍本逐末，革命高于一切，甚至以革命为社会行

---

① 《徐志摩全集》第四卷，第 563 页。

② 同上，第 565 页。

③ 同上，第 557 页。

为的唯一规范和价值评判的最高标准，“革命”话语及其意识形态开始渗入到社会大众层面并影响社会大众的观念和心态。①

王奇生进而指出，中国青年党反对与苏俄亲善，认为共产国际由苏俄发起，受苏俄操纵，以苏俄利益为中心，是苏俄借以称霸世界之利器，青年党还指责苏俄“派兵占领我外蒙，侵犯我中东路权，虐待我旅俄侨胞，干涉我国内政，翻悔其既承认取消之不平等条约”。②

当时中国青年党创立不久，青年党人邬刚如无意间发现《共产党加入国民党之秘密决议案》油印小册，交给了当时的青年党党魁曾琦，曾琦以为事关重大，立即与法国国民党人王宠惠、蔡元培等人商议，言及联俄容共之危险，但是王宠惠和蔡元培等人皆不以为然。③

而在“赤白仇友之争”当中，青年党的刊物《醒狮》和《学灯》扮演了重要的角色。敖光旭指出，其实早在“赤白仇友之争”爆发之前，前奏战已经在中国共产党和青年党之间展开，因而后来论争爆发之后，青年党俨然以反共反苏之先知先觉者自居，大有着姗姗来迟之感。④

而国民党一大召开，国共合作正式开始，国民党内元老派对

---

① 参见王奇生：《“革命”与“反革命”：一九二〇年代中国三大政党的党际互动》，《历史研究》，2004年第5期。

② 同上。

③ 陈正茂著：《曾琦先生年谱》，国史馆印行，1996年版，第76页。

④ 参见《国家主义与“联俄与仇俄”之争—— 五卅运动中北方知识界对俄态度之解析（上）》。

此强烈质疑，国民党中央监察委员会委员张继和谢持等人提出弹劾，此事与曾琦有着密切关系。而后孙中山去世，曾琦发表长篇悼文，肯定孙中山的革命贡献，但是言辞之中依然对孙中山的联俄联共不肯原谅。[①]

第四节　章太炎的讨赤努力

就在徐志摩、曾琦等人身陷争论之中不可自拔的时候，革命元老章太炎也奋起反抗赤潮的侵袭。罗志田便曾经指出，二十年代内政与外交打成一片，章太炎和孙中山都认同俄国对于中国的作用，但是五卅事件的刺激，使得其在论政时关心外患压倒了内忧，起初他不过是想联合早年的革命力量在北洋统治的区域发挥作用，但是五卅事件之后，章太炎顿时激烈地反对“联俄联共”。[②]

章太炎在孙中山联俄联共进行得轰轰烈烈的时候，致信黄郛声称：“中山扩大民族主义，联及赤俄，引为同族，斯固大谬。惟反对他国之以不平等遇我者，是固人心所同。沪汉变起，全国愤然，此非赤化所能鼓吹。斯时固当专言外交，暂停内哄。大抵专对英人，勿牵他国，专论沪汉，推开广州（两政府本不相涉）则交涉可以胜利。但恐当局借交涉为延寿之术，国民军恃交涉为

① 《曾琦先生年谱》，第83~86页。

② 参见罗志田：《中外矛盾与国内政争——北伐前后章太炎的“反赤”活动与言论》，《历史研究》，1997年第6期。

缓兵之策，唯以延长时日为务。此则但有消极主张而不有积极为国家计，则牺牲数十命，耗弃千万钱，皆付之虚牝矣。”①

此时反对孙中山联俄联共的冯自由等人由粤来沪，聚集在章太炎的寓所中共谋对策，由章太炎起草了《护党救国宣言》，坚决反对孙中山的政策。②而孙中山去世之后，章太炎更是参加了由国民党右翼组成的辛亥同志俱乐部，更加积极地反对联合苏俄。③同时章太炎还极力反对将南京改名为中山城，其中一个重要的理由就是孙中山联俄，更是搬出了明太祖的例子，对改名之事加以驳斥。④

康有为在此时也显示出了对于共产革命的忧惧，他曾经痛斥孙中山和冯玉祥对于溥仪的压迫："南孙北冯，厉行俄化。"⑤章太炎随后与之呼应，认为“观冯玉祥左右任使之人，素多濡染赤化，而军实大半运之俄国”，进而认定“俄人势力集于中央，与他国商人贩枪者异，自非主义相同者，又岂肯以军实输之？”章太炎随后更指出冯玉祥与苏俄存在密约的传闻绝非毫无来由："此次北京骚动，共产党手执红旗，鹿钟麟统师在京，佯为不观。近又北京勒捐绅富，下及优伶，形同绑票，则共产之说，已见实行。最近在北京观战者，且谓冯军部内，现有赤俄，以此数者参

---

① 沈亦云著:《亦云回忆》上册，传记文学社，1968年版，第236页。

② 姜义华著:《章炳麟评传》，南京大学出版社，2002年版，第248页。

③ 同上，第248~249页。

④ 参见《中外矛盾与国内政争——北伐前后章太炎的“反赤”活动与言论》。

⑤ 参见湖南《大公报》，1924年12月6日，转引自《民国乃敌国也——政治文化转型下的清遗民》，第313页。

会，故对于冯俄密约信之为真。”①

罗志田指出，北伐前后的章太炎不仅大发政论，更或直接或间接奔走于各军政势力之间。其在北伐前夕本来支持黎元洪联合奉系打击吴佩孚，后来见奉军的张宗昌部用白俄军队打中国人，即以为张宗昌乃是“叛国之罪”，旋即联吴反奉，到世传冯玉祥接受苏俄援助后，章太炎于一九二五年末发表通电，说冯玉祥既“与俄通款”，则其“叛国之罪既彰，外患之罪斯立”。他的结论是：“中国主权，重在法统之上；苏俄侵轶，害居关东之前。”②

也就在章太炎发表通电的同一年，章太炎在上海国民大学胡朴安的主持下进行了一场演讲，激烈地反对共产党，反对苏联：“我们现在所要反对的，就是要反对共产党。共产是否适合我们的国情，还在其次。现在的共产党，并非共产党，我们可以直接称他‘俄党’。他们不过借着‘共产主义’的名目，做他们活动之旗帜，什么‘共产’、‘不共产’，那简直是笑话。现在广东的党政府——什么‘党’、‘不党’，简直是笑话，直是俄属政府——借着俄人的势力，压迫我们中华民族，这是一件很可耻辱的事。我们应当反对借俄人势力压迫中华民族的共产党。最后，凡是借外人势力来压迫中华民族的，我们应当反对他，这便是我们最后的责任。”③

---

① 汤志钧著：《章太炎年谱长编》，中华书局，1979年版，第837~838页。

② 参见《中外矛盾与国内政争—— 北伐前后章太炎的“反赤”活动与言论》。

③ 参见章念驰编：《章太炎演讲集》，上海人民出版社，2011年版。

而北伐兴起之后，章太炎更是积极奔走，成立“反赤救国大同盟”和“国民外交协会”，立场坚定地反对苏联，遭到了当时共产党领袖陈独秀的严厉批评。[①]北方的孙传芳等军阀喜出望外，试图使章太炎的讨赤努力以及相关的言论发挥作用，让章太炎成为对付南方革命党的代言人，尤其是孙传芳本人，更是积极拉拢章太炎，但是章太炎不为所动，后来孙传芳邀请章太炎参加修订礼制会成立大会，并且专门举行了雅歌投壶之礼，但是章太炎避而远之，鲁迅听闻此事之后在文章中对曾经的老师章太炎大加嘲讽，大有“谢本师”之意思，并在文中将章太炎比作革命的马车夫，前半生往前拉，后半生往后拉，意即章太炎违背革命潮流。[②]

但是鲁迅晚年，其实对于共产革命本身，已经产生了深刻的疑虑，长崛佑造曾经指出，鲁迅晚年曾经对增田涉谈及中央苏区富田事变和肃 AB 团运动，言辞之中颇为忧虑。长崛佑造更援引晚年鲁迅和胡愈之的谈话，指出鲁迅当时病重，却拒绝去苏联疗养，甚至和冯雪峰笑言革命党来了恐怕会先杀了他，惹得冯雪峰急忙解释，鲁迅晚年内心的矛盾，由此可见一斑。[③]

---

① 《章炳麟评传》，第 257 页。

② 同上，第 259 页。

③ 参见长崛佑造：《鲁迅对富田事变与肃 AB 团的反应》，《“五四与中国现当代文学”国际学术研讨会论文集》，2009 年 4 月，北京大学。

第十七章

新文化运动的冲击

第一节　文化保守主义者的质疑

实际上前几章所提到的种种政治、思想的纷争，和发端于一九一七年的新文化运动，存在着密不可分的关系。陈独秀、胡适等人发起的新文化运动，尤其是那场深刻地改变了中国人话语方式的白话文运动以及其后的诸多思潮的蜂起，引起了遗民群体的集体反弹。[①] 这其中最显著的例子，就是作为新文化运动反对派的林纾与辜鸿铭。

颇有意思的是，林纾和辜鸿铭对于时代潮流的拒斥，具体而微到行为方面是令人瞠目结舌的，体现出了遗老在民国中特立独行的姿态。林纾在表达他对于胡适之所宣导的白话文运动的反感时，写下了商榷文章《论古文之不当废》，但是论争并未充分展

---

① 现在据可靠资料证明，反对新文化运动的遗老不在少数，比如辜鸿铭、林纾、王国维等，就连后来的陈寅恪，实际上也对新文化运动颇有微辞，对胡适本人也有保留意见。

开，等到钱玄同和刘半农策划了一出遗老与新民争论的双簧戏，辜鸿铭随即被“引蛇出洞”，继而采用了影射手法，撰写了诸如《荆生》、《妖梦》之类带有鲜明人身攻击痕迹的小说文字，对陈独秀、蔡元培等人进行了赤裸裸的影射。[①]

而辜鸿铭在表达他对于时代风俗的不认可时，以固守纲常名教的姿态对清季风俗予以践行，诸如一夫多妻，喜欢缠足女人，留辫子之类，不一而足。当时辜鸿铭还在北大教书，常常在课堂上宣讲中国文化，而且以旧礼约束学生，时在北大读书的罗家伦后来回忆：“辜先生虽然是老复辟派的人物，因为他外国文学的特长，也被聘在北大讲授英国文学。因此我接连上了三年辜先生讲的‘英国诗’这门课程……到了教室之后，他首先对学生宣告：‘我有三章约法，你们受得了的就来上我的课，受不了的就趁早退出：第一章，我进来的时候你们要站起来，上完课要我先出去你们才能出去；第二章，我问你们话和你们问我话时都得站起来；第三章，我指定你们要背的书，你们都要背，背不出不能坐下。’我们全班的同学都认为第一第二都容易办到，第三却有点困难，可是大家都慑于辜先生的大名，也就不敢提出异议。”[②]

林纾也在白话文运动甚嚣尘上的时候写下《致蔡鹤卿书》，一片坦荡地慷慨相陈自身对于新文化运动的意见以及对于白话文日渐普及的忧虑之心，林纾痛陈：“若尽废古书，行用土语为文

① 孔庆茂著：《林纾传》，团结出版社，1998 年版，第 209~232 页。

② 《辜鸿铭评传》，第 170~171 页。

字，则都下引车卖浆之徒，所操之语按之皆有文法。凡京津之稗贩，均可用为教授矣。”以示对于白话文的不认同，而林纾不知道的是，蔡元培的父亲恰恰拉过车卖过豆浆。[①]

林纾进而表明了自己赤诚的遗民立场：“盖今公为民国宣力，弟仍清室举人，交情固在，不能视为冰炭，故辱公寓书，殷殷于刘先生之序跋，实隐示明清标季，各有遗民，其志均不可夺也。弟年垂七十，富贵功名，前三十年视若弃灰，今笃老，尚抱守残缺，至死不易其操。前年梁任公倡马、班革命之说，弟闻之失笑。任公非劣，何为作此媚世之言？马、班之书，读者几人？殆不革而自革，何劳任公费此神力？”[②]

与林纾具有相似意味的辜鸿铭，则有着更为深刻的遗老渊源，辜鸿铭曾任张之洞的幕僚，却明显于历史的识见高于张之洞。辜鸿铭从自身对于传统文化的深刻洞察，写出了诸如《春秋大义》、《中国的牛津运动》之类张扬东方文化普世价值的著作。[③]新文化运动时期，辜鸿铭当时拖着辫子，罗家伦晚年回忆，当时他曾经开玩笑说：“有没有人想要立刻出名，若要出名，只要在辜先生上楼梯时，把他那条大辫子剪掉，那明天中外报纸一定都会竞相刊载。”[④]此虽笑言，可见当时新旧之争的激烈。

---

① 参见任访秋：《林纾论》，《开封师院学报》，1978 年第 3 期。

② 薛绥之、张俊才编：《林纾研究资料》，福建人民出版社，1983 年版，第 87 页。

③ 《辜鸿铭评传》，第 138 页。

④ 辜鸿铭著：《中国人的精神》，外语教学与研究出版社，1998 年版，第 2 页。

第二节　王国维与北大的分分合合

王国维在一九一七年收到了北京大学的邀请，请其出任北大教职。此事在王国维的书信中有所记载："前日蔡元培忽致书某乡人，欲延永为京师大学教授，即以他辞谢之。"[①] 此信中所提到的"某乡人"，指的是王国维的旧时同窗，时任北大教员马衡的长兄马幼渔。王国维表面上称"辞谢"，实际上却以此先后与罗振玉、沈曾植二位商议。[②]

沈曾植对此持赞同意见，他认为："其如有研究或著述事嘱托，可以应命。"同时认为王国维"可乘此机北行作二月勾留"。[③] 但是王国维内心深处有一个绕不开的坎，那便是在张勋复辟之时，王国维与北大立场迥异，陈独秀等人都极力反对复辟，此事可作为解读王国维内心世界的一个注解。[④]

到了一九二四年，王国维已经辞去北大通讯导师，和北大处于若即若离的地步，当时日本人准备利用庚子赔款在北京筹办国学研究所，而北大想在此基础上推荐王国维担任所长，可见北大对于王国维的尊重，王国维也曾经在致蒋汝藻的信中告知此事："东人所办文化事业，彼邦友人颇欲弟为之帮助，此间大学诸人，

---

① 《罗振玉王国维往来书信》，第 277 页。

② 《王国维年谱长编》，第 218 页。

③ 《罗振玉王国维往来书信》，第 325 页。

④ 参见张晓唯：《王国维与北大关系始末》，《文史知识》，2003 年第 6 期。

亦希其意，推荐弟为此间研究所主任（此说闻之日人）。但弟以绝无党派之人，与此事则可，不愿有所濡染，故一切置诸不问。大学询弟此事办法意见，弟亦不复措一词。观北大与研究系均有包揽之意，亦互相恶，弟不欲与任何方面有所接近。近东人谈论亦知包揽不妥，将来总是兼容办法。兄言甚是，但任其自然进行可耳。弟去年于大学已辞其脩，而尚挂一空名，即以远近之间处之最妥也。”①

王国维最终还是在马衡的牵线下与北大有过短暂的结缘。在一九二三年之时，蔡元培还曾经多次前往王国维在上海的居所造访，双方走动频繁：“四月二十六日，往爱俪园。访王静安住处不得，但知其仍往园中授课，因投以一函，嘱约期晤谈，拟借《隶缜》，并托购日文《陶偶录》。”“四月二十九日，王静安来。”“五月一日，看静安。彼对于西洋文明很怀疑，以为不能自救（因我告以彼等已颇觉悟），又深以中国不能防止输入为虑。我询以对于佛学之意见，彼言素未研究。询以是否取孔学，彼说大体如此。彼以为西人之病根在贪不知止。彼以为科学只可作美术观，万不可应用于实际。”② 王国维斯时与北大的关系，于此可见一斑。

但时隔不久，由于北大考古学会在报纸上发表了《保存大宫山古迹宣言》一文，此文以极为急促的语气，指责皇室破坏古迹。对于王国维而言，皇室乃是其生命精神之寄托，辛亥革命后

① 《王国维年谱长编》，第 398 页。

② 参见《王国维与北大关系始末》。

其对于清室的感念便可说明，指责皇室，无异于对王国维的羞辱。因而王国维立即去信沈兼士、马衡，提出强烈抗议[①]："昨阅报纸，见北京大学考古学会《保存大宫山古迹宣言》，不胜骇异。大宫山古迹所在地是否官产，抑系皇室私产；又是否由皇室赏与洵贝勒，抑系洵贝勒自行购置，或竟如《宣言书》所谓强占，均有研究之余地。因洵贝勒之毁坏砖塔，而即谓其占据官产，已无根据；更因此而牵涉皇室，则尤不知学会诸君何所据也？至谓'亡清遗孽，擅将历代相传之古器物据为己有'，此语尤为弟所不解。"[②]

王国维继而指出："又优待条件载民国人民待大清皇帝以外国君主之礼，今《宣言》中指斥御名至于再三，不审世界何国对于外国君主用此礼也？诸君苟已取消民国而别建一新国家则已，若犹是中华民国之国立大学也，则于民国所以成立之条件与其保护财产之法律，必有遵守之义务。况大学者全国最高之学府，诸君又以学术为己任，立言之顷不容卤莽灭裂如是也。"同时表示："二兄素明事理，于此《宣言书》竟任其通过发表，殆偶失之不检，故敢以意见陈诸左右。"[③]

此外，王国维还写道："弟近来身体孱弱，又心绪甚为恶劣，所以二兄前所属研究生至敝寓咨询一事，乞饬知停止。又研究所国学门导师名义，亦乞取消。又前胡君适之索取弟所作《书戴校

---

① 《王国维年谱长编》，第 415 页。

② 同上，第 415 页。

③ 同上，第 416 页。

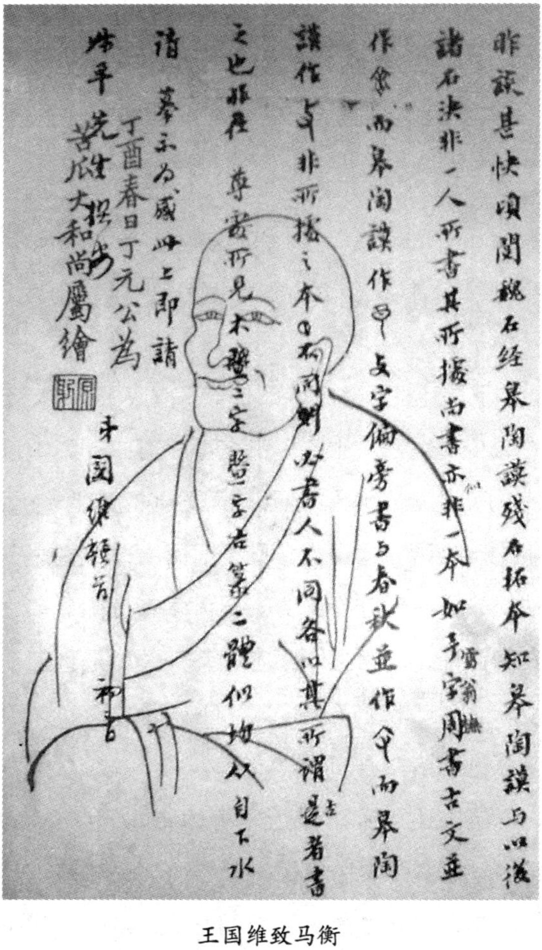
非該甚快頃閱魏石經暴陶譔殘石拓本知暴陶譔与以後
諸石決非一人所書其所據古書亦非一本如手字用古文並
作象而暴陶譔作卩之字偏旁書与春秋並作令而暴陶
譔作与年非所據之本不同則必書人不同各以其所謂是者書
之也鄙意　尊處所見本體三字暨三字古篆二體似均从自下水
請　奉示為感此上即請
叔平先生撰安
弟国維頓首
丁酉春日丁元公為
苦瓜大和尚屬繪

王国维致马衡

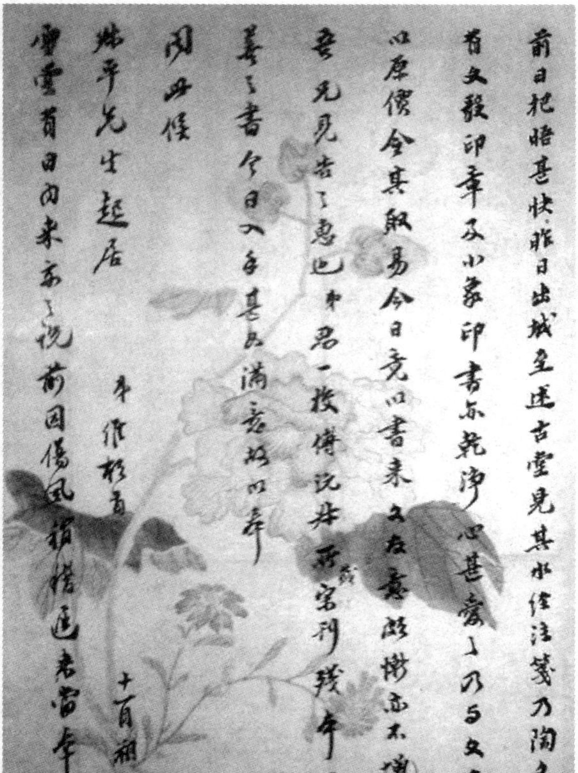

前日枉臨甚快。昨日出城至遗古堂，見其小徐注箋，乃陶文毅藏書，首文毅印章及小篆印，書亦乾淨，心甚愛之，乃與文友堂商古以原價全其取易，今日竟以書來，文友意欲攬而不索價毋吾兄見告之惠也。中君一枚傳說無所寫刊殘本，叔思詩數義之書，今日入手，甚為滿意，故以奉聞。此候

叔平先生起居

弟維頓首 十月朔

雪堂前日內來京之說，前因傷風稍緩，遲來當在

國維

王国维致马衡

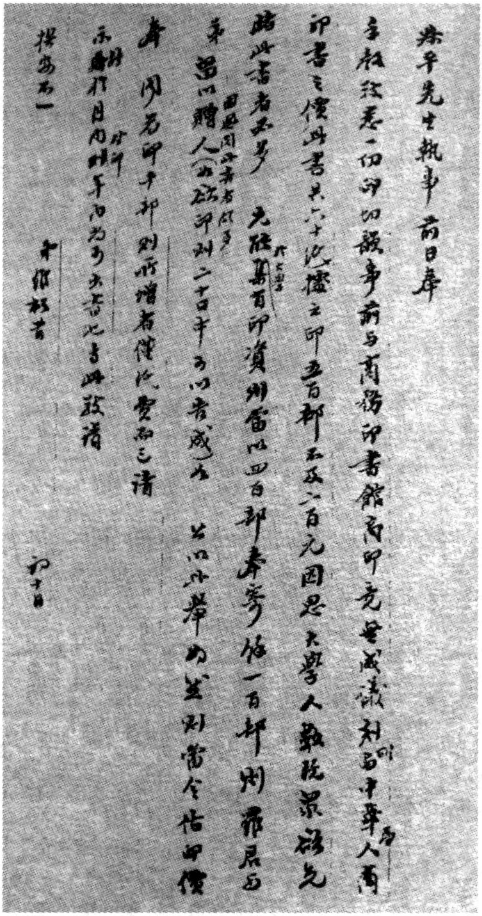

王国维致马衡

水经注后》一篇，又容君希白抄去金石文跋尾若干篇，均拟登大学《国学季刊》，此数文弟尚拟修正，乞饬主者停止排印，至为感荷。”[①]王国维与北大，就此决裂。

王国维与北大的关系，表面上看，终结于北大方面对于清室的冒犯，更为深层的原因，恐怕是王国维对于北大所代表的新思潮的难以认同。虽然王国维出于私谊与北大有过短暂的结缘，但是对于以北大为大本营的新思潮的泛滥，始终颇有微辞。

王国维在一九一九年致罗振玉的信中，坦言新思潮之危害：“宋瞽与时局亦稍有合符，惟新思潮之祸必有勃发之日，彼辈恐尚未知有此，又可惜世界与国家却无运命可算，二三年中正未知有何变态也。”[②]时隔一年的一九二〇年，王国维在致日本学人狩野直喜的信中，再次谈到新思潮之危害：“世界新潮澒洞澎湃，恐遂至天倾地坼。然西方数百年功利之弊非是不足一扫荡，东方道德政治或将大行于天下，此不足为浅见者道也。”[③]

王国维对于新思潮的恐惧乃至对于东方文化的信念，与他的学术抱负政治抉择，互为参照。通过对比我们可以看出，虽然他与蔡元培、马衡诸人不无私交，但是对于他们身后的北大以及其所标示的新思潮的大本营，始终望而却步。他与北大关系的脆弱，也是他本身徘徊于清室与北大这一旧一新的两个象征性事物之间内心的矛盾使然。

---

① 《王国维年谱长编》，第417页。

② 《王国维全集·书信》，第300页。

③ 同上，第311页。

虽然蔡元培就任北大校长时一再强调大学乃是纯粹研究学术之机关，但在王国维看来却没有那么简单。溥仪被逐出宫之后，王国维所谓南书房行走一职有名无实，但他却依然随侍溥仪左右，曾经的北大同仁胡适在顾颉刚的劝说下，力荐其去清华国学院任教，王国维一再犹豫，其中的缘由，恐怕也有北大一事在其心中留下的阴影有关。

第三节　罗振玉的应对

而就在同一时期，罗振玉也频繁地对新思潮发表看法，并表现出了越来越强烈的遗民情怀。他在给张菊生的信中大发议论："比来神州陆沉，三千年来礼乐文物，扫地垂绝，二三名节之士，戢影沪上，独抱遗经，忍饥待尽。"[①] 其更在晚年的回忆录中指出："欧战以后，欧美各国争研究东方学术。法国大学院乃公举予为东方通信员。回顾我国，则异学争鸣，斯文将坠。"[②] 显然罗振玉对于新思潮的弥漫是不满意的。

正是有鉴于此，罗振玉决心重振旧学，在一九二三年联合遗老，成立了东方学会，罗振玉在写给王国维的信中谈及："刻下学会进行之事，在立董事会，弟意推凤老为董事长，而推尉与今西做董事。理事会与董事会一日行者，但先举定董事，而后由董事举董事长，乃合办事之法。请于晤尉及今西时，告以同人皆望

① 《罗振玉王国维往来书信》，第 307 页。

② 《雪堂自述》，第 49 页。

彼任董事，邀其同意。”[1] 当时沈曾植已经去世，柯劭忞理所当然成了遗老中学术的代表。而聘请尉礼贤、今西龙这两位汉学家，应该是为了扩大海外影响。

罗振玉在起草的章程中指出：“本会以研究东方三千年来之文化，约以哲学、历史、文艺、美术四类为宗旨。”进而描绘了学会的前景：“本会先于北京、天津立总会，以后再推行于各省为分会。”同时提出了具体的步骤，其中有设图书馆、博物馆以集图书、博物；设演讲部以贯学术；设印书局以流通古今书籍，并本会学术杂志；设招待部以招待东西各国之学者，以沟通学术等等。[2]

罗振玉继而指出：“本会商于北京选择合宜之地建筑学会所，于天津建会所及藏书楼、博物馆。未成以前先设筹备处，以筹备本会事务。”同时有关经费问题，罗振玉设想“拟分两期筹集，每期筹集一百万元，第一期预定建筑会所、图书馆、博物馆，费二十万元。图书及博物亦价四十万，余四十万存银行生息，为会中常费。筹集经费由本会发起人任之，凡各国有赞助者，尤为欢迎”。此外，罗振玉还谈到了入会问题：“本会入会会员不分国籍，凡赞成本会宗旨者，得由本会发起人及各国大学院、大学校介绍入会，会员规则随后订之。除前列职员外，更设评议会，不论国

① 《罗振玉王国维往来书信》，第 573 页。

② 参见王若：《新发现罗振玉〈东方学会简〉手稿跋》，《中华读书报》，2008 年 8 月 22 日。

籍，以学术湛深者充之。”[1]

参与东方学会的尉礼贤，曾经在青岛办礼贤会，组织尊孔文社，推举当时在青岛的遗老劳乃宣主其社事，劳乃宣为其写碑文颂扬。[2]在东方学会中，尉礼贤负责具体的联络工作，他在另外拟定的东方学会的章程中称：“中国有数千年的没有中断的文化传统。近几十年，欧美人民因饱尝战争之苦，认识到在强权和枪杆之外还有另一条通向真理之路。因而纷纷注重研究东方文化。本会以研究中华文物制度为己任，研究古代经籍和历史的关系，以图洞悉国家和社会治乱之根源。”[3]

第四节　遗老的集体活动

周明之注意到一个很有意思的现象，王国维和罗振玉消极悲观时，考据活动往往成了他们消遣解愁的工具，罗王二人常在书信中以“草间之梦”形容复辟，可见其对于复辟的可能性也没有抱持多大的希望，而其从事的古代史、古代文字等相关研究，让其和现实筑起一道藩篱，减轻了外界逆境对他们心情的影响。[4]

---

① 参见《新发现罗振玉〈东方学会简〉手稿跋》。

② 张国刚著：《德国的汉学研究》，中华书局，1994年版，第40页。

③ 《德国的汉学研究》，第41~42页。据桑兵考证，尉礼贤自称乃是该会的发起人，东方学会与当时鼓吹的日中文化联合有关，参见桑兵：《晚清民国的学人与学术》，中华书局，2008年版，第205页。

④ 周明之著：《近代中国的文化危机：清遗老的精神世界》，山东大学出版社，2009年版，第172页。

王国维罗振玉往来书信中有不少关于书画买卖的记载，周明之将其视为罗王躲避现实政治的一个重要标志，并引用了罗振玉致王国维的信加以解释："居今之世，但有尚友古人，以书画略娱心意而已。故弟近日爱画益笃，职是故也。"①

而这一年度遗老群体中有两大盛事，便是沈曾植的七十大寿与郑孝胥的六十寿诞，这在遗老界当然引发了一次诗词唱和。王国维写了《沈乙庵先生七十寿序》为之贺寿，起首云："我朝三百年间，学术三变：国初一变也，乾嘉一变也，道咸以降，一变也。"王国维继而对沈曾植大加赞誉："先生少年，固已尽通国初及乾嘉诸家之说，中年治辽金元三史，治四裔地理，又为道咸以降诸家之学，然一秉先正成法，无或逾越，其于人心世道之隆污，政事之利病，必穷其源委，似国初诸老，其视经史为独立之学，而益探其奥窔，拓其区宇，不让乾嘉诸先生，至于综揽百家，旁及二氏，一以治经史之法治之，则又为自来学者所未及，若夫缅想在昔，达观时变，有先知之哲，有不可解之情，知天而不任天，遗世而不忘世，为古圣哲之所感者，则仅以其一二见于诗歌，发为口说，言之不能以详，世所得而窥见者，其为学之方法而已。"②

王国维在此文中，尤其推崇沈曾植"其于人心世道之隆污，政事之利病，必穷其源委"，可见王国维在沪上，亦只有沈曾植一人可与论时事，王国维对沈曾植的推崇，与此不无关系，王国

① 《近代中国的文化危机：清遗老的精神世界》，第172页。

② 《沈曾植年谱长编》，第478页。

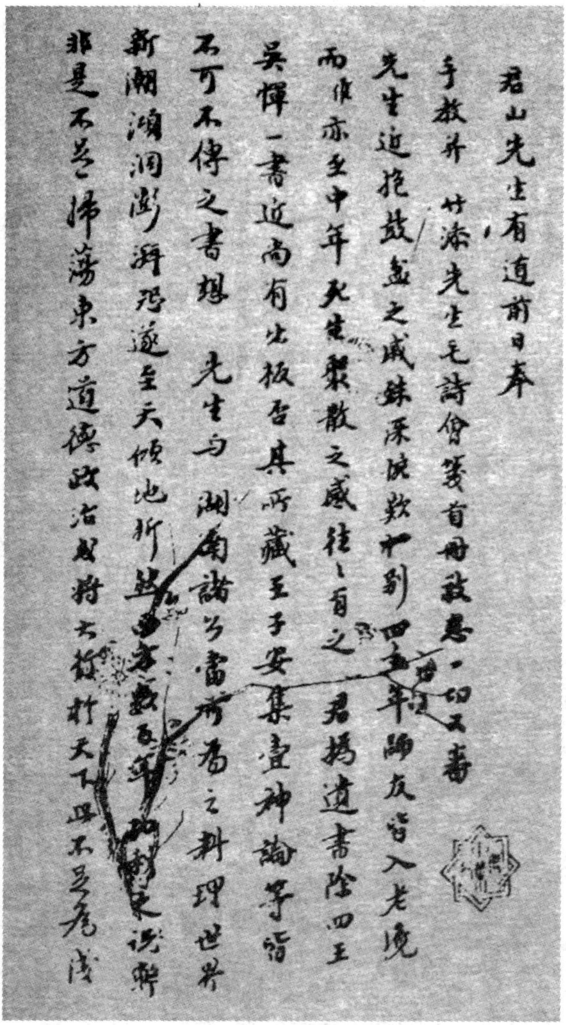
君山先生有道前日奉
手教并 竹添先生毛詩會箋首冊敬悉一切又審
先生近抱鼓盆之戚殊深悵歎[illegible]別四五年師友皆入老境
而弟亦至中年人生聚散之感往往有之 君撝遺書除四王
吳惲一書近尚有出板否其所藏王子安集壹神論等皆
不可不傳之書想 先生與 湖南諸公當有為之料理世界
新潮澒洞澎湃恐遂至天傾地折然[illegible]數百年[illegible]說將
非是不足拂蕩東方道德政治或將大從於天下此不足危淺

王国维致狩野直喜

维继而赞曰："趣博而旨约，识高而议平，其忧世之深，有过于龚魏，而择术之慎，不后于戴钱，学者得其片言，具其一体，犹足以名一家，立一说，其所以继承前哲者以此，其所以开创来学者亦以此，使后之学术变而不失其正鹄者，其必由先生之道矣。"[①]"择术之慎，不后于戴钱"，显然只是王国维的客套话。

不仅仅王国维为沈曾植贺寿，缪荃孙、郑孝胥等遗老也多半表达了祝贺，只是沈曾植深谙世故，拒绝了缪荃孙的贺礼。陈三立、陈夔龙等遗老纷纷写诗祝贺。樊增祥和王国维一样，写了寿序以表祝贺。[②]嘉兴同乡王甲荣亦携其子王蘧常前来贺寿，王甲荣同时还命王蘧常向沈曾植拜师，从其授业。[③]同时对沈曾植的寿辰表示祝贺的，还有上海的富商哈同，郑孝胥日记载，当时哈同将上海市新闸路的一处宅子借给了沈曾植居住，沈曾植迁居之后，以"鸳湖沈寓"题在门头。[④]

郑孝胥的生日也过得颇为隆重，生日前夕，他召集沈曾植、张元济、陈衍等名流来寓所海藏楼看樱花，随后郑孝胥还折了许多绿樱给沈曾植，沈曾植也写了诗为郑孝胥贺寿。据郑孝胥斯时的日记记载前来贺寿者有百余人，寿宴次日，郑孝胥出于礼貌，主动回访了沈曾植，以示尊重。[⑤]这一段时间，沈曾植和郑孝胥

---

① 《沈曾植年谱长编》，第 478 页。

② 同上，第 477 页。

③ 同上，第 478 页。

④ 同上，第 481 页。

⑤ 同上，第 479 页。

交情渐浓，常常同饮，也有诗词互相唱和。[①]

而这一年遗老缪荃孙病故，但是遗老圈对此并不关心，王国维和罗振玉书信中也未曾提及此事，联系到前文所述沈曾植拒绝缪荃孙贺礼之事，以及王国维罗振玉往来书信中对缪荃孙的恶评，遗老对此的漠视，也在情理之中。与此相反的是，梁鼎芬也在此后不久去世，梁鼎芬在沪上有私交者极少，但是由于梁鼎芬在辛亥革命之后之于清室的忠心，沈曾植主动出面为之公祭。[②]此种身后事的对比，颇可玩味。

① 《沈曾植年谱长编》，第482页。

② 同上，第484页。

第十八章

遗老与“五四”

第一节　王国维眼中的“五四”

王国维之关心时事，在一九一九年五四运动爆发时亦有显示，这一年六月，罗振玉从日本返回国内，在轮船上连日阅报，致信王国维谈及此事：“沪上因北京捕学生百余人，致罢市，扰乱可想。”时隔两日，又写一信，同样谈到上海变动的局势：“沪市开否？闻警队尽出，或不至大扰乱耶？”[①]

时隔四日，罗振玉再次写信给王国维，谈及世界局势和国内动荡，对内藤湖南对中国的批判大为不满：“湖南有文刊报纸上，斥中国已亡国。不知中国之亡，亡于辛亥之无君，不在今日之排日货也。继中国而亡者为谁？此辈亦可谓不能自见其睫者矣。”罗振玉还谈到了当时欧洲政局的变动：“欧洲罢市与我同时，英法伊社会党宣言，有全世界各国于三十六点钟内同时辍业语。

---

① 《罗振玉王国维往来书信》，第455页。

吁，可畏也！”①

龚鹏程曾经指出，罗振玉对内藤湖南一直持有保留意见，因其觉得内藤湖南有军方之背景，治中国学，内情并不单纯；其本人对中国之态度，他也不能苟同，所以曾经在致王国维的信函中称：“湖南昨夕启行，得意之至。然弟逆料，此行不过多见我邦耆宿数人，得古书数卷而归，政治调查，必无结果。然我耆宿果能为之开导，令彼渐觉悟平日所怀之背谬，亦大佳。”后来他又写信给王国维称：“内藤湖南想已到沪，闻至潍县陈氏看铜器。此君古雅如此，恐此行结果，不出弟所料。但望我诸老能灌输以新知识，变易其思想，未始无益。因彼邦元老及当道颇信其言论也。”②

六月十二日，上海罢市已经超过七日，王国维目睹当时的情况，在致罗振玉的信中说：“此间罢市已逾七日，今日有开市之说。此七日中名为罢市，然除南京路大店全闭门外，其余小店往往上排门数扇，小作交易，而食物店除菜馆外均开市如故。小菜场亦有蔬菜可买，故人心尚不至大恐慌。工界有一部分罢工，亦未普及，尚不至滋生大事端。然此七日中亦岌岌矣。”③

王国维一眼就看穿了内政之间隐藏的外交问题：“此次故有国际竞争，有政争，最可怕之社会运动恐亦有之。而在表面活动

① 《罗振玉王国维往来书信》，第456页。

② 参见龚鹏程：《罗振玉心迹新考——兼论与王国维的关系》，《中国文化》，2008年第2期。

③ 《罗振玉王国维往来书信》，第456页。

者皆为之利用，而不自知，以后利用此举者当接踵而起，则大乱将随之矣。有人自北来，言北京政象极险，军队欠饷数月，颇有异心，此次保定骚动已其发端。如危险思想传入军队，则全国已矣。”①

时隔九日，王国维再次致信罗振玉，谈及时局变动，口气极为急促：“前函所示，诚非此间所能揣度，然世界风潮不可不察。伦敦工党之所宣言，几欲步罗刹之后，如西洋三岛爆发，则东三岛与我神州必随其后。老树尚为之漂摇，况未生之萌蘖乎！”②信中已经准确地预计到了俄国革命的长久影响，同时对于第二次世界大战做出精准的预言。

五四运动甚嚣尘上之际，时任育才公学学生会副会长的王仲闻（王国维次子）因参加学生运动，被校方开除，此后其被推举为全国学生联合会出版社代表，而后又在离校学生所开办的免费学校中任高级班国文教员，对学生运动的参与，可谓不遗余力。③

被学校开除后，王仲闻在父亲的建议下决定次年考邮政，王国维在致罗振玉的信中提及此事：“次儿等学校事，因值孔子诞辰，学生要求放假一日，午后遂不往，因之斥退四人。表面如此，实际因夏间之学生会，次儿因资格被举为副会长，此次开除殆因此故。因开除此四人，遂闹罢课风潮，头班中自退学者共有

① 《罗振玉王国维往来书信》，第456~457页。

② 同上，第458页。

③ 此系王亮兄告知，另参见王仲闻撰、唐圭璋批注：《全宋词审稿笔记》，中华书局，2009年版。

六人。现退学者共结一自习会，次儿明年春定考邮政，三儿则尚须设法入学，明年或再入此校，或可允也。”①

第二节　剿灭过激党

王国维身处“五四”之中，目睹全国乱象，自然忧心忡忡，他对俄国布尔什维克心存敌意，也多半源于其对暴民的反感，他在一九一九年致信罗振玉再次谈及俄国布尔什维克：“俄过激党之祸，德、匈及葡、瑞诸国均受其影响，恐英、法、美诸国未必不洎渍其说，如此则欧洲文化富强不难于数年中灭绝。东方诸国受其祸，亦未必后于西洋。”②

王国维继而提到了自己写信给柯劭忞言及此事：“故昨致凤老一长函，请其说当局，于欧洲和会提出以国际联盟为剿灭过激党之神圣同盟，合世界之力以扑之。并谓变鲁至道，此为第一招。不知凤老能言否？言之能有效否？如此派得志，则世界末日至矣，遑论其他？此事并须怂恿新人言之，较有效力。欧美诸国默视其害而不为计，不知何故？”③

王国维此时病急乱投医，给柯劭忞写信不说，还写信给“十余年不通只字”的陆宗舆。陆宗舆早年与王国维之父王乃誉相识，与王国维也多少熟悉，但是两人交往显然不密切。王国维居

① 《王国维年谱长编》，第282页。

② 《罗振玉王国维往来书信》，第437页。

③ 同上，第437页。

然想到给陆宗舆写信，重申“剿灭过激党”一事：“细思此事关系至大，拟致函于十余年不通只字之陆宗舆，以利害言之。媾和使者非其人，未必能如吾辈意。然以当国者名义提出，当无不可。”①

罗振玉随后回信，对王国维表示高度赞同：“公与某书及敬仲书，具见救世热心，虽敬仲未必具此远识，何况逐逐者乎！然尊言则甚佩甚佩！此事但有常识者皆知之矣。在今日之常识程度，则谓之远识可也。”②

实际上王国维不止一次向柯劭忞言及时局，言及俄国革命，早在一九一七年底，他就曾经有长函致柯劭忞，而柯劭忞对此信非常重视，后来罗振玉记录下了此信的大致内容，录入《海宁王忠悫公遗书序》中：“已而俄国果覆亡，公以为祸终将及我，与北方某耆宿书言，观中国近状，恐以共和始，而以共产终。”③王国维在致罗振玉的另一封信中，亦曾提及此信：“前致敬仲书，已得其复……永书中有‘始于共和，终于共产’语，乃行文配衬之笔，而敬仲乃反复此语，将其他要言忘却，殆神明已衰矣。”④

---

① 《罗振玉王国维往来书信》，第437页。

② 同上，第441页。

③ 《王国维年谱长编》，第516页。

④ 《王国维学术研究论集》第一辑，第403页。

第三节　林纾的激烈反对

清遗老对于五四运动，基本上抱持反对态度，尤其是辜鸿铭和林纾，更是悲愤欲绝。斯时林纾在正德学校讲授伦理课，谈到伦理道德的废除，不禁失声痛哭。[①]后来便写下《续辨奸论》，对蔡元培、陈独秀等人大加贬低。而其对蔡元培大加抨击，和之前的旧怨不无关系："彼具其陶诞突盗之性，适生于乱世，无学术足以使人归仰，则嗾其死党，群力褒拔，拥之讲席，出其谩讀之言，侧媚无识之学子。礼别男女，彼则力溃其防，使之媟嫚为乐；学源经史，彼则盛言其旧，使之离叛于道；校严考试，彼则废置其事，使之遨放自如。少年苦检绳，今一一轶乎范围之外。而又坐享太学之名，孰则不起而拥戴之者？呜呼！吾国四千余年之文化教泽，彼乃以数年烬之。"[②]

对于陈独秀诸人在"五四"之后组织工人罢工，林纾也有看法："以太学举幡之众，下为徒手之小民，助其乞食，何其丑也？"他对现实越来越不满："乱亟矣！丧权丧地，丧天下之膏髓，尽实武人之嗛，均不足患。所患伦纪为斯人所败，行将侪于禽兽，滋可忧也。若云挟有旧仇宿憾，用是为抨击者，有上帝在！有公论在！"[③]

---

① 《林纾传》，第236页。

② 《林纾研究资料》，第94页。

③ 《林纾传》，第237页。

当时林纾还在《蠡叟丛谈》专栏里发表了一篇题为《某生》的小说，这篇小说以师生问答的形式表示自己对五四运动的看法，体现了林纾面对五四运动矛盾的心情：“今年五月，京畿学校以掊击国贼，悉罢课。余校中生徒三百余人，屹然山立不动。”接着他借与某生的对话深化自己的看法：“又七月三日，某生忽造余家。余曰：外间罢课，力争青岛，其有济乎？生曰：先生以为如何？余曰：是非义心所激耶？生曰：学生如新嫁娘耳。名曰保家，为时不岂早耶？余曰：既为人妇，则产为其产，家为其家。即贡忠款，亦复何碍？生曰：学生尚为处子，处子尚有父兄，宜秉礼自重，胡能强预人事？余笑曰：国事耳！今人恒言，天下兴亡，匹夫有责。学生为国复仇，即出位而言，心犹可谅。”[①]

王枫指出，对话双方其实都表达了林纾的立场，某生批评出位而言，对学生行为本身持有异议；辜鸿铭则强调心犹可谅，所谓以蠡、种为心。所以“五四”期间，林纾既约束生徒不要参与，也不曾对这场运动发表议论。毋宁说，他是同情参与者的举动的，所谓天下兴亡，匹夫有责，这符合林纾心中的价值标准。[②]

第四节 辜鸿铭与胡适的争论

据时在北大的罗家伦后来回忆，辜鸿铭对于“五四”颇有保留：“我们在教室里对辜先生是很尊重的，可是有一次，我把他

① 参见王枫：《五四运动前后的林纾》，《现代文学研究丛刊》，2000年第1期。

② 同上。

气坏了。这是正当五四运动的时候，辜先生在一个日本人办的《华北正报》（North China Standard）里写了一篇文章，大骂学生运动，说我们这般学生是暴徒，是野蛮。”①

这一言论当然惹恼了“五四”闯将，罗家伦称：“我看报之后受不住了，把这张报纸带进教室，质问辜先生道：“辜先生，你从前著的《春秋大义》（The Spirit of Chinese People）我们读了都很佩服，你既然讲春秋大义，你就应该知道春秋的主张是‘内中国而外夷狄’的，你现在在夷狄的报纸上发表文章骂我们中国学生，是何道理？”罗家伦指出，当时辜鸿铭反应非常激烈：“这一下把辜先生气得脸色发青，他很大的眼睛突出来了，一两分钟说不出话，最后站起来拿手敲着讲台说道：‘我当年连袁世凯都不怕，我还怕你？’这件事，现在想起来还觉得很有趣味。”②

而当时辜鸿铭还和新文化运动中的胡适颇有交集，两人明争暗斗，一时传为笑谈，胡适后来在《记辜鸿铭》一文中回忆：“辜鸿铭是向来反对我的主张的，曾经用英文在杂志上驳我；有一次，为了我在《每周评论》上写的一段短文，他竟对我说，要在法庭控告我。然而在见面时，他对我总很客气。”③

胡适在《每周评论》上登出一段随感录，对辜鸿铭的辫子大加评论：“现在的人看见辜鸿铭拖着辫子，谈着‘尊王大义’，一定以为他是向来顽固的。却不知当初辜鸿铭是最先剪辫子的人；

---

① 《中国人的精神》，第3页。

② 同上，第3页。

③ 林语堂著：《无所不谈》，陕西师范大学出版社，2008年版，第237页。

当他壮年时，衙门里拜万寿，他坐着不动。后来人家谈革命了，他才把辫子留起来。辛亥革命时，他的辫子还不曾养全，便戴着假发结的辫子，坐着马车乱跑，很出风头。这种心理很可研究。当初他是‘立异以为高’，如今竟是‘久假而不归’了。”①

文章发表的那天，胡适和辜鸿铭在一家饭店里相遇。而胡适恰好身边带了一份《每周评论》，便拿给辜鸿铭看。辜鸿铭看了一遍，告诉胡适这段记事不准确，胡适便向辜鸿铭道歉。但是随后报纸被跟辜鸿铭同桌吃饭的几位朋友看到，他们就说了一些挑拨的话，于是辜鸿铭对胡适说：“胡先生，你在报纸上诽谤了我，你要在报上正式向我道歉，若不道歉，我要向法庭控告你。”胡适笑道：“辜先生，你是开我玩笑，还是恐吓我？你要是恐吓我，请你先去告状，我要等法院判决了就向你正式道歉。”但是后来辜鸿铭一直没有实行他的恐吓，很久以后胡适再次见到辜鸿铭，和他玩笑道：“辜先生，你告我的状子进去了没有？”辜鸿铭正色说：“胡先生，我向来看得起你，可是你那段文章实在写得不好！”②

后来，胡适曾经和辜鸿铭在一起参加宴会，胡适事后有所记述：“民国十年十月十三夜，我的老同学王彦祖先生请法国汉学家戴弥微（Mon. Demieville）在他家中吃饭，陪客的有辜鸿铭先生，法国的 x 先生、徐墀先生，和我……这一晚，他先到了王家，两位法国客人也到了；我进来和他握手时，他对那两位外

---

① 《无所不谈》，第 241~242 页。

② 同上，第 242~244 页。

国客人说：‘Here comes my learned enemy。’大家都笑了。入座之后，戴弥微的左边是辜鸿铭，右边是徐墀。大家正在喝酒吃菜，忽然辜鸿铭用手在戴弥微的背上一拍，说：‘先生，你可要小心！’戴先生吓了一跳，问他为什么？他说：‘因为你坐在辜疯子和徐癫子的中间！’大家听了，哄堂大笑，因为大家都知道‘Cranky Hsu’和‘Crazy Ku’的两个绰号。”①

胡适接着拿辜鸿铭和张勋开玩笑：“一会儿，他对我说：‘去年张少轩（张勋）过生日，我送了他一副对子，上联是荷尽已无擎雨盖，下联是什么？’我当他是集句的对联，一时想不起好对句，只好问他：‘想不出好对句，你对的什么？’他说：‘下联是菊残犹有傲霜枝。’我也笑了。他又问：‘你懂得这副对子的意思吗？’我说：‘菊残犹有傲霜枝当然是张大帅和你老先生的辫子了。擎雨盖是什么呢？’他说：‘是清朝的大帽。’”②

---

① 《无所不谈》，第236~237页。

② 同上，第237页。

第十九章

学术地位的确立

第一节　胡适的瞩目

王国维在上世纪一〇年代末至二〇年代初，逐渐显示出在学术界不可动摇的地位，兹引用当年胡适的日记为证。一九二二年胡适在日记中写道："读王国维先生译的法国伯希和一文，为他加上标点。此文甚好。"随后的八月二十八日胡适在日记中写道："现今的中国学术界真凋敝零落极了。旧式学者只剩王国维、罗振玉、叶德辉、章炳麟四人；其次则半新半旧的过渡学者，也只有梁启超和我们几个人。内中章炳麟是在学术上已半僵化了，罗与叶没有条理系统，只有王国维最有希望。"①

林志宏也注意到，当时的学界对于王国维期许甚高，并援引当时目录学家伦明的评价，伦明说那时北京学术界正流传一句话："言国学者靡不曰王静安，几如言汉学者之尊郑康成，言宋

---

① 曹伯言编：《胡适日记全编》第三册，安徽教育出版社，2001年版，第775页。

学者之称朱子。”形容王的成就俨然执学界之牛耳。[1]胡适此时显然不可能忽略王国维的地位。

林志宏指出，晚年胡适曾经对秘书胡颂平撇清流言，说王国维在北京寓所距胡后面不远处，二人并非如人们谣传过从甚密，其实“只来过几次”，但这一传言至少说明了时人认为胡、王二人的私交颇密。[2]林志宏根据现存的资料推断，至少在一九二二年以前，胡适和王国维双方的交往不如传闻中热切。因为胡适给沈兼士的信里，谈及有关王国维翻译伯希和的文章时，态度方面极为谨慎即可略知。这封信的起因是由于胡对译文略有校勘，希望沈转寄与王氏审定，文末则提到两点，可以充分说明胡、王关系：首先，胡适言及自己亲为王文加以句读标点，望其校正；其次是由于胡不知王的地址，故劳烦沈代转。他的说明都还带有相当礼貌性的口吻，可知胡王两人互往尚不密切。[3]

但后来王国维入值南书房，胡适还曾经请他帮过小忙。孙中山的秘书杨杏佛给胡适打电话，询问内务府宝熙、绍英、耆龄、荣源四位先生的表字，胡适接到电话后，立即给王国维写信言及此事，可见王国维和胡适交往的日渐密切。[4]其实胡适已经在庄

---

① 参见林志宏：《我的朋友胡适之——1920 年代的胡适与清遗民》，《近代中国》，2008 年号。

② 同上。

③ 同上。

④ 马奔腾辑：《王国维未刊来往书信集》，清华大学出版社，2010 年版，第 52 页。

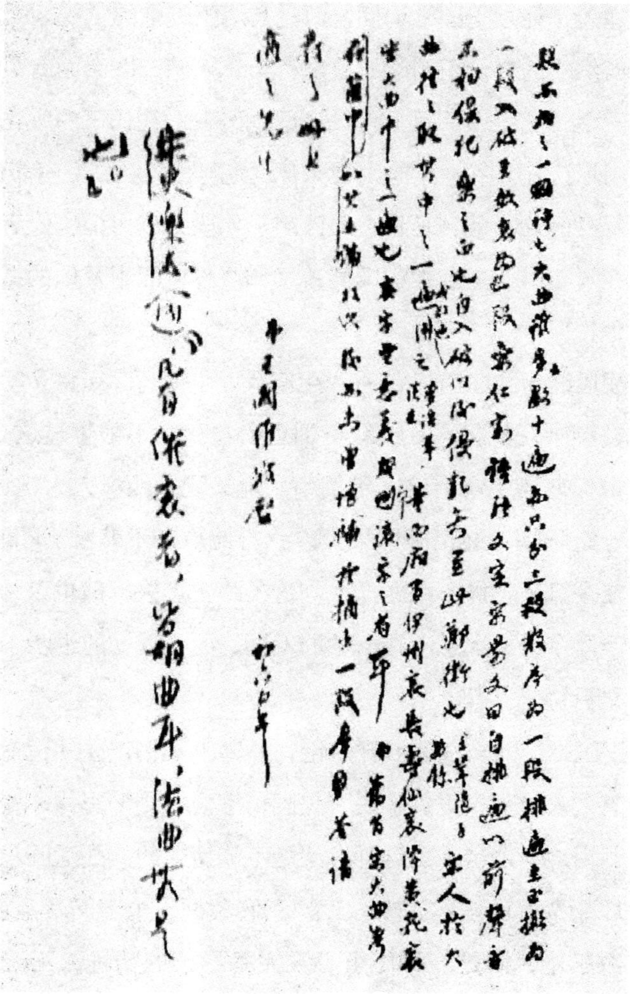

王国维致胡适

士敦的牵线下见过了溥仪，按道理说通过庄士敦更为方便，[①]但是胡适还是通过王国维询问，可见其对王国维的重视。

当然胡适对于王国维的尊敬，与二人的一次会面有关，据胡适在一九二三年十二月十六日日记中记载："往访王静庵先生（国维），谈了一点多钟。他说戴东原之哲学，他的弟子都不懂得，几乎及身而绝。此言是也。戴氏弟子如段玉裁可谓佼佼者了。然而他在《年谱》里恭维戴氏的古文和八股，而不及他的哲学，何其陋也！"[②]

胡适继而回忆道："静庵先生问我，小说《薛家将》写薛丁山弑父，樊梨花弑父，有没有特别意义？我竟不曾想过这个问题。希腊古代悲剧中常有这一类的事。他又说，西洋人太提倡欲望，过了一定限期，必至破坏毁灭。我对此事却不悲观。即使悲观，我们在今日势不能不跟西洋人向这条路上走去。他也以为然。我以为西洋今日之大患不在欲望的发展，而在理智的进步不曾赶上物质文明的进步。"[③]

王国维继而与胡适展开辩论，并举出实例，让胡适对王国维的印象大为改观。王国维说，美国一家公司制一影片，费钱六百万元，用地千余亩，说这种办法是不能持久的。胡适回应说，制一影片而费如许资本工夫，正如我们考据一个字而费几许精力，寻无数版本，同是一种作事必求完备尽善的精神，正无可厚非

---

① 参见《我的朋友胡适之——1920 年代的胡适与清遗民》。

② 《胡适日记全编》，第 131 页。

③ 同上，第 131 页。

也。①

这一面给胡适留下了深刻印象，以至于在晚年回忆起王国维，依旧念念不忘。一九六〇年十一月二十一日胡颂平问胡适："我从前听人家传说，先生住在北平的时候，梁任公先生来看先生，先生送至房门口为止；王静安先生来，先生送至大门口，不晓得这种传说是否可靠？"胡适回答说："没有这回事。我是住钟鼓寺，静安先生住在我的后面不远的地方，他只来过几次。任公先生就没有来过。他住在天津，我倒常去看他，吃饭，有时候打牌。这种对我的神话，外国也有很多，将来把它写出来才对。"胡适继而感慨："静安先生的样子真难看，不修边幅，再有小辫子；又不大会说话，所以很少出门，但他真用功。罗振玉就不同，身材高大，人又漂亮，又会说话，说起话来又有丰采，真漂亮！"②

时隔不久，胡适又与胡颂平谈起了王国维，说王国维也是一个绝顶聪明的人。"他少年时用德国叔本华的哲学来解释红楼梦，他后来的成就，完全是罗振玉给训练成功的。当然要靠他自己的天分和功力。"胡适接着问胡颂平："你见过静庵先生吗？"胡颂平答曰没见过，胡适说："他的人很丑，小辫子，样子很难看，但光读他的诗和词，以为他是个风流才子呢！"③可见晚年胡适

---

① 《胡适日记全编》，第131~132页。

② 胡颂平编：《胡适之先生晚年谈话录》，中国友谊出版公司，1993年版，第85页。

③ 同上，第111页。

追忆起王国维，感觉还是非常亲切。

第二节 北大的垂青

前文已经述及，北大也曾邀请王国维前去任教。王国维在致马衡的信中曾言："昨日张君嘉甫见访，交到手书并大学脩金二百元，阅之无甚惶悚。前者大学屡次相招，皆以事羁未能趋赴。今年又辱以研究科导师见委，自惟浅劣，本不敢应命。惟惧重拂诸公雅意，又私心以为此名誉职也，故敢函允。不谓大学雅意又予以束脩。窃以尊师本无常职，弟又在千里之外，丝毫不能有所贡献，无事而食，深所不安；况大学又在仰屋之际，任事诸公尚不能无所空匮，弟以何劳敢贪此赐，故已将脩金托交张君带还，伏祈代缴，并请以鄙意达当事诸公，实为至幸。"[①] 王国维亦提到刚刚由马衡介绍来见的顾颉刚和郑介石："郑君介石与顾君颉刚均已见过，二君皆沈静有学者气象，诚佳士也。"[②]

王国维随后给罗振玉写了一封信，亦提到此事："京师大学毕业生（现为助教）有郑介石者来见，其人为学尚有条理，又有顾颉刚者（亦助教）亦来，亦能用功，然其风气颇与日本之文学士略同，此亦自然之结果也。"信中亦言及北大聘请一事："大学竟送来两月薪水二百元，即令其人携归，并作书致叔平婉谢之，

① 《王国维全集·书信》，第 323 页。

② 同上，第 324 页。

仍许留名去实，不与决绝，保此一线关系，或有益也。”[①]

紧接着王国维又写信给马衡，表示了自己的感谢：“前日张嘉甫携交手书并大学脩金二百元，诸公词意殷拳，敢不暂存，惟受之滋愧耳。”又言：“研究科有章程否？研究生若干人？其研究事项想由诸生自行认定？弟于经、小学及秦汉以上事（就所知者）或能略备诸生顾问；至平生愿学事项，力有未暇者尚有数种，甚冀有人为之，异日当写出以备采择耳。《国学季刊》索文，弟有《五代监本考》一篇录出奉寄。”[②]可见王国维与北大的亲密互动。

王国维随后还给沈兼士写过一封信，信中提供了四项研究发题，其一为《诗》《书》中成语之研究，其二为古字母之研究，其三为古文学中联绵字之研究，其四为共和以前年代之研究。[③]王国维随后给马衡写信，告知已经寄去研究发题：“研究科研究题目已拟就四条，并复兼士先生一函，乞转交。现在大学是否有满蒙藏文讲座？此在我国所不可不设者。其次则东方古国文字学并关紧要。研究生有愿研究者，能资遣法德各国学之甚善，惟须择史学有根柢者乃可耳。此事兄何不建议，亦与古物学大有关系也。”[④]由王国维对于北大极为热情，可见其态度之转变。此外，他还对何之兼等研究生作了细心的指导，在致何之兼等人的信

① 《王国维全集·书信》，第325~326页。

② 同上，第327~328页。

③ 同上，第333~336页。

④ 同上，第336页。

中，王国维仔细回答了他们的提问。

第三节　日本的橄榄枝

还有一事可证明王国维在当时学术界的声誉，前文已经述及，欧战爆发前罗振玉获邀前往欧洲鉴定文物，而罗振玉请王国维同往，可见罗振玉之于王国维的重视。到了一九一八年，王国维在八月末致罗振玉的信中提及内藤湖南邀请其去日本教书："内藤博士有欲延维至大学之意，盖出于相慕之真意。渠于近数年，维所作之书无不读者，且时用维说，但虽有此意，亦未必能通过耳。"①

当时的日本学人来上海，很多方面也是王国维为他们引介，铃木虎雄在上海勾留了半年，王国维带他去拜见沈曾植，告辞的时候沈曾植送了一册文集给铃木虎雄，铃木虎雄读不懂，尤其是沈曾植诗文中所提及的人物别号，王国维为铃木虎雄一一讲解。此外铃木虎雄还准备去拜访词学大家朱祖谋，王国维为之介绍，但是铃木虎雄归期在即，所以与朱祖谋缘锵一面。②

当时的日本学者来华，如同八九十年代来华的学人求见钱锺书一样，纷纷以见到王国维为荣。新城新藏回忆，他去北京时，王国维已经在清华教书。新城专门去拜见了王国维，恰逢自己在

---

① 《罗振玉王国维往来书信》，第 408~409 页。

② 《追忆王国维》（增订本），第 304 页。

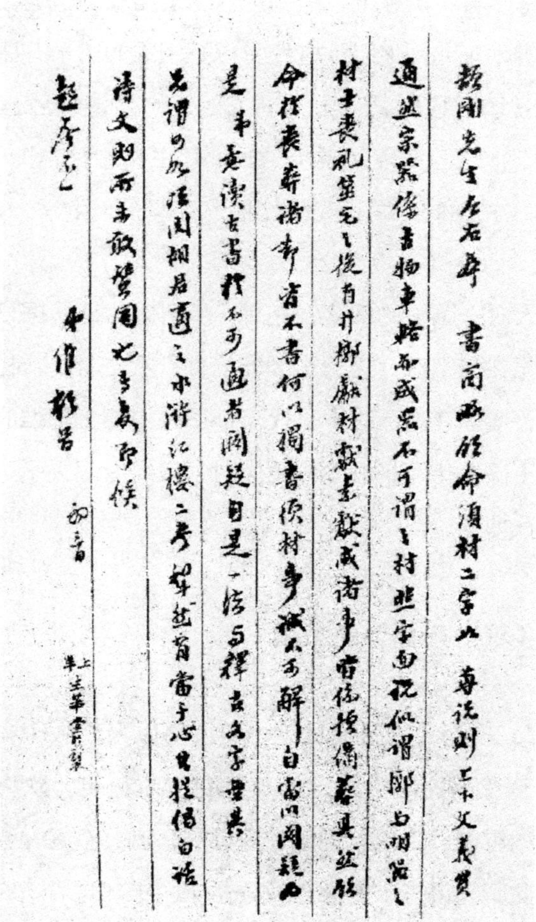

頡剛先生左右：奉書，商兩所命須材二字，如尊說則上下文義貫
通。盛宗器像書物車輅，而盛器不可謂之材，此字面確似謂椁與明器之
材。士喪禮筮宅之後有井椁、獻材、獻素、獻成諸事，當係據儀禮並取
命筮表奔諸節皆不書，何以獨書須材事，誠不可解，自當以闕疑為
是。弟意讀古書於不可通者闕疑，自是一法，與釋古文字無異。
尊謂如欲探闡胡君適之水滸、紅樓二考，辨甚當，于心甚佩。倡白話
詩文則尚未敢贊同也。專復，即候
起居不一　弟維頓首　初三日

王国维致顾颉刚

研究中国古代天文学史，王国维的论文对他启发极大。①

而日本学者，实际上也能够理解王国维身为遗老在民国微妙的处境。青木正儿回忆，他曾经觉得王国维的辫子有些滑稽，因为他知道王国维接触过西方的新文明，但是他最后还是能够理解王国维，他认为那发辫正是王国维“主义的标志”。青木正儿进而指出：“先生的头发是先生把信念、节义、幽愤一起编成的，很结实。”②

日本人对王国维的仰慕，还有一事可以佐证。据日本人新村出回忆，早在辛亥革命之后王国维流亡日本之时，新村出便和王国维认识，屡屡在书库之中见面。他后来得知王国维的著作总是署名海宁王国维撰写，后来去上海时，曾经专门去了王国维的故乡海宁看钱塘潮。③

第四节 《观堂集林》的出版

一九二三年，《观堂集林》由蒋汝藻以聚珍版印毕行世，王国维在致蒋汝藻的信中说：“敝集已见样本，更为欢喜。沪上欲赠书者，如雪老、古老、隘庵、孟劬等，均公至好，余亦不记有他人。惟此间需得三十五部方敷分送（内十部左右系客海外者），俱用普通本可也。其连史六开本，弟意欲乞二部，其一以进呈，

① 《追忆王国维》（增订本），第 300 页。

② 同上，第 311 页。

③ 同上，第 316~317 页。

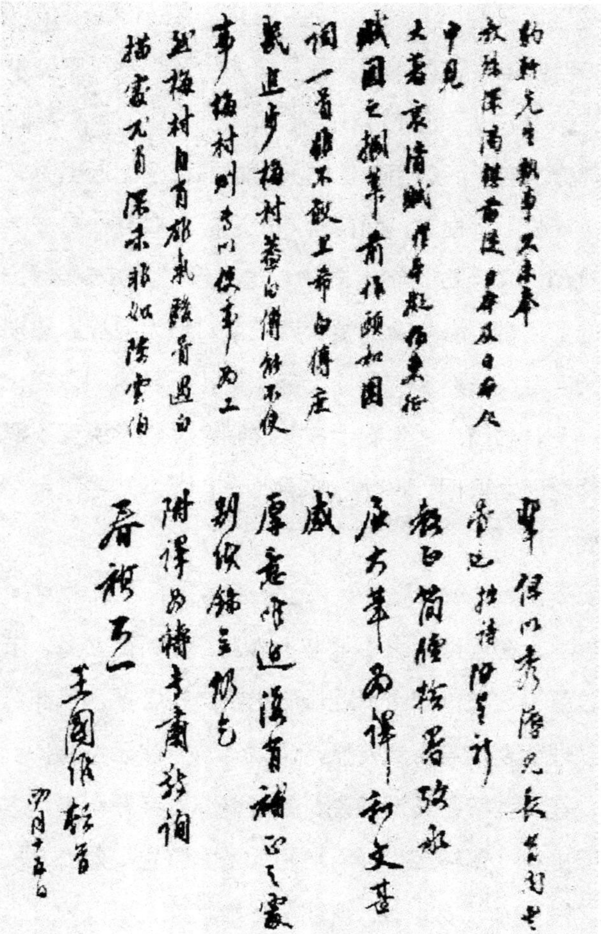

王国维致铃木虎雄

其一自留。种种拜惠，实非言语所能谢矣。”[①]

罗振玉为《观堂集林》作序，序言中说：“余谓徵君之学，于国朝二百余年中，最近歙县程易畴先生及吴县吴愙斋中丞。程君之书，以精识胜，而以目验辅之，其时古文字古器物尚未大出，故扃涂虽启，而运用未宏。吴君之书，全据近出之文字器物以立言，其源出于程君，而精博则逊之。徵君具程君之学识，步吴君之轨躅，又当古文字古器物大出之世，故其规橅大于程君，而精博过于吴君，海内新旧学者咸推重君书无异辞。然则余与君书，其又何言，虽然余交君二十有六年，于君学问之变化知之为最深。……君尝谓今之学者于古人之制度文物学说无不疑，独不肯自疑其立说之根据。呜呼，味君此言，可以知君二十年中学问变化之故矣。”[②]

蒋汝藻也为《观堂集林》写了一篇序言，序言中说：“窃谓君书才厚数寸，在近世诸家中著书不为多，然新得之多，未有如君者也。君新得之多，固由于近日所出新史料之多，然非君之学识则亦无以理董之。盖君于乾嘉诸儒之学术方法无不通，于古书无不贯串，其术甚精，其识甚锐，故能以旧史料释新史料，复以新史料释旧史料，辗转相生，所得乃如是之夥也。此书之成，余实任校勘之役，为君校此书，往往漏尽始就枕，顾以为一日之乐莫逾于此时者，此非余之私好，凡读君书者，意必与余有同况也。”

王国维本人对《观堂集林》的出版极为上心，曾经多次给蒋

① 《王国维全集》第十五卷，第737页。

② 《王国维年谱长编》，第362页。

汝藻写信请求寄书送人。他曾在致蒋汝藻信说："昨接快信，并《观堂集林》一部，敬悉一切。《集林》已略观一遍，误字虽发见数处，然比较尚不为多。世无不误之书，即此已为审慎矣。"[①]过了几天，又写信给蒋汝藻说："再《集林》一书，沪上须送者皆兄必送之人，故不必另送。惟送外国者，则送伯希和一部，请托巴黎公司转致。其余请便寄京师，约需三十五部，均用官堆纸者可也。"[②]

随后王国维写信给蒋汝藻，所商谈的还是赠送《观堂集林》一事："弟前索寄赠书，尚未知此书成本须如此之巨，今拟先择最要者赠送，大约有二十部可敷分赠，而以内廷同事最占多数也。名单列后，庶可无重复之虑。"在信中所列的人有："陈弢庵、朱艾卿、庄士敦、绍越千、耆寿民、宝瑞辰、荣钟权、袁珏生、朱聘文、杨子勤、景明九、温毅甫、升吉甫、徐森玉、今西龙（日人）、尉礼贤（德人）、伊凤阁（俄人）、柯凤生、金息侯。"[③]

此外王国维还曾经就销售问题写信给蒋汝藻，信中还提及了赠送此书给狩野直喜和内藤湖南："前日由仰先处送来《观堂集林》白纸十二部，官堆纸二十四部，已如数收到。内弟欲赠人者，约黄纸二十部，其余当再问富晋，如能以八折归帐，当即付伊出售也。售书者均喜定价及折头皆大，雪堂书中有售八折者，销数甚滞。请一问授经，不知伊书如何办法也。大学一处售数十

① 《王国维全集》第十五卷，第737页。

② 同上，第741页。

③ 同上，第742~743页。

部似非难事，日本似亦可销数十部。弟有二部寄日，一赠京都狩野大学长，一赠内藤教授，此二部便可作广告也。赠书之事累吾兄，感谢无尽。”①

过了一周左右，王国维致信内藤虎次郎，感谢其赠书，同时也送给了内藤虎次郎一部：“历次惠赠书籍，顷又蒙赐大著《宝左盦文》及十二长物影片，伏读一过，如亲晤对。先生大著作多以贵邦文字书之，若能将重要者译成汉文，都为一集，尤所盼祷也。上海友人蒋君孟苹为维印文集，时阅二年，顷方告成，谨以一部奉呈台教，又一部寄狩野先生处，未及作函，请晤时代为问好。”②

但是王国维此书当时的销售情况似乎并不大好，一九二四年三月他在致蒋汝藻的信中说：“《集林》共收五批，计仰先带来白纸十二部、官堆廿四部，兴业带来官堆十二部，与绫裱者一包，又十八部，诵清十八部，新之三十六部，共一百廿部。公函所云百五十六部者，殆初交范季美、黄溯初所带之三十六部（此批未到）计之，不知黄与钱新之所送来者是一是二，乞示为感。以上除弟送人官堆廿三部，又交大学廿五部（内白纸五部），另售白纸一部外，现存七十一部。而富晋不来取书，大学所售闻亦未到十部，北方疲销如此，不知南方如何？”③

① 《王国维全集》第十五卷，第742~743页。

② 《王国维年谱长编》，第362页。

③ 《王国维全集》第十五卷，第749~750页。

第二十章

遗老梁济之死

第一节　梁济之死的争议

一九一八年，遗老梁济自沉于北京净业湖，日后梁济之子、哲学家梁漱溟回忆，当时梁济快要过六十岁的生日，有一日出门，梁济问梁漱溟："这个世界会好吗？"当时梁漱溟回答："我相信世界是一天一天往好里去的。"梁济说："能好就好啊！"说罢离开了家，三天之后投水自尽。[①]

罗志田曾经指出，梁济自杀至少从时间上来看不合时宜，对很多中国人来说，一九一八年秋天是个可喜的季节，不少方面都给人以希望：比如当时文人总统徐世昌就职，带来对"文治"及和平的憧憬；欧战以协约国战胜而结束，中国也因参战而能分享"公理战胜强权"的喜悦。不少人乐观地以为人类新纪元从此开始，中国即将进入世界大同境界。但是就在很多人充满希望和憧

---

① 参见梁漱溟口述：《这个世界会好吗？》，东方出版中心，2006年版。

憬之时，前清京官梁济却看出了大问题，以自杀警示国人。[①]

而罗志田通过解读梁济的遗书，继而指出梁济之死，实为对于共和体制的失望，而且此前数十年，他的弃世早已经过了长时间的预备，同时也预测了世人的各种反应。而更为吊诡的是，梁济在清末曾经得到徐世昌的赏识，被徐世昌调入其主持的巡警部，但是就在徐世昌就任总统后一个月，梁济恰恰选择了自杀，表明了他对新总统的文治亦不抱太多的希望。[②]更有趣的是，梁济死前写好的遗书中，曾经花样翻新地抨击“新说”，他还假设了主张新说之人对他死后的各种反应，“有大骂者，如极端主新之陈君独秀，以及江沪间迷信革命而未平心观察事理者，皆不能不骂。”[③]

梁漱溟当时与长兄收录父亲的遗书，刊为一册，广为赠送。当梁济还只是北京城里一个普通官员时，因为多年来一直十分敬慕梁启超，曾数次写信给梁启超，请求一见，奈何人微言轻，梁启超没有回应，又曾送上纸张扇面敬求墨宝，还是如石沉大海，后来把这件事写入自己的《伏卵录》中。梁漱溟在编辑《桂林梁先生遗书》时，就将《伏卵录》先行送给梁启超看。梁启超看后十分感动和惭愧，就写信给梁漱溟请罪，自责当年对其父的怠慢。[④]

① 参见罗志田：《对共和体制的失望—— 梁济之死》，《近代史研究》，2006年第5期。

② 同上。

③ 同上。

④ 参见刘克敌：《梁漱溟与清华国学院四大导师》，见刘克敌著：《陈寅恪和他的同时代人》，文化艺术出版社，2006年版，第182~184页。

梁启超在信中写道："读报知巨川先生遗文已裒辑印布，正思驰书奉乞，顷承惠简先施，感喜不可言罄。读简后，更检《伏卵录》中一段敬读，乃知先生所以相期许者如此其厚，而启超之所以遇先生者，乃如彼其无状。今前事浑不省记，而断不敢有他辞自讳饰其非。一言蔽之，学不鞭辟近里，不能以至诚负天下之重，以致虚情慢士，日侪于流俗人而不自觉，岂唯昔者，今犹是也。"①

梁启超继而指出："自先生殉节后，启超在报中读遗言，感涕至不可仰，深自懊恨并世有此人，而我乃不获一见。岂知先生固尝辱教至四五，而我乃偃蹇自绝如此耶！《伏卵录》中相教之语虽不多，正如晦翁所谓一棒一条痕，一掴一掌血，其所以嘉惠启超者实至大。末数语，盖犹不以启超为不可教，终不忍绝之；先生德量益使我知勉矣！愿兄于春秋洁祀时，得间为我昭告，为言：启超没齿不敢忘先生之教，力求以先生之精神拯天下溺，斯即所以报先生也。遗书尚未全部精读，但此种俊伟坚卓的人格感化，吾敢信其片纸只字皆关世道。其效力即不见于今，亦必见于后。吾漱溟其益思所以继述而光大之，即先生固不死也！"②梁启超这些言辞，绝不仅仅是客套话。

---

① 梁漱溟著：《我生有涯愿无尽》，中国人民大学出版社，2004 年版，第 300 页。

② 同上，第 300~301 页。

第二节 新派人物的看法

当时的李大钊，也表达了对于梁济之死的高度关注，特在《北京的华严》这一短文中，专门谈了梁济自杀之事："北京有个净业湖，是梁巨川氏自杀的地方。不几天又有一位吴梓箴，也在那里自杀。我听得这般事情，就联想起那日本日光山上的'华严'泷。明治三十六年，有一位京都帝国大学生叫藤村操的，因为人生不可解，起了哲学上的怀疑，跑到瀑边，在树上题了'岩头之感'几个字，就投入那瀑的冷净的怀中了。从此日本青年，因为这件事的暗示模仿，你投入浅间山的喷火口，他死在富士山巅，他们的理由，都是厌世悲观，那投入'华严'的，更是不计其数了。把这个'华严'做成一个唯一的死所，人都叫他为'死之瀑'。这净业湖中的自杀者，若是联续不绝，净业湖也要成了'死之湖'，就是北京的'华严'了。我们把两处的自杀者比较起来，有的是青年，有的是老人，有的是为人生问题而死的，有的是为古人传说而死的。其间虽大不同，我说这种人对于他自己的生命，都比那醉生梦死的青年、历仕五朝的元老，还亲切的多呢！"①

而当时还是北大学生的傅斯年也对梁济之死有所评论，他的观点与李大钊颇为类似。傅斯年主要讨论了主义的问题，进而

---

① 《李大钊全集》第二卷，第 272 页。

指出:“人总要有主义的;没主义,便东风来了西倒,西风来了东倒,南风来了北倒,北风来了南倒……没主义的人,不配发议论。议论是非,判断取舍,总要照个标准。主义就是他的标准。去掉主义,什么做他的标准?”傅斯年继而将梁济与旧派人物归为一类:“任凭他是什么主义,只要有主义,就比没主义好。就是他的主义是辜汤生梁巨川张勋,都可以,总比见风倒的好。中国人所以这样没主义,仍然是心气薄弱的缘故。可叹这心气薄弱的中国人!”①

从前文所引可以看出,事情果然如梁济生前所料,他的死引发了巨大的争论,除却梁启超对于梁济之死有深切同情之外,在梁济遗书中被点了名字的陈独秀,也对梁济之死发表看法。陈独秀倒是没有对梁济的死说三道四,他将梁济的遗文节选刊登在《新青年》上,进而肯定梁济的言行一致,他认为:“梁先生自杀的宗旨,简单说一句,就是想用对清殉节的精神,来提倡中国的纲常名教,救济社会的堕落。”同时他明确指出:“新时代的人们不必学其舍生取义的做法,但应有他那种救济社会堕落的勇气和真诚纯洁的精神……况且他老先生已死,我们也不必过于辩论是非了。”但是毕竟梁济曾经在遗书中点到陈独秀的名字,所以陈显然要对此回应一下:“就是梁先生《敬告世人书》中,预料一般人对他死后的评论,把鄙人放在大骂之列。不知道梁先生的眼

---

① 欧阳哲生主编:《傅斯年全集》第一册,湖南教育出版社,2003年版,第146~147页。

中，主张革新的人，是一种什么浅薄小儿，实在是遗憾千万！”①

当时资格尚浅，不足以入梁济法眼的陶孟和也在《新青年》上发表文章，声称：“我仔细读了他的著作，觉得他的死是根本于两种错误的理想，那是不可不解释清楚的。”陶孟和继而指出这两种错误的理想之内容：其一为拿清朝当作国家，其二为以为自杀可以唤醒国人。②

第三节　梁漱溟的反驳

梁漱溟立即写了长信对陶孟和加以驳斥，信中首先对陈独秀表示感谢：“方才收到《新青年》六卷一号，看见你同陶孟和先生论我父亲自杀的事各一篇，我很感谢。”随后梁漱溟解释了原因：“因为凡是一件惹人注目的事，社会上对于他一定有许多思量感慨。当这用思兴感的时候，必不可无一种明确的议论来指导他们到一条正确的路上去，免得流于错误而不自觉。所以我很感谢你们作这种明确的议论。我今天写这信有两个意思：一个是我读孟和的论断似乎还欠明晰，要有所申论；一个是凡人的精神状况差不多都与他的思想有关系，要众人留意。”③

梁漱溟随后的笔端，不能不说含有悲愤之情：“诸君在今日

---

① 参见任建树编：《陈独秀著作选编》第一册，上海人民出版社，2009年版。

② 陶孟和著：《孟和文存》，上海书店，1996年影印版，第65~66页。

③ 参见梁漱溟：《梁漱溟先生致陈独秀书》，《新青年》，六卷四号。

被一般人指而目之为新思想家，哪里知道二十年前我父亲也是受人指而目之为新思想家的呀。”梁漱溟继而写道：“那时候人都毁骂郭筠仙（嵩焘）信洋人讲洋务。我父亲同他不相识，独排众论，极以他为然。又常亲近那最老的外交家许静山先生去访问世界大势，讨论什么亲俄亲英的问题。自己在日记上说：‘倘我本身不能出洋留学，一定节省出钱来叫我儿子出洋。万事可省，此事不可不办……’没有过人的精神，能行之于二十年前么？”①

梁漱溟还追忆了梁济和彭翼仲创办报纸启发民智时的艰难：“我父亲有兄弟交彭翼仲先生是北京城报界开天辟地的人，创办《启蒙画报》《京话日报》《中华报》等等。《启蒙画报》上边拿些浅近科学知识讲给人听，排斥迷信，恐怕是北京人与赛（science）先生相遇的第一次呢！北京人都叫他‘洋报’，没人过问，赔累不堪，几次绝望。我父亲典当了钱接济他，前后千余金。在那借钱折子上自己批道：‘我们为开化社会，就是把这钱赔干净了也甘心。’”②

但是梁漱溟也坦然地承认，晚年的梁济，已经和时代格格不入：“然而到了晚年，就是这五六年，除了合于从前自己主张的外，自己常很激烈的表示反对新人物新主张（于政治为尤然）。甚至把从前所主张的，如申张民权排斥迷信之类，有返回去的倾向。”梁漱溟同时指出：“不但我父亲如此，我的父执彭先生本是勇往不过的革新家，那一种破釜沉舟的气概，恐怕现在的革新家

---

① 参见《梁漱溟先生致陈独秀书》。

② 同上。

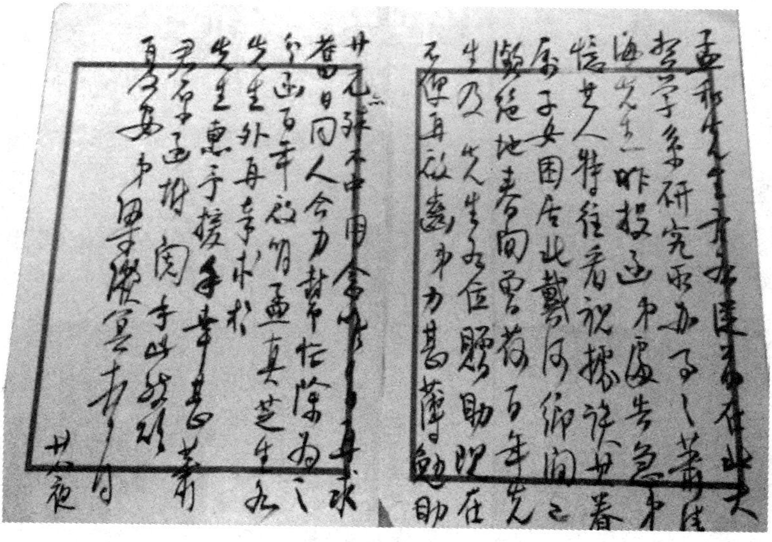

梁漱溟致陶孟和

未必能及，到现在他的思想也是陈旧的很。甚至也有那返回去的倾向。”①

第四节　胡适与徐志摩的议论

胡适看了梁漱溟的回信，对梁漱溟深感钦佩，在父亲死后不久，就能心平气和地用学理讨论父亲的自杀，显然非常人所能为之。胡适在《不老》一文中指出：“漱溟先生这封信，讨论他父亲巨川先生自杀的事，使人读了都很感动。后面一段论‘精神状况与思想有关系’一个问题，使我们知道巨川先生精神生活的变迁，使我们对于他老先生不能不发生一种诚恳的敬爱心。”②

胡适进而指出对梁漱溟信中“当四十岁时，人的精神充裕，摄取了知识，构成了思想，发动了志气，所以有那一番积极的作为。在那时代便是维新家了。到六十岁时……知识的摄取力先减了，思想的构成力也退了……于是乎就落后成为旧人物了”一语深表赞同，进而反问：“我们应该怎么预备做一个白头的新人物呢？”③

胡适写道：“我们应该早点预备下一些‘精神不老丹’方才可望做一个白头的新人物。这个‘精神不老丹’是什么呢？我说是永远可求得新知识新思想的门径。这种门径不外两条：一、养

---

① 参见《梁漱溟先生致陈独秀书》。

② 参见胡适：《不老——跋梁漱溟先生致陈独秀书》，《新青年》，六卷四号。

③ 同上。

成一种欢迎新思想的习惯，使新知识新思潮可以源源进来；二、极力提倡思想自由和言论自由，养成一种自由的空气，布下新思潮的种子，预备我们到了七八十岁时，也还有许多簇新的知识思想可以收积来做我们的精神培养品。”① 当时胡适的父亲刚刚去世，如此说法，自有深意存焉。

时隔七年，徐志摩接手《晨报副刊》，他重读了《桂林梁巨川先生遗书》，也对梁济的死表达了看法。他对陶孟和之于梁济的批评颇为不满：“例如梁巨川先生的自杀，甚至蔡先生的不合作，是精神性的行为，它的起源与所能发生的效果，决不是我们常识所能测量，更不是什么社会的或是科学的评价标准所能批判的。在我们一班信仰（你可以说迷信）精神生命的痴人，在我们还有寸土可守的日子，决不能让实利主义的重量完全压倒人的性灵的表现，更不能容忍某时代迷信（在中世是宗教，现代是科学）的黑影完全淹没了宇宙间不变的价值。”②

陶孟和立即给徐志摩回信，认为徐志摩“未免太挖苦社会学的看法”，同时他也稍微修正了之前对于梁济的批评，这一转变，显然是受了重读梁济遗书的影响：“我也重读了梁漱溟先生送给我的那部遗书。我这次读了巨川先生的《年谱》、《辛壬类稿》的跋语、《伏卵录》、《别竹辞花记》几种以后，我对于巨川先生坚强不拔的品格，谨慎廉洁的操行，忠于戚友的热诚，益加佩服。在现在一切事物都商业化的时代里，竟有巨川先生这样的人，实

① 参见《不老—— 跋梁漱溟先生致陈独秀书》。

② 《徐志摩全集》第二卷，第 187 页。

在是稀有的现象。我虽然十分的敬重巨川先生，我虽然希望自己还有旁人都能像巨川先生那样的律己，对于父母、家庭、朋友、国家或主义那样的忠诚，但是我总觉得自杀不应该是他老先生所采的办法。”①

陶孟和继而写道：“我也并不是根本的反对自杀，我承认各人有自杀的自由，但是如以改良社会，挽回世道人心或忠于一种主义、信仰，或精神的生命为志愿，便不应该自杀，因为自杀与这些志愿是相矛盾的。凡是志愿必须活着的人努力才有达到的希望，如巨川先生一生高洁的救世的行为尚不能唤起多人的注意与模仿，他老先生的一死会可以唤醒全世人吗？即使他老先生的自杀一时的可以警醒了许多人，那也不过是一般人一时的感情的表现，人类本能的爱惜生命的感情的表现，又于世道人心有什么关系呢？”②

徐志摩将此回信刊登在当时他主编的《晨报副刊》上，随后加了一则附言，对陶孟和的些许转变表示赞成：“陶先生大部分的见解都是我最同意的。活着努力，活着奋斗，陶先生这样说，我也这样说。我又不是个傻子，谁来提倡死了再去奋斗？——除非地下的世界与地上的世界同样的不完全。不，陶先生不要误会，我并不曾说自杀是‘改良社会，挽回世道人心’的一个合理办法。我只说梁巨川先生见到了这一点，使他不得不自杀；并且在他，这消极的手段的确表现了他的积极的目的；至于实际社会

① 《徐志摩全集》第二卷，第196页。

② 同上，第197~198页。

的效果，不但陶先生看不见，就我同情他自杀的一个也是一样的看不见。我的信仰，我也不怕陶先生与读者们笑话，我自认永远在虚无缥缈间。”[①]

① 《徐志摩全集》第二卷，第195页。

第二十一章

遗老的凋零

第一节　梁节庵之死

一九一九年十一月，遗老梁鼎芬去世，沪上的清代遗老三十余人设位公祭，王国维也参与其中，同时撰写了《赠太子少保特谥文忠梁公挽歌辞》三首以为祭奠，其一曰："海内论忠孝，无如髯绝伦。盛年忧国是，苦口出词臣。屡因屠鲸手，终休饰豕身。平生肝胆在，临老故轮囷。"其二曰："汉历中衰日，昌陵覆蒉余。敷天思复土，一老独驰书。奉檄豚鱼泣，程功象鸟俱。凄凉弘演意，千载为欷歔。"其三曰："来从鼎胡观，入直承明宫。任重忘衰疾，恩深饰始终。赠官如故事，诔德冠群公。臣意终何慕，西京溭仲翁。"①

王国维还曾经写了一封信给罗振玉，谈及梁鼎芬的善后事宜："梁宫傅身后事，其葬以前自出之内帑，公所虑者亦其家度日之资。昨与乙老言及，乙谓沪上与节老有交谊而又有力者唯刘

① 《王国维年谱长编》，第 287 页。

翰怡一人，余则鄂人在此者亦极少，此事京师及武昌鄂人必能为之计，以非巨款不能济也。一山则阅公函后无他语。翰怡与节老至厚，此事盖不待人言，或能出一二千元。此时至少总需万金，方能岁得伍百金之息。鄂人曾为之买宅，集众人之力当能为之。看来沪上不能集有大数也。此间于二十四日公祭节老，由乙老发起，共十四人，凡与节老有旧者均可往拜也。”[①]

缪荃孙在此不久后病逝，由于缪荃孙在辛亥革命之后曾任清史馆总纂，为遗老所不齿。缪荃孙身后凄凉，王国维念及旧情，写了挽联哀悼：“朴学抱经传，钟山龙城，更喜百年开讲席；著录平津亚，图书金石，尚留二志重文林。”[②]挽联看不出任何哀伤之情，可见王国维对缪荃孙态度的保留。

由梁鼎芬和缪荃孙死后之对比，可见清遗老之于气节之看重。有趣的是，次年出版的《清史稿》中梁鼎芬的传记，恰恰表彰了梁鼎芬之刚正不阿：“法越事亟，疏劾北洋大臣李鸿章，不报。旋又追论妄劾，交部严议，降五级调用。”[③]

但是梁鼎芬依然不懂得为官之道，继续弹劾实权派：“三十二年，入觐，面劾庆亲王奕劻通赇贿，请月给银三万两以养其廉。又劾直隶总督袁世凯‘权谋迈众，城府阻深，能陷人又能用人，自得奕劻之助，其权威遂为我朝二百年来满、汉疆臣所未有，引用私党，布满要津。我皇太后、皇上或未尽知，臣但有一

---

① 《王国维年谱长编》，第292页。

② 同上，第293页。

③ 赵尔巽等撰:《清史稿》第四十二册，中华书局，1977年版，第12822页。

日之官，即尽一日之心。言尽有泪，泪尽有血。奕劻、世凯若仍不悛，臣当随时奏劾，以报天恩’。诏诃责，引疾乞退。”①

但梁鼎芬对于清室依然忠心耿耿，可见遗老之于梁鼎芬的褒奖，并非毫无来由：“两宫升遐，奔赴哭临，越日即行，时之洞在枢垣，不一往谒也。明年，闻之洞丧，亲送葬南皮。及武昌事起，再入都，用直隶总督陈夔龙荐，以三品京堂候补。旋奉广东宣慰使之命，粤中已大乱，道梗不得达，遂病呕血。两至梁格庄叩谒景皇帝暂安之殿，露宿寝殿旁，瞻仰流涕。及孝定景皇后升遐，奉安崇陵，恭送如礼，自原留守陵寝，遂命管理崇陵种树事。旋命在毓庆宫行走。丁巳复辟，已卧病，强起周旋。事变忧甚，逾年卒，谥文忠。”②

第二节　劳乃宣之死

时隔半年，劳乃宣病逝青岛，王国维曾经写信给蒋孟苹谈及代作劳乃宣挽联之事：“昨晚谈甚快，挽劳玉老联拟就，请酌之。”挽联写道：“五岳岱宗高，尚有劳山峙东海；百朋天锡厚，不须皋羽恸西台。”同日又将下联改为“九重归赗厚，不须皋父恸西台”。③

《清史稿》记载，劳乃宣是同治十年进士，义和团运动爆发

---

① 《清史稿》第四十二册，第12822~12823页。

② 同上，第12823页。

③ 《王国维年谱长编》，第315页。

时，曾经竭力加以阻止。后来曾应召为京师大学堂总监督，兼署部副大臣。清帝逊位之后，劳乃宣隐居涞水。当时士大夫多流寓青岛，德国人尉礼贤成立尊孔文社，延请劳乃宣主持，著《共和正解》。《清史稿》同时指出：张勋复辟时，授劳乃宣法部尚书，劳乃宣时居曲阜，以衰老辞谢。[①]

萧文立指出，辛亥革命时，劳乃宣曾经撰《共和正解》刊诸报章，力主绝不可行民主政体。甲寅袁世凯预谋称帝，劳乃宣又发表《续共和正解》、《君主民主平议》主张复辟清室，并托徐世昌转达袁世凯，且合三文印行千本，广为散发，但是三文都未能洞悉袁世凯之本心。[②]

但张勋复辟之时，劳乃宣确实没有参与，谣传劳乃宣曾在讨逆军将攻入京城之时誓死不去，后人口耳相传，坐实了劳的罪名，萧文立曾经指出谣言之来源，当时的报章曾经三刊漫画，说劳入都叩贺万寿，请与德国联姻以图复辟，画一人伏案而睡，梦西国帝王抱冲人而坐，劳补服立侧，案上一纸书复辟字，题曰徒劳梦想，而徒字双钩，劳以为均欲见谤而反以见重，感叹报馆意识之陋，作诗以纪，诗中有云："无功莫漫笑徒劳，华衮真成一字褒。精卫口瘏终奋翼，杜鹃血尽尚哀号。"但劳乃宣也在诗中承认自己乃是"孤臣"，同时指责报章"矗言构出空中想，幻影摹来物外形"。[③]

---

① 《清史稿》第四十二册，第 12825 页。

② 参见萧文立：《朴斋文初集》，中国文化教育出版社，2009 年版。

③ 同上。

劳乃宣死后，王国维还同时为其他遗老筹款，安置后人。王国维在一九二二年三月曾经写信给罗振玉，信中言及筹款赡养陈松山家属一事："陈松老事庸庵处已募得五百元，因松老之子有信去催，庸庵即自行汇出，恐即汇其家，未必汇凤老处。然公前致维之书，庸庵非不见也，请公一注意可耳。此外翰怡百元已送乙老处，菊笙三十元未收，苏龛尚有数十元，孟苹允转募，或可稍多，然其所欲募之贵州银行家朱晓南已为庸庵所募矣，恐亦不能多也。"①

王国维随后也曾经写信告知罗振玉募款情况："此次孟苹出力，全因乙老一言与公一函，公将来可作书谢之，或赠以篆隶楹帖，则更喜也。"② 罗振玉回信表示："孟苹兄为陈黄门事尽力，至可佩，祈先代致歉意，随后函谢。"③

第三节 沈曾植之死

是年十一月二十一日，沈曾植以七十三岁的年纪，病逝于上海寓所，王国维大为悲痛，挽联可为证明："是大诗人，是大学人，是更大哲人，四昭炯心光，岂谓微言绝今日；为家孝子，为国纯臣，为世界先觉，一哀感知己，要为天下哭先生。"④ 其中虽

---

① 《王国维年谱长编》，第 325 页。

② 《罗振玉王国维往来书信》，第 529 页。

③ 同上，第 531 页。

④ 《王国维年谱长编》，第 347 页。

然有过誉的成分，却体现了王国维对于沈曾植的重视。

赵万里曾经指出，王国维与沈曾植的关系非同一般：“先生自海外归国后，与沈先生过从甚密。沈先生寓居新闸路，与先生寓所距甚近。沈先生每见一书画或金石墨本，必招先生往，相与商榷。沈先生笃老不著书，惟以吟咏自娱，故常与先生相唱酬。先生每成一文，必先以质沈先生。后先生治西北地理及元史学，似受沈先生相当之影响也。”①

王国维专门为沈曾植身后事写信与罗振玉商量：“乙老遗疏，本朱戟臣来述慈护意，属撰一稿。嗣陈仁先自杭来吊，遂以自任。”又言：“其遗著成书尚少，而书眉及废纸所记颇可纂辑，意尚可得数卷。此事维当任之。”②可见王国维对于沈曾植的身后事尽心竭力。

但是沈曾植和王国维之间的交往并非一帆风顺，两人也曾经有过摩擦，李洪岩曾经指出，一九一八年底，当时沈曾植将一些贵州汉刻资料交王国维审阅，以便拿去翻印，王读后发现全是赝品，便交给喜欢翻印这些东西的好朋友邹安，邹安认为是赝品便退还给王国维，王国维于是又把这些东西交还给沈，沈十分不满，后来两人聊到两位日本汉学家，沈便话中带刺地影射说：“日本人尚知敬重老辈，今中国北京已非昔比，上海人则更骄，如汉刻一事，彼辈竟断定为伪。余因知上海评价书画皆由掮客把持，学术亦由一种人把持内，学术上之物非由彼辈出者，皆斥为伪

① 《王国维年谱长编》，第347页。

② 同上，第348页。

也。”[①]

王国维当面不好发作，只好给罗振玉写信倾诉。信中还谈到了沈曾植的另外三件事情，可见其对沈曾植有所不满，其一为沈曾植给王国维的《浙江通志》编纂一职地位太低；其二为当时王国维还在哈园任职，修《浙江通志》乃是兼职，沈曾植对此颇为不满；其三便是北大聘请之事，沈曾植认为王国维应该去，但是王国维并未听从沈曾植的劝告。更让王国维气恼的是，王国维找沈曾植为其著作写序，沈曾植念及旧怨，居然将王国维之手稿遗失，王国维对此大为不满，写信给罗振玉斥责沈曾植精神异常。[②]

但是王国维随后在沈曾植七十大寿所写的寿序对沈曾植的褒扬以及在沈曾植身后为沈曾植所作的一切，可见王国维之胸怀，事实上王国维对沈曾植并没有失礼之处，反倒是沈曾植极为自私。沈曾植参与张勋复辟之时，处处想隐瞒王国维，以便自己从中渔利。

王国维对沈曾植如此以德报怨，对张勋更是如此，溥仪出宫之后，他曾经受命为去世的张勋撰写墓志铭，但是似乎没有被采用。陈鸿祥指出，这其中情况复杂，牵涉到了小朝廷之间的内斗，王国维在此之后，实际上对小朝廷已经心灰意冷，所以当清华对他发出邀请后，虽然曾经婉拒，但是最后还是为吴宓所感动，到清华任教。[③]

---

① 参见李洪岩：《王国维开罪沈曾植》，《中华读书报》，2007 年 9 月 5 日。

② 同上。

③ 《王国维全传》，第 518 页。

第四节　溥仪大婚

王国维不但对遗老极为关心，对于清室更是时刻挂念，一九二二年四月王国维给罗振玉的信中，曾经提及皇室财产的清理问题："近闻内廷有旨召李季皋，欲令清理皇室财产，此事自不可缓，优待费万靠不住，季皋操守甚好，于财产事极有经验，然亦须现政府中人相助，则清理庄田等事方有效力。现在诸人中，惟王怀庆可以任此，或亦尚肯担任，又须在鼎臣任期内为之较好。鼎臣故不足言，然他人尤非鼎臣比也。公盍与凤老等熟计之。"[①]同年八月，溥仪大婚，王国维致信罗振玉谈及贺礼之事："大婚报效一事，翰怡处曾集得万元，他处恐无继者，闻有合数处人办小贡物之说，不知成事实否？"[②]

据溥仪回忆，当时的大婚引起社会上极大的反感，原因是小朝廷在一度复辟之后，又公然到紫禁城外边摆起了威风。在民国的大批军警放哨布岗和护卫之下，清宫仪仗耀武扬威地在北京街道上摆来摆去。正式婚礼举行那天，在民国的两班军乐队后面，是一对穿着蟒袍补褂的册封正副使，在他们后面跟随着民国的军乐队和陆军马队、员警马队、保安队马队。再后面则是龙凤旗伞、鸾驾仪仗七十二副，黄亭（内有皇后的金宝礼服）四架，宫

① 《罗振玉王国维往来书信》，第 529~530 页。

② 《王国维年谱长编》，第 336 页。

灯三十对，浩浩荡荡，向“后邸”进发。[①]

溥仪晚年自述颇为得意，他说当时民国头面人物的厚礼颇引人注目，总统黎元洪和前总统徐世昌都送了许多贵重的礼物，张作霖、吴佩孚、张勋、曹锟等军阀、政客也赠送了现款和许多别的礼物。尤其值得注意的是总统府侍从武官长荫昌，以对外国君主之礼正式祝贺。他向溥仪鞠躬以后，忽然宣布“刚才那是代表民国的，现在奴才自己给皇上行礼”，说罢跪在地下磕起头来。[②]

可以想见，当时的状况是多么的热闹，许多地方的遗老们更是不甘人后，争先带来各式贺礼，溥仪敏感地意识到了问题：“重要的还不是财物，而是声势，这个声势大得连他们自己也出乎意外，以致又觉得事情像是大有可为的样子。”溥仪进而指出：“最令王公大臣、遗老遗少以及太妃们大为兴奋的，是东交民巷来的客人们。这是辛亥以后紫禁城中第一次出现外国官方人员。虽然说他们是以私人身分来的，但毕竟是外国官员。”[③]

① 《我的前半生》，第 97 页。

② 同上，第 97 页。

③ 同上，第 98 页。

第二十二章

入值南书房

第一节　南书房行走

一九二三年四月，王国维在升允的推荐下，被溥仪命为南书房行走，同时被命者有杨钟羲、温肃和景方昶。消息传出，海内友朋纷纷表示祝贺，当时和王国维并不相识的唐兰，立即具函向王国维请教《吕氏春秋》、方言等有关问题，王氏复信给予了回答。[①]

当时的遗老对此也是欢呼雀跃，金蓉镜连忙写信给王国维，催促王国维早日北上："前得修老函，知荣拜内直，喜跃万分。非特欣吾浙有人，亦见国势将转。何日北行，颇拟走谈。本朝高江村、王渔阳皆外迁特擢，公能继之，亦职官志中一重佳话也。"[②]

王国维当即给罗振玉写了封信，表示了自己的受宠若惊："南斋之命，惶悚无地。"随后又写信告知相关情况："昨奉赐书，敬

---

① 《王国维年谱长编》，第 363 页。

② 《王国维未刊来往书信集》，第 220 页。

悉一是。前日息侯致一山书，属维与子勤入都，可暂寓伊处。维颇虑大学中人出为照料，致多不便，若舍馆一定，则一切可以婉谢，故颇思以暂在息侯处下榻为宜。书籍拟携七八箱，拟交转运公司运京。维与子勤约于下月上旬北行，或先后一二日。”①

王国维到京之后，宴请不断，他在致蒋汝藻的信说：“弟感冒二日，上船即愈，于十三日到津，十六日入都，二十日觐见即到差。现在不必每日入直，俟四人到齐再定入直办法。入都后即住金君息侯处，现正在觅屋，俟觅得后即拟迁入，方可照常作事。”②

王国维到京后，去了一次天津，于罗振玉处借阅王石臞先生《释大》及《方言疏证》稿，手自录副藏之。王氏手稿中，有《周秦合韵谱》，与金坛段氏《六书音韵表》例同，中采《穆天子传》、《逸周书》、《战国策》诸书，又有《西汉合韵谱》，中采《尚书大传》、《韩诗外传》、《春秋繁露》诸书。王国维疑其未能遍辑，容或有遗漏，乃自八月一日起，重读《外传》、《繁露》及《逸周书》、《山海经》等书一遍，凡遇有韵书皆集之。又在王氏遗稿中，发现有《谐声谱》二册，乃以古音二十一部谱《说文》诸字，稿亦残缺。乃重草《说文谐声谱》一卷，以补王氏之阙。③可见王国维终究还是一介学人，丝毫没有逾越本分。

---

① 《王国维全集》第十五卷，第543页。

② 同上，第717页。

③ 《王国维年谱长编》，第369页。

第二节 兢兢业业

但是王国维对宫中之事还是颇为上心，七月一日他曾为宫中失火等事致函王文焘："宫中失火，为近年未见之灾变，由皇上发见，乃以电话唤内府大臣，比到始得开门施救，共焚去建福宫及中正殿佛楼，共百余间。闻圣上躬自指挥施救，后庄师傅到，唤取意使馆新式救火机，并伐去松树，乃得扑灭。此次建福宫所藏书画，因检理故，已经取出，而陈设施亦稍抢出，然损失实不赀，即以建筑论，乃明代旧物，近更无由再建矣。主上英明，外间所传（殊如容甫之言为甚）颇非事实，但有君无臣，此为可惜。"①

王国维的忠心耿耿，得到了溥仪的认可，随后不久便得到溥仪手谕，加恩赏给五品衔，并赏食五品俸。王国维在致罗振玉的信中谈及入值诸事，可见帝王赏识之下亦有隐忧："南斋入值办法，前日晤紫阳（指朱益藩），紫阳已发表意见，不以分书为然，但以每人所长者上闻，由上随意发问，即亦闲谈一切，亦无不可。盖即以此意定局也。上体小有不适，系肝家不和，故尚须数日后请旨，恐入值亦须略迟十日耳。"②

王国维还曾经致书蒋汝藻谈及接家眷来京："敝眷仍拟令于七月杪入都，因两处开销终非久局，而现在局势亦不能过图稳便

① 《王国维年谱长编》，第369页。

② 同上，第372~373页。

故也。此次如有战争，必在东北或南方，京师不至当其冲。至于欠饷过多，或有变故，似尚不至波及措大。兄函所谓居京师之人不甚介意者，实有此心理也。”①

溥仪对王国维也颇为重视，王国维对此铭记于心。溥仪曾经指派王国维“清查景阳宫等处书籍”。②随后又特许王国维可在紫禁城内骑马。③后来罗振玉也入值南书房，王国维还曾经奉命与罗振玉一起监察大内彝器。④

第三节　小朝廷内斗

但是小朝廷同样有着内斗，王国维曾经连发两信向罗振玉报告相关情况，并流露出对庄士敦极大的不满：“此次赴园，亦通知当事，彼即派人保卫，实亦监察，至园乘船赴玉泉，又乘自行车，行从者皆不能及，随者惟庄而已。椒涂与唐叔（溥杰）亦往，楫步行二三十里而不能近前，心亦甚以为危。总之，不去庆父，鲁难未已。然如之何去之，须筹一善法也。”⑤

王国维对溥仪学骑自行车也有担心：“今晨内直，见朱珰（朱义方，南书房太监）又泣，谓欲求退，又谓事由于庄，而庄得头差则由李愿（李鸿章之子李经迈），而楫犹谓昨事庄初不与闻，

① 《王国维年谱长编》，第375页。

② 同上，第380页。

③ 同上，第390页。

④ 同上，第410页。

⑤ 同上，第392~393页。

恐为其所蒙蔽矣。昨日内中又将各门木槛尽行截去，门阶本稍高，则铺以土坡，欲以习练自行车，此种用意亦可窥见。朱玿与维行至乾清阶间，指示阶石一块，长至一间屋，喟然太息，言外有无限之意。大约此辈亦已有所闻，至此不必责高密（郑孝胥）诸人，不能不归咎螺江（陈宝琛）矣。”[①]

罗振玉当时还未入值，由于其在晚清并无功名，所以很难引起溥仪的注意，因此请王国维代为进言，王国维回信与罗振玉商量：“顷别后回家，细读尊文，并思立言之法，因思前次尊文由维代缮，手续本不甚妥，而螺江自来敝处，又令楫先传语，谆谆以不须再说相属（且上已指出造谣之人，维不能以不知为解），若此文再由维缮，则或以维借名相污蔑亦不可料（此文亦因之失效）。故将尊文与维所拟一稿令冯友送呈，请与素师一酌，或用其一，或参合用之，即由叔炳兄一缮封固，交维代递，似于手续较备。折纸二份并附上，缮后可令冯友带回，则初四日即可上矣。敝屣一层叙入不易，因事关骨肉尤难表之，文字亦须斟酌尽善，我辈作事究不能如日碑辈之草草也。节赏已下，明晨须入内谢恩。”又说：“此事秘甚，上意决不愿多人知之，或由素师一人具名，由维与二公一商，由渠暗中递入，更为妥善，亦希酌之。”[②]

王国维也对宫廷之间的争斗颇为反感，他在致蒋汝藻的信中曾经谈及：“顷皇室颇多事，海藏办事卤莽灭裂，与前此之因循腐败者正各趋一极端，可虑之至。此数月中心绪至为不安，然

① 《王国维年谱长编》，第 393 页。

② 同上，第 396 页。

无补救之法，如何？如何？前此检书，三日一值，至午后二时始出。自本月起检书事毕，改为七日一值，正午即出。弟值日正值星期，此外非有他事不入也。”①

宫廷斗争加上自己上书溥仪没有获得回应，王国维颇为不满，曾经在致罗振玉的信言及：“上公（承恩公荣源）屡谓观，太真由渠屡称。其人故有新命，若以此笼致观者，亦岂不可笑耶。观之欲请假者，一则因前文未遂，愧对师友；二则因此恶浊界中机械太多，一切公心在彼视之尽变为私意，亦无从言报称，譬如禁御设馆一事近亦不能言，言之又变为公之设计矣。得请之后，拟仍居辇毂，闭门授徒以自给，亦不应学校之请，则心安理得矣。”②

第四节　两封奏折

王国维曾经上书溥仪，请溥仪筹建皇室博物馆，此举亦有罗振玉策动，王国维在奏折起首写道：“窃自辛亥以后，人民涂炭，邦域分崩，救民之望非皇上莫属，而非置宫廷于万全之地无以安圣躬，非置圣躬于万全之地无以救天下，此不独臣子之于君父必首计及此，即为天下苍生计，亦不能不先图其本者也。”③

王国维继而亮明真实意图，请求其打消出国念头：“近者颇有人主张游历之说，臣深知其不妥。何者？刍秣之资未易筹措，

① 《王国维全集》第十五卷，第754页。

② 《罗振玉王国维往来书信》，第626页。

③ 《王国维年谱长编》，第401页。

疏附先后奔走御侮之才未易取求；且皇上一出国门，则宗庙宫室，民国不待占而自占，位号不待削而自削，宫中重器拱手而让之民国，未有所得而全尽失，是使皇上有去之日无归之年也。又欧洲经济之紊乱，工资之激争，日甚一日，爆发而成大乱之日不远，是欲避祸而反速祸也。故臣以为游历之事，有百害而无一利。”①

王国维继而笔锋一转，提出了将故宫办成皇室博物馆的建议：“今有一策，有保安皇室之利而无其害者，臣愚以为莫若开放禁城离宫之一部为皇室博物馆，而以内府所藏之古器、书画陈列其中，使中外人民皆得观览，如此则紫禁城之内，民国所辖地面，既有文渊阁之四库全书，文华、武英诸殿之古器书画，皆我皇室之重器，而皇室所辖地面，复有皇室博物馆陈列内府之重器，是禁城一隅实为全国古今文化之所萃，即与世界文化有至大之关系，一旦京师有事，万国皆有保卫之责。”②

王国维继而举出日本的例子说服溥仪：“夫日本岁掷庚子赔款四百万以经营东方文化事业，既成事实矣，英法诸国行且继之，彼于散逸之文物，犹不惜巨款以搜集之，岂于固有之文物有事之时，乃惜千百之兵力而不加以保卫？”王国维继而写道：“皇上如以事为可行，可遣人先与英日二使接洽，如得其赞助，即下明诏以建立皇室博物馆事宣告中外，一面指定地点，先设筹备处，一面清查古器、书画书籍，分别应否陈列之物，若借用原有

① 《王国维年谱长编》，第401页。

② 同上，第397页。

宫殿至中严警卫，建筑界垣，以使博物馆地带自为一区域，与宫禁尽而为二，可令内务府谨慎筹议，则年之内即可开馆。如此则京师虽有事变，而皇室有磐石之固，无匕鬯之惊。皇上自此，益崇圣德务广圣学，稍安睿虑以俟天心，实为天下苍生之福，微臣幸甚。臣数月以来，见外侮迭至，不胜忧愤，中夜彷徨，愧无以分圣主之忧，偶有愚者之得，不胜献曝之忱，故敢具折密陈，伏乞皇上圣鉴。”①

这其中需要提请注意的是“不胜献曝之忱”，充分显示了当时王国维不愿意卷入小朝廷内斗的复杂心情。此折过后，王国维还曾经另外上书，谈论政学之间的关系。尤其值得注意的是，此奏折中再次提到了赤化问题。

王国维去世五十二年之后的一九七九年，台北《中央日报》在十二月四日刊登了一篇名为《王国维眼中的共产主义》的文章。其时台湾地区反共抗俄的声势还没完全消逝，这篇文章颇有“古为今用”的意思。在这篇文章的起首，作者周少平对王国维的学术做出简略的介绍，继而笔锋一转，开始对于王国维政论的重视：“其政论遗著，于民国十六年自沉前已手自焚毁，片语不存。余近得汪兆镛之《碑传集三编》，为六十八年香港大东图书公司出版，刊录罗振玉撰《王国维别传》，载入王氏政论文章一篇，痛诋社会主义及共产主义至为透彻，亦为王国维著作中涉及

---

① 《王国维年谱长编》，第397页。

政论者，仅仅得此一篇。”[①]

王国维此政论，便是一九二四年上书溥仪的《论政学疏》，恰好可以看作是其对于章太炎二十年代中叶政论的呼应，其中涉及到王国维对俄国二十年代大饥荒的评论，其中有云：“原西说之所以风靡一世者，以其国家之富强也。然自欧战以后，欧洲诸强国情见势绌，道德堕落，本业衰微，货币低降，物价腾涌，工资之争斗日烈，危险之思想日多，甚者如俄罗斯赤地数万里，饿死千万人，生民以来未有此酷。而中国此十二年中，纪纲扫地，争夺频仍，财政穷蹙，国几不国者，其源亦半出于此。”[②]

另外王国维还议论道：“孔子言患不均，《大学》言平天下，古之为政未有不以均平为务者，然其道不外重农抑末，禁止兼并而已。井田之法，口分之制，皆屡试而不能行，或行而不能久。西人则以是为不足，于是有社会主义焉，有共产主义焉。然此均产之事，将使国人共均之乎？抑委托少数人使均之乎，均产以后，将合全国之人而管理之乎，抑委托少数人使代理之乎？由前之说则万万无此理，由后之说则不均之事，俄顷即见矣。俄人行之伏尸千万，赤地万里，而卒不能不承认私产之制度，则曩之汹汹又奚为也。”周少平所言痛诋社会主义及共产主义至为透彻，当属此处。[③]

---

① 参见朱传誉编：《王国维传记资料》第七册第二十四篇，天一出版社，1981年版。

② 同上。

③ 同上。

在此文的结尾，周少平对王国维的这篇上书做出了评价，他认为：“从本文中‘中国此十二年中’语之推断，王氏此文，当撰写于民国十二年癸亥，时溥仪仍居故宫为闭门皇帝，王国维在此时已食五品俸，任南书房行走，启沃圣学，又值李大钊在北京大学以马克斯主义宣传惑众，此文之作，岂因此以上封事也欤？则有待于研究王静安学行专家考订矣。”[①]

① 参见《王国维传记资料》第七册第二十四篇。

第二十三章

冯玉祥逼宫始末

第一节　清查宫中财物的风波

一九二四年乃是皇室的多事之秋，早在一九二二年，北京政府因为财政困难，便有意停止对于皇室的优待条件，而在张勋复辟失败后不久，便有要求驱逐溥仪和惩治祸首的声浪出现，溥仪自知理亏，曾经和帝师朱益藩商量，主动提出废止优待条件，最后此事虽然不了了之，但是皇室内部收支不均衡，确是不争的事实，因此溥仪下决心在一九二四年清查皇室财产。[①]

林志宏指出，就在出宫事件前夕，北京执政当局借着清室财用面临困窘之机，进一步有意想要收回宫中藏物，因此提出了所谓“让归”的办法。该办法系由张国淦出面接洽，提出将前陈三殿之故物折价为五百万元，再由清室将关涉文化之古物，一并让予民国政府，亦折价为五百万元，总共一千万元，由英美退回的庚子赔款中来拨付，这项办法表面上为清室纾困，然而实行却让

① 《民国乃敌国也——政治文化转型下的清遗民》，第 253 页。

清室明显地处于下风，因为此事需由民国政府来统筹经理，清室不得过问；而且每年只可动用息金，不能全额交付。[①]

有趣的是，罗振玉因为此事被谤，因他曾经有疏陈央请溥仪，说民国不履行优待条件，无疑已经失信于人，岂能再信？并且宫中之物本来就属于皇室私藏，民国何得干预？英美庚款原乃用之于社会，非归还民国；民国政府又怎可以此款来收买宫中储藏古物？至于息金又何能保证？各项衡量之下，罗振玉曾私谋计画要帮助清宫“移宝藏”，他与当时正担任德使顾问的尉礼贤协商，由德国、荷兰两国使馆出面捐地，筹筑图书馆和博物馆，用来囤放宫内故物。旋后，罗氏将此计画委请他人向溥仪代陈，却因而产生谣言，指称罗有意借此盗窃。[②]

罗振玉在回忆录中记述自己当时在小朝廷中进退两难的彷徨心态：“予以中秋三日奉恩命，熟筹进退，颇有顾虑，意欲恳辞。商之升吉甫相国，相国谓义不可辞。然方寸仍不能无虑，乃先作书致螺江陈太傅，请先代奏以京旗生计会须料理，以后拟半月在京供职，半月乞假理会事，预为日后求退地。螺江许之。乃以八日入都，具折谢恩，蒙赐对、赐餐，谕京旗事不必每月请假，务留京供职，且谕令即检查审定内府古彝器。既退，谒陈朱两傅，螺江太傅谓所托已代奏，朱傅谓南斋现已有六人，事务至简，已代为恳辞，今既入谢，以后不必案日入直，随时可返津也。已而又亲访忠悫，属劝予不必留京。然予既奉检查内府古器之命，不

① 《民国乃敌国也—— 政治文化转型下的清遗民》，第254页。

② 同上，第254页。

可遽辞。幸当时即面荐王国维同任检查事，仍预为乞退地，意欲于一二月后陈乞。乃于次日即与忠悫同检查宁寿宫藏器，甫三日复奉命与袁励准、王国维先检查养心殿陈设。既逾月，私喜内务府尚未为予请食俸，未颁月饩，以为进退益可裕如。乃至十月而值宫门之变，遂万不忍以乞身请，忧患乃荐至矣。”①

但是溥仪晚年在回忆录中，则对罗振玉大加斥责：“罗振玉在古玩、字画、金石、甲骨方面的骗钱行径，是由来已久的。他出身于浙江上虞县一个旧式书商之家，成年后在江西一个丘姓巨绅家教书。这位巨绅是个藏书家。罗振玉任西席的第三年，东翁突然去世，他利用女东家的无知，一方面装作十分哀痛的样子，拒绝接受这一年的束脩，要用以充做奠仪，另一方面表示，愿留下东家的几件旧书和字画，作为纪念。女东家认为这位先生心眼太好，就请他自己到藏书楼任意挑选。于是这位书贾世子就精选出几筐‘纪念品’，内有百余卷唐人写经，五百多件唐宋元明的字画，满载而归。”②

林志宏指出，当时的民国政府也遍寻路径寻求谋得清宫古物，并曾以“保全国内古物”为由要求进宫查点。后来民间传闻清室要拍卖古物给外商，北京大学国学门委员会曾就此事上书当局，请求彻查，几番争执之后，溥仪深感民国政府无意以友善对待，颇有酝酿出洋的想法，为出宫事件埋下伏笔。③

---

① 《雪堂自述》，第 51 页。

② 《我的前半生》，第 167~168 页。

③ 《民国乃敌国也—— 政治文化转型下的清遗民》，第 254 页。

第二节　局势的转折

以上并非溥仪出宫的真正原因，而其中至关重要的转折点，乃是冯玉祥发动的北京政变。当二次直奉战争已经打响，直奉两军正在榆关肉搏时，直军第三军总司令冯玉祥忽然率师回京，宣布倒戈，舆论一时大哗。[①]随后冯玉祥成立临时政府，发布通电，叙述近年来政治之不良，同时希望各地顾全大局，期免内争，请各方停战，迅速推举元勋宿望担任政局。[②]

总统曹锟被迫辞职，内阁乘混乱之机，立即同各国决定修改清室的优待条件，要求溥仪立即出宫，责令鹿钟麟等人共同执行。[③]这一雷厉风行的行动，显然有担忧遗老借局势混乱乘机复辟的考量。[④]

据罗振玉事后追忆，冯玉祥军未入城前数日，国民军孙岳即遣炮兵驻扎大高殿，距神武门仅隔一御沟，情势咄咄逼人。到了孙岳私开城门放冯玉祥军队入城的早晨，冯玉祥便命令军队于景山架炮，直指皇居。当时罗振玉与小朝廷官员商议防御之策，居然遭到内务府绍英的耻笑，绍英笑曰："冯军之入，与我何涉。不观已禁曹锟耶？君甫入直内廷，予等数年来，所经变故多矣，

① 佚名、无聊子著：《闽浙阵中日记·北京政变记》，中华书局，2007年版，第129页。

② 同上，第141页。

③ 《民国乃敌国也——政治文化转型下的清遗民》，第255页。

④ 《闽浙阵中日记·北京政变记》，第178页。

均以持镇静，得无事。万一城内骚动，以土袋塞神武门，决无虑也。”①

当时京津汽车不通，罗振玉匆匆赶到日本使馆，嘱咐日本兵营军官竹本，万一有事以无线电告之，竹本安慰罗振玉，一二日内不至于有事。不过一日，日本司令部参谋金子君忽然造访，告知罗振玉得到北京电文，冯军鹿钟麟部入宫，逼溥仪修改优待条件。罗振玉急忙赶往日本军司令部，请司令官介绍往见段祺瑞。当时段祺瑞即将就寝，令秘书出来接见罗振玉，按照罗振玉的意思，以段祺瑞的名义发电文指责冯玉祥。②

罗振玉事后回忆，当时他住在王国维家中，赶回北京时，王国维“发指眦裂”，进而“乃为详言逼宫状”。随后北洋政府派北京警卫司令鹿钟麟、京师员警总监张璧、士绅李石曾进宫宣布“清室优待条件”修正事宜，同时议定诸臣出入不得禁止，及御用衣物须携出两事。散会后，鹿钟麟立即查封了坤宁宫后藏御宝室。③

罗振玉对此深感屈辱，事后言及当时的愤怒，以及因时局引发的急病：“欲投御河自沉，寻念不可徒死，乃忍耻归寓，抚膺长恸，神明顿失。时已中夜，忠悫急延医士沈王桢君诊视，言心气暴伤，为投安眠药，谓若得睡，乃可治。及服药，得稍睡，翌朝神明始复，盖不眠者逾旬矣。自是遂却药不复御，盖以速死为

① 《雪堂自述》，第 51 页。

② 同上，第 51~52 页。

③ 同上，第 52 页。

幸也，乃卒亦无恙。”[①]

修正之《清室优待条件》规定：大清宣统帝即日起永远废除皇帝尊号，与中华民国国民在法律上享有同等一切之权利；同时规定民国政府每年补助清室家用五十万元，并特支出二百万元开办北京贫民工厂，尽先收容旗籍贫民；清室应按优待条件第三条，即日移出宫禁，以后得自由选择住居，民国政府仍负保护责任；除此之外，清室之宗庙陵寝永远奉祀，由民国酌设卫兵妥为保护；清室私产归清室完全享有，民国政府当为特别保护，其中一切公产应归民国政府所有。[②]但是林志宏指出此条例貌似公允，修正优待条件草稿中的文字其实颇经斟酌。最值得注意的地方为特别添加“应按照原优待条件第三条”几个字，目的就是为了公开表明此次举动的合法和正当性，“要厉行原条件，而非特别苛待”。[③]

沙培德后来特别指出，其实当时广布的流言认为，溥仪或者其身边人急于或者最终必然要复辟，所以在国民军眼中，只要溥仪在紫禁城中多呆一天，就有复辟的危险存在。更何况后来也有流言称庄士敦曾经图谋帮助溥仪复辟，更坐实了国民军逼宫的合法性。[④]

---

① 《雪堂自述》，第 52~53 页。

② 《王国维年谱长编》，第 412 页。

③ 《民国乃敌国也—— 政治文化转型下的清遗民》，第 255 页。

④ 参见沙培德：《溥仪被逐出宫记：一九二〇年代的中国文化与历史记忆》，《一九二〇年代的中国》，中华民国史料研究中心编，2002 年版，第 7~10 页。

第三节　遗老的愤怒

日本学者狩野直喜听闻冯玉祥逼宫，担心王国维安危，曾经在年末给王国维去信，信中言："敬闻贵国皇帝出宫至潜邸，旋即入敝国大使馆，由芳泽公使多方防卫得以无事，莫任庆贺！此次奇变实非意料所及，凡大逆之徒，即外人如弟等者犹欲得而甘心，何如贵国人以为当然之事而不怪也！人心风俗之变可发浩叹！"①

狩野直喜同时表示："谨悉贵历十月九日执事忠义，愤发忧劳，间关与雪堂诸公务持大局之状，殊发感佩！夫风雨鸡鸣，诗人美君子不改其度，况辱属至交，岂任敬仰！雪翁书弟未收到，不胜差异。无乃邮局稽察非常，以致拆开掷去乎！请以此事转达雪翁为幸。"②

也就在这一年十二月一日，王国维曾有信致狩野直喜，谈及逼宫一事，此信于一九二七年由狩野直喜在怀念文章中公开。王国维一改论学之平静，开始追忆往事，并联系时局，写下惊人之语："皇室奇变，辱赐慰问，不胜感激。一月以来，日在惊涛骇浪间。十月九日之变，维等随车驾出宫，白刃炸弹夹车而行，比至潜邸，守以兵卒，近段、张入都，始行撤去，而革命大憝，行

① 《王国维未刊来往书信集》，第73页。

② 同上，第73页。

且入都，冯氏军队尚踞禁御，赤化之祸，旦夕不测。”①

从王国维的言论中可以看出，斯时他已经将冯玉祥视为与苏俄勾结的代表，事实上北京政变与俄国人并无直接关联，但是由于冯玉祥身上无法抹去的俄化色彩，导致王国维预言“赤化之祸”行将不远。而王国维去世之后，罗振玉在伪造的遗折之中，再次预言“赤化将成”，可见其与王国维的心思相通。②

林志宏指出，溥仪被迫离开紫禁城，曾引起不少骚动，其中遗老阶层首先发难，身在湖南的遗老赵启霖听闻消息时便感叹此乃“奇变千古未有”，甚至批评冯玉祥种族陋见，使得四维扫地，祸害比秦朝焚书坑儒还剧烈；康有为则是大骂冯玉祥，并诘问优待条件岂容随意废除？康甚至谓冯反复诈伪，“合董卓、侯景、洪秀全为一人”。③

第四节　社会的反应

胡适的反应则让人颇为震惊，溥仪出宫的当天，就写信给时在黄郛内阁中任外交部长的王正廷表示抗议：“先生知道我是一个爱说公道话的人，今天我要向先生们组织的政府提出几句抗议的话。今日下午外界纷纷传说冯军包围清宫，逐去清帝；我初不信，后来打听，才知道是真事。我是不赞成清室保存帝号的，但

① 《王国维年谱长编》，第 412~413 页。

② 《王国维之死》，第 338 页。

③ 《民国乃敌国也—— 政治文化转型下的清遗民》，第 257 页。

清室的优待乃是一种国际的信义、条约的关系。条约可以修正，可以废止，但堂堂的民国，欺人之弱，乘人之丧，以强暴行之，这真是民国史上的一件最不名誉的事。”[①]

胡适随后举出了应对办法：“今清帝既已出宫，清宫既已归冯军把守，我很盼望先生们组织的政府，对于下列几项事能有较满人意的办法：（一）清帝及其眷属的安全。（二）清宫故物应由民国正式接收，仿日本保存古物的办法，由国家宣告为‘国宝’，永远保存，切不可任军人政客趁火打劫。（三）民国对于此项宝物及其他清室财产，应公平估价，给予代价，指定的款，分年付与，以为清室养赡之资。”[②]

胡适在信的最后说：“我对于此次政变，还不曾说过话；今天感于一时的冲动，不敢不说几句不中听的话。倘见着膺白先生，我盼望先生把此信给他看看。”[③]信中提到的膺白先生，便是力主溥仪出宫，时代行总统职权的黄郛。

此信后来在《晨报》上发表，庄士敦给胡适写信表示感谢：“今天《晨报》登载的那封信如果真是你的手笔，我要为此向你祝贺。你正是说出了这样一件正确的事情，并且用正确的方式说了出来。我相信逊帝看到这封信时一定会高兴的。至今我仍然被禁止去看他，不过我当然能够通过别人得到关于他的和他给我的

① 中国社会科学院近代史研究所中华民国史组编：《胡适来往书信选》上册，中华书局，1979年版，第268页。

② 同上，第268~269页。

③ 同上，第269页。

消息。你无疑已经注意到《京报》对我的卑鄙的攻击了。目前那一类中国报纸的攻击，正是在我的意料之中的。我不认为冯玉祥已经进入了他用阴谋手段所企图建立的完全和平的统治。我为你不是一个‘基督徒’而感到高兴。”①

当时周作人也曾经给胡适写信，不过和庄士敦不同，周作人在这件事情上指责胡适：“在报上看见你致王正廷君信的断片，知道你很反对这回政府对于清室的处置。我没有见到全信件，不能知道你的意见的全部，但是我怕你不免有点为外国人的谬论所惑。在中国的外国人大抵多是谬人，不大能了解中国（当然是新的中国），至于报馆中人尤甚。例如《顺天时报》曾说优待条件系由朱尔典居中斡旋而议定的，这回政变恐列国不能赞同云云，好像言之成理，其实乃是无理取闹的话。倘若那条件真是由朱尔典与列国担保，那么复辟的时候他们为什么不出来说话？难道条件中有许可复辟的明文么……这次的事从我们秀才似的迂阔的头脑去判断，或者可以说是不甚合于‘仁义’，不是绅士的行为，但以经过二十年拖辫子的痛苦的生活，受过革命及复辟的恐怖的经验的个人的眼光来看，我觉得这乃是极自然极正当的事，虽然说不上是历史的荣誉，但也决不是污点。”②庄士敦和周作人的两封信，由此在舆论界掀起轩然大波，胡适一时几成众矢之的，加上同时期他在苏联游历发表的观感，再次在舆论界掀起了一场波澜。

① 《胡适来往书信选》上册，第269页。

② 同上，第270~271页。

当然此事还有余波，次年八月，负责清点古物的李石曾、易培基等一班人，便刻意在故宫里找寻有关胡适当年和溥仪来往的蛛丝马迹，甚至说胡的名字曾出现在金梁的复辟奏折之中。他们搜查到所谓“私通宣统”的证据，是胡适给逊帝的一张纸条，上面写着“我今天上午有课，不能进宫，乞恕”几个字，于是连同裱框配起，做为展览品。①

这一显然别有用心的举动旋即收到了效果，有人立马以“反清大同盟”名义在报上发表宣言，要求将胡适驱逐出京；后来胡适因为没有在反对章士钊的运动中为学生说话，上海学生写信指责他“浮沉于灰沙窟中，舍指导青年之责而为无聊卑污之举，拥护复辟余孽，尝试善后会议，诸如此类彰彰较著，近更倒行逆施，与摧残全国教育、蔑视学生人格之章贼士钊合作”。②

除此外，此事国内国际均有讨论，像国际上，驻京的外国使节团，即由荷兰公使出面召开紧急会议，指称此举殊属违反人道主义，并决定于会后向外交部提出警告。至于国内，就连向来同情清室的民国官僚，也深觉有点欠妥。段祺瑞亲自两次致电冯玉祥，传达过类似的看法；甚至于在天津的吴佩孚也对冯玉祥颇为不满。③

---

① 参见《我的朋友胡适之——一九二〇年代的胡适与清遗民》。

② 参见朱隶国：《对溥仪被逐出宫的态度看思想启蒙——兼谈宽容精神》，第二届溥仪研究国际研讨会论文集。

③ 《民国乃敌国也——政治文化转型下的清遗民》，第255页。

第二十四章
任教清华

第一节　清华国学院的成立

一九二五年二月，清华大学开始筹建国学研究院，欲聘请一位著名学者担任研究院院长，校长曹云祥初欲仿照美国大学研究院的办法，与胡适商量，胡适认为美国的研究院制度不尽适用于中国，请参考中国宋元以来的书院制度，于是乃拟定研究院章程。[①]

胡适继而向清华推荐了王国维、梁启超担任研究院的导师，但是胡适前往王国维处敦促此事时，遭到了王国维的婉拒。[②]这一原因可能与当时王国维刚刚和北大决裂有关，即便是校长曹云祥亲往聘之，王国维也以“时变方亟”，婉言谢绝了曹云祥的邀请。[③]王国维主要是顾及到了溥仪刚被逐出宫，如果贸然应聘，

---

① 《王国维年谱长编》，第 421 页。

② 同上，第 421 页。

③ 《王国维全传》，第 521~523 页。

难免有失本分。

吴宓后来在《清华开办研究院之旨趣及经过》一文中说:“曹校长之意约分三层,(一)值兹新旧递嬗之际,国人对于西方文化宜有精深之研究,然后方可以采择适当,融化无碍;(二)中国固有文化之各方面(如政治、经济、文史、哲学)须有通彻之了解,然后今日国计民生,种种重要问题,方可迎刃而解,措置咸宜;(三)为达上言之二目的,必须有高深之学术机关,为大学毕业及学问已有根柢者进修之地,且不必远赴欧美,多耗资财,所学且与国情隔阂,此即本校设立研究院之初意。”[①]

吴宓当时还解释了为什么要设立国学一门:“盖以中国经籍,自汉迄今,注释略具,然因材料之未备与方法之未密,不能不有待于后人之补正;又近世所出古代史料,至为夥颐,亦尚待会通细密之研究。其他人事方面,如历代生活之情状,言语之变迁,风俗之沿革,道德、政治、宗教、学艺之盛衰;自然方面,如川河之迁徙,动植物名实之繁颐,前人虽有纪录,无不需专门分类之研究。”而“此种事业,终非个人及寻常学校之力所能成就”,故今即开办研究院,而专修国学。惟兹所谓国学者,乃指中国学术文化之全体而言,而研究之道,尤注重正确精密之方法(即时人所谓科学方法),并取材于欧美学者研究东方语言及中国文化之成绩,此又本校研究院之异于国内之研究国学者也。[②]

吴宓继而指出,研究院之地位非清华大学之毕业院(大学

① 参见《清华周刊》,第351期,1925年9月18日。

② 同上。

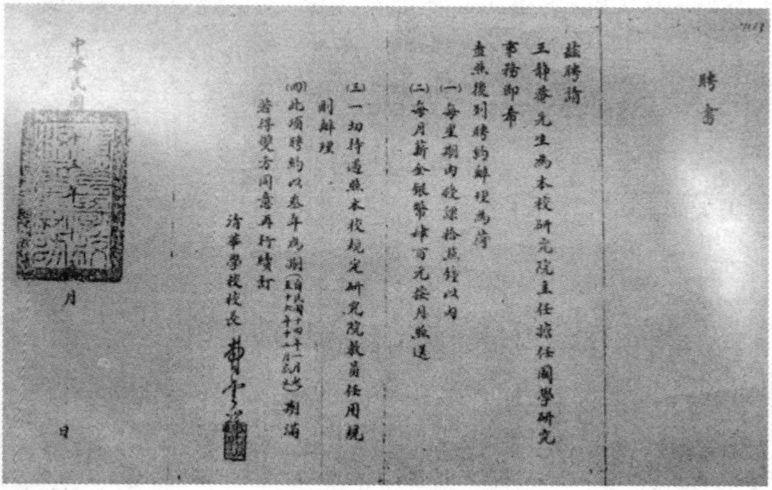
聘書

敬聘請
王靜安先生為本校研究院主任擔任國學研究
事務即希
查照後列聘約辦理為荷
(一)每星期內授課拾點鐘以內
(二)每月薪金銀幣肆百元按月致送
(三)一切待遇照本校規定研究院教員任用規
則辦理
(四)此項聘約以叁年為期([illegible])期滿
若得雙方同意再行續訂
清華學校校長
中華民國
月
日

清华给王国维的聘书

院），乃专为研究高深学术之机关；非为某一校造就师资，乃为中国养成通才硕学。研究院之性质乃是研究高深学术，同时注重个人指导，因此不惜经费，布置种种，专为少数人谋研究学术之利便，学生名额极少，又复从严考试录取，所谓在精而不在多也。而教授讲师则多敦聘国内硕学重望，不仅通知中国学术文化之全体，同时具备正确精密之科学的治学方法，再者稔悉欧美日本学者研究东方语言及中国文化之成绩。①

清华国学研究院课程设定也颇有特色："略仿昔日书院，及英国大学制，注重个人自修，教授专任指导。故课程方面，分为普通演讲，及专题研究二项。普通演讲，为本院学生之所必修，每人至少须选定四种，由教授指定题目，规定时间，每星期演讲一次，或二次，范围较广，注重于国学之基本知识。专题研究，则于各教授所指定之科学范围内就一己志向、兴趣、学力之所及，选定题目，以为本年内之专门研究。"②

第二节 王国维就任清华

王国维后来之所以受聘清华，据说是胡适在溥仪面前说项，由溥仪面谕王国维，王国维方才答应，但是此说近人指出缺乏第一手的材料支撑。反倒是吴宓在此之中作用颇大，据吴宓事后追忆："宓持清华曹云祥校长聘书，恭谒王国维静安。王先生事后

---

① 参见《清华周刊》，第351期，1925年9月18日。

② 参见《国学院纪事》，《国学论丛》，第一卷第一号。

语人，彼以为来者必系西服革履，握手对坐之少年，至是乃知不同，乃决就聘。”①

吴宓后来曾经写道：“王先生古史及文字考证之学冠绝一世。余独喜先生早年文学、哲学论著；以其受西洋思想影响，故能发人之所未发。”② 吴宓自称学问不好，但是对学术上颇有建树之人，还是颇有眼光，早在哈佛读书期间，吴宓就断言陈寅恪为中国最博学之人，认为其今后必然不可限量。

王国维曾经在致蒋汝藻信说：“数月以来，忧惶忙迫，殆无可语。直至上月，始得休息。现主人在津，进退绰绰，所不足者钱耳。然困穷至此，而中间派别意见排挤倾轧，乃与承平时无异。故弟于上月中已决就清华学校之聘，全家亦拟迁往清华园，离此人海，计亦良得。数月不亲书卷，直觉心思散漫，会须收召魂魄，重理旧业耳。”③ 可见王国维之就任清华，多少与小朝廷中的内斗有着密切关系。

如前所述，王国维在此后，转入治西北地理及元史。这一研究的开展与沈曾植的去世不无关联。王国维在一九一七年末，逐渐与元史专家柯劭忞过从甚密。而王国维在晚年恰恰开始转向西北地理、元史的研究，他在一九一七年末致柯劭忞的信中说：“新撰《元史》，渐次写定，甚盛甚盛。”④ 但王国维曾对弟子徐中舒

① 吴学昭整理：《吴宓自编年谱》，三联书店，1995 年版，第 260 页。

② 吴宓著：《空轩诗话》，中华书局，1935 年版，第 143 页。

③ 《王国维全集·书信》，第 412 页。

④ 《王国维之死》，第 20 页。

说："《元史》乃明初宋濂诸人所修，体例初非不善，惟材料不甚完备耳，后来中外秘籍稍出，元代史料渐多，正可作一部《元史补正》，以辅《元史》行世，不必另造一史以掩原著也。"王国维敢于对元史权威提出质疑，足见其元史造诣已臻造化。

第三节　陈寅恪远道而来

清华国学院成立之初，筹备者之一的张彭春曾经给赵元任写信，请赵元任放弃时在哈佛大学的教职，回国担任清华国学院的导师，赵元任按照系里主任的意思写信给陈寅恪，请陈寅恪来接任其在哈佛的教职。陈寅恪当时还在柏林，复信赵元任表示不想再回到哈佛，并且幽默地表示他对美国的留恋只是波士顿中国饭馆醉香楼的龙虾。①

陈寅恪早已声名大噪，北大的顾颉刚在讲《现今国学的趋势》时，将当时国学的趋势划为五类，他将陈寅恪看作与伯希和、斯坦因一样研究东方言语学和史学的专家，其中罗王被看作考古学的代表，而丁文江等人则被视为地质学的代表，胡适、章太炎等人则是学术史研究的专家，周作人、常惠则是民俗学的代表。②

据吴宓后来口述，当时学校已经聘定王国维、梁启超和赵元任，但是迟迟没有聘用陈寅恪。张彭春认为陈寅恪留学虽久，但是一无学位，二无著作，不符合聘任教授的条件，为了保证今后

① 卞僧慧纂：《陈寅恪先生年谱长编》，中华书局，2010年版，第84页。

② 顾潮著：《顾颉刚年谱》，中国社会科学出版社，1993年版，第97页。

教授的水准，不应该放松聘任的标准，不同意聘请陈寅恪。吴宓据理力争，并且私下找到曹云祥商议，请曹云祥直接拍电报给陈寅恪。陈寅恪不但不肯立即就职，反而提出要在国外继续研究两年，同时提出采购必要的图书。①

陈寅恪迟至一九二六年春天才从欧洲经由海路归国，七月方才抵达北京，吴宓闻讯前往迎接。陈寅恪和吴宓多年不见，相互有诗唱和，吴宓诗云："经年瀛海盼音尘，握手犹思异国春。独步羡君成绝学，低头愧我逐庸人。冲天逸鹤依云表，堕溷残英怨水滨。灿灿池荷开正好，名园合与寄吟身。"②表达了对于陈寅恪的仰慕，以及对自己若干年来学无所成的惭愧。后来吴宓曾经将此诗寄给刘永济先生，刘先生回信云："人生乱世，而欲有所作为，安得不低头，安得不堕溷？惟望以文史自娱，以天命自遣，不消极亦不过于激进。庶有曲肱饮水之乐，而无失时不遇之悲也。"③这多少是对吴宓的安慰。

第四节　清华岁月

一九二五年四月十七日，清华国学研究院举行第一次临时校务会议，提出研究之经费、预算、房屋等问题，王国维出席了会议，发言阐述了增置图书的重要意义。次日，王国维携眷属迁居

---

① 《陈寅恪先生年谱长编》，第89页。

② 同上，第92页。

③ 同上，第92页。

清华国学院教师合影（前排左二为王国维）

清华园之西院。当时陈寅恪、梁启超和赵元任均未到校，所以吴宓经常就院中的规划请教王国维。①

王国维在这一年四月致蒋汝藻信说："弟定于廿五日移居清华园，园中房屋不及城内宽畅，且两所隔离相去逾百步，然别无他屋可觅，只得暂行敷衍。校中事，弟提议必多购置书籍，然每岁仅能购万元，而预算亦尚未定，然在京校中已算第一有力矣。"②

后来王国维的女儿王东明回忆说："我家迁入清华园，是民国十四年四月事，当时我尚留在海宁外婆家，从母亲给姨妈的信中得知消息。北京城内后门织染局十号的房屋十分宽敞，共有二十个房间，清华西院宿舍，每栋只有正房三间，右手边有下房一间，内一小间，通正房可作卧室或储藏室。我们向校方租房时，原为十七号及十八号两栋，以为连号必然毗连，等到搬家时才发现十八号在最西面，十七号在最东面，两宅相距一二百尺，在这种情况下，也只有先住下再说。当年冬天母亲回乡带我来到清华时，我们已住在西院十六号及十八号了。"③

后来梁启超到校，曾经与王国维一同商定国学研究院招生试题。梁启超当时家中琐事甚多，恳请王国维将其出的题目抄给自己，以便在同一程度上拟定考题。因为梁认为如果出题太偏，则有责难之意，如果太普通，则无法看出考生真正的学问，后来考

① 吴学昭整理：《吴宓日记》第三册，三联书店，1998年版，第16页。

② 《王国维全集·书信》，第413页。

③ 参见王东明：《怀念我的父亲王国维先生》，《中国时报》，1987年5月9日。

试成绩出来之后，梁启超还曾经写信与王国维讨论相关情况。[①]

王国维曾经担心受聘清华之后不能常与清室往来，胡适则劝其为学术计，不必拘泥于小节，同时给曹云祥带话，使王国维在清华可以选择谈话式的研究，而不是讲演考试式的上课。[②]

王国维在此期间一项重要的研究工作，便是校注了《长春真人西游记》，这一学术工作和他当时目睹清帝出宫之后内心的复杂情绪有着密切关联。这部书讲述的是金元之际，道教全真派教长丘处机受蒙古帝国皇帝成吉思汗的邀请，从黄海之滨到中亚大雪山传授长生之术的经历。丘处机曾经拜王重阳为师，在昆仑山、登州等地修行了两年，后来建立了全真教，并成为全真教的第一任教主。南宋的将领曾经邀请丘处机去讲道，丘处机表示了回绝。当时年近花甲的成吉思汗派遣刘仲禄携带他的诏书，率二十名蒙古骑兵去邀请丘处机传道。丘处机欣然接受了成吉思汗的诏请，率领弟子十八人，行程万余里，后来在阿富汗境内兴都库什山西北坡的八鲁湾行宫谒见了成吉思汗。丘处机死后，其弟子李志常编纂《长春真人西游记》，记述了这段不平凡的旅程。[③]

王国维之所以费心校注这本书，主要是和自己致君尧舜上的梦想有着密切的关联，加上此书和自己感兴趣的西北史地领域有着密切的关系，同时沈曾植对此书也有一些研究。王国维断断续

① 《王国维未刊往来书信集》，第45~47页。

② 同上，第53页。

③ 参见党宝海著译：《长春真人西游记》，河北人民出版社，2001年版。

清华国学院第一期毕业生合影

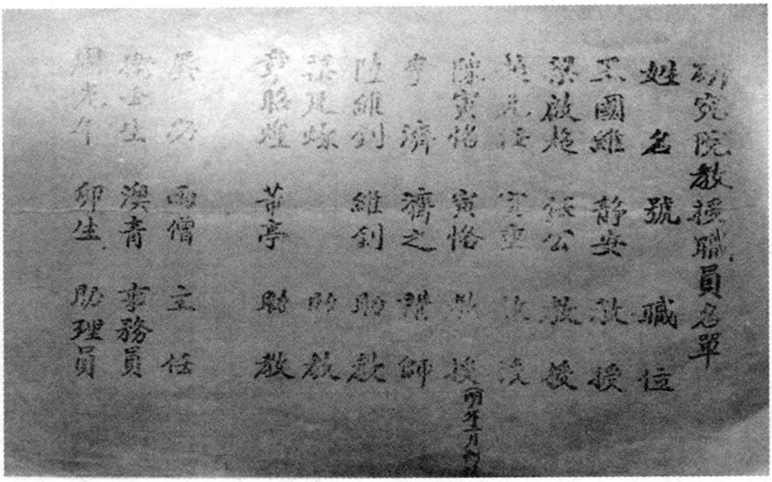

研究院教授職員名單

姓名	號	職位
王國維	靜安	教授
梁啟超	任公	教授
趙元任	宣重	教授
陳寅恪	寅恪	教授（明年二月到校）
李濟	濟之	講師
陸維釗	維釗	助教
梁廷燦		助教
章昭煌	芾亭	助教
吳宓	雨僧	主任
衛士生	澳青	事務員
周光午	卯生	助理員

国学院教职员名单

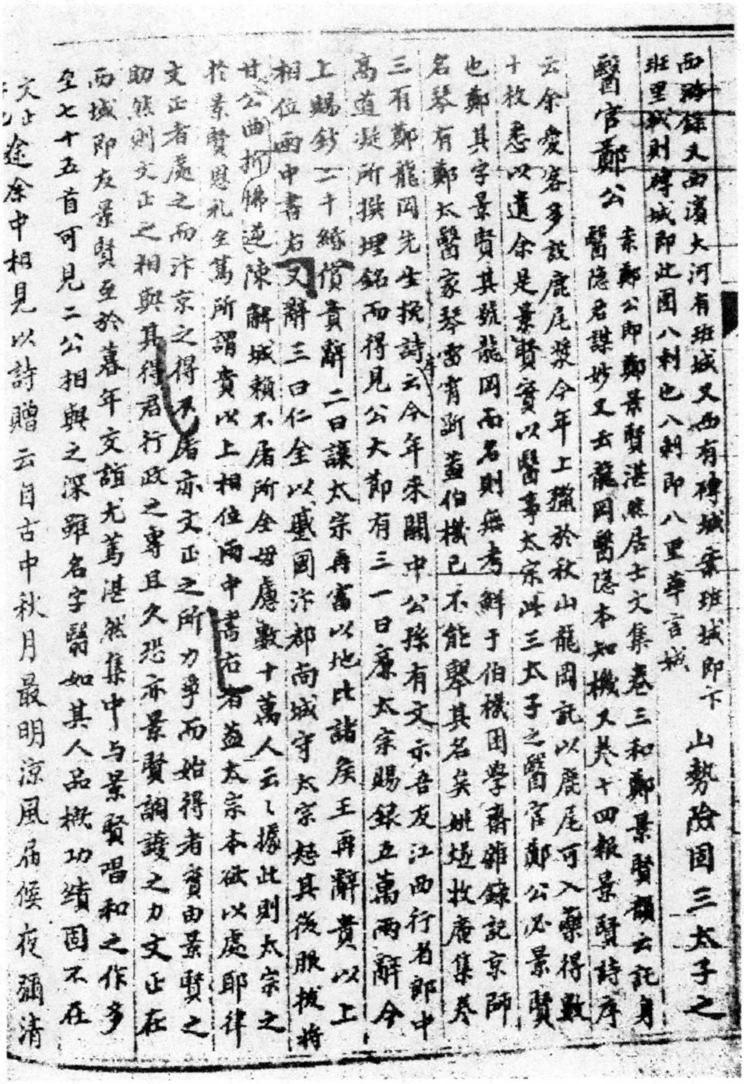
西游録天西濱大河有班城又西有磚城案班城即下 山勢險固三太子之
班里城則磚城即此圖八剌也八剌即八里華言城
醫官鄭公 案鄭公即鄭景賢湛然居士文集卷三和鄭景賢韻云託身
醫隱君謀妙又云龍岡醫隱本知機又卷十四贈景賢詩序
云余愛客多設鹿尾漿今年上獵於秋山龍岡試以鹿尾可入藥得數
十枚悉以遺余是景賢實以醫事太宗與三太子之醫官鄭公必景賢
也鄭其字景賢其號龍岡而名則無考斜于伯機困學齋雜録記京師
名琴有鄭太醫家琴當賓斯蓋伯機已不能舉其名矣姚燧牧庵集卷
三有鄭龍岡先生挽詩云今年來關中公孫有文亦吾友江西行省郎中
高道凝所撰埋銘而得見公大節有三一曰辭太宗賜銀五萬兩辭令
上賜鈔二十緍償貴辭二曰讓太宗再當以地比諸侯王再辭貴以上
相位西中書右又辭三曰仁全以威國汴都南城守太宗怒其後服援將
甘公曲折拂逆陳辭城賴不屠所全毋慮數十萬人云云據此則太宗之
於景賢恩禮至篤所謂貴以上相位西中書右者蓋太宗本欲以處耶律
文正者處之而汴京之得不屠亦文正之所力爭而始得者實由景賢之
助然則文正之相與其得君行政之專且久恐亦景賢調護之力文正在
西域即友景賢至於暮年交誼尤篤湛然集中与景賢唱和之作多
至七十五首可見二公相與之深雖名字翳如其人品概功績固不在
文正途余中相見以詩贈云自古中秋月最明涼風屆候夜彌清

王国维《长春真人西游记校注》

续地校注，在一九二六年完成了校注工作。[①]这不仅仅是对曾任末代皇帝的老师王国维本人的安慰，书中丘处机不畏千辛万苦的勇气，也让王国维颇为倾慕。

① 《王国维年谱长编》，第455页。

第二十五章

罗、王歧途

第一节　失和之起因

至少从一九二五年看来，罗振玉和王国维关系还是相当密切，当年八月，王国维曾经奔赴天津，祝贺罗振玉六十大寿，贺诗云：“卅载云龙会合常，半年濡呴更难忘。昏灯履道坊中雨，羸马慈恩院外霜。事去死生无上策，智穷江汉有回肠。毗蓝风里山河碎，痛定为君举一觞。事到艰危誓致身，云雷屯处见经纶。庭墙雀立难存楚，关塞鸡鸣已脱秦。独赞至尊成勇决，可靠高庙有神威。百年知遇君无负，惭愧同为侍从臣。”[1]

时隔一年，一九二六年九月二十六日，王国维长子潜明在上海病卒，年仅二十八岁。王国维久历世变，境况寥落，至是复有丧子之痛，精神上受到重大打击。十月底，因为长子病逝后的一系列问题，王国维与罗振玉发生严重的误会，王国维在致罗振玉信痛陈：“维以不德，天降鞠凶，遂有上月之变。于维为冢子，

---

① 《王国维年谱长编》，第429页。

于公为爱婿，哀死宁生，父母之心，彼此所同。不图中间乃生误会，然此误会久之自释，故维初十日晚过津，亦遂不复相诣，留为异日相见之地，言之惘惘。”①

王国维接着又说：“初八日在沪，曾托颂清兄以亡儿遗款汇公处，求公代为令嫒经理。今得其来函，已将银数改作洋银二千四百二十三元汇津，日下当可收到。而令嫒前交来收用之款共五百七十七元（镯兑款二百零六元五角，海关款二百二十六元五角，又薪水一个月一百四十三），今由京大陆银行汇上。此款五百七十七元与前沪款共得洋三千元正，请公为之全权处置。因维于此等事向不熟悉，且京师亦非善地，须置之较妥之地，亡男在地下当为感激也。”②

王国维当时的经济状况非常糟糕，信中言及：“此次北上旅费，数月后再当奉还。令嫒零用，亦请暂垫。维负债无几，今年与明春夏间当可全楚也。”③从王国维的口气推断，他已经做好了绝交的最坏打算。

时隔一日，王国维又致信罗振玉，口气极为愤怒：“令嫒声明不用一钱，此实无理，试问亡男之款不归令嫒，又当谁归？仍请公以正理谕之。我辈皆老，而令嫒来日方长，正须储此款以作预备，此即海关发此款之本意，此中外古今人心所同，恐质之路人无不以此为然也。京款送到后，请并沪款一并存放，将原折交

① 《王国维年谱长编》，第464页。

② 同上，第464~465页。

③ 《罗振玉王国维往来书信》，第660页。

与或暂代为收存，此事即此已了，并无首尾可言。”①

过了六日，王国维再次致信罗振玉，就遗款问题大发脾气："亡儿遗款自当以令嫒之名存放，否则，照旧时钱庄存款之例，用“王在记”亦无不可。此款在道理、法律，当然是令嫒之物，不容有他种议论。亡儿与令嫒结婚已逾八年，其间恩义未尝不笃，即令不满于舅姑，当无不满于其所天之理，何以于其遗款如此之拒绝？若云退让，则正让所不当让。以当受者而不受，又何以处不当受者？是蔑视他人人格也。蔑视他人人格，于自己人格亦复有损。总之，此事于情理皆说不去，求公再以大义谕之。此款即请公以令嫒名存放，并将存据交令嫒。如一时不易理谕，则暂请代其保存。”②

罗振玉这才收下遗款，随后回信说："奉手书敬悉，亦拳拳以旧谊为言，甚善甚善。弟平日作函不逾百字，赋性简拙，以不愿与人争是非，矧在今日尚有是非可言耶！以来书严峻，所求云云，殊非我心所欲也。此款既由弟代管，拟以二千元贮蓄，为嗣子异日长大婚、学费，余千元别有处置之法，以心安理得为归，不负公所托也。”③

① 《王国维年谱长编》，第 465 页。

② 同上，第 465 页。

③ 《罗振玉王国维往来书信》，第 662 页。

第二节　关系之恶化

罗继祖曾经指出，王国维的续弦潘夫人是原配莫夫人的姨侄女，姑侄同侍一夫在旧时乃是禁忌。王国维的续娶乃是依从了莫夫人临终的遗言，他与年轻的潘夫人结缡后，伉俪情深，但王潜明因为昔日的表姐忽然成了继母，感情上难以服帖。潘夫人又容易受仆媪挑拨，因而王潜明的妻子罗孝纯与潘夫人的关系也不好，有些话时不时还通过罗孝纯的口传到罗振玉耳中。①

这其中值得注意的是，罗振玉在失和期间曾经给王国维写过一封长信，此信乃是罗王失和的关键，罗振玉开篇攻势凌厉："晨奉手书，敬悉一是。书中所言，有钝根所不能解者。公言愈明，而弟之不解愈甚。来书谓小女拒绝伯深遗款，为让人所不当让，以当受者而不受，又何以处不当者？是蔑视他人人格也；蔑视他人人格，于自己人格亦复有损。又云即不满于舅姑，当无不满于所天之理。此节公斩钉截铁，如老吏断狱。以为言之至明矣，而即弟之至不能解。弟亦常稍读圣贤之书矣，于取与之义，古人言之本明。如孟子所谓'可以取，可以无取，取，伤廉。可以与，可以无与，与，伤惠'，平生所知，如是而已。今以让为拒，谓让为损他人人格，亦复伤及自己人格。则晚近或有他理，弟未尝闻之也。"②

① 《王国维之死》，第 174 页。

② 《罗振玉王国维往来书信》，第 661 页。

罗振玉随后的话则极力为女儿辩护，同时指责王国维在儿子去世之后急于领取海关的抚恤金，不仅对此大加挖苦，并且说出了“死者尸骨未寒何必亟亟”这样撕破脸的话。罗振玉同时指责王国维“轻礼重财”。交往数十年的好友有这样的指责，显然给了王国维严重的打击。[①]

当然这些是意气之语，王国维心平气和之后自然可以忽略不计，但是罗振玉随后的话则对王国维存在着致命的伤害：“弟公交垂三十年，方公在沪上，混豫章于凡材之中，弟独重公才秀，亦曾有一日披荆去棘之劳。此三十年中，大半所至必偕，论学无间，而根本实有不同之点。圣人之道，贵乎中庸，然在圣人已叹为不可能，固非偏于彼，即偏于此。弟为人偏于博爱，近墨；公偏于自爱，近杨。此不能讳者也。”[②]

罗振玉当时极力为女儿辩解，可见护犊心切：“至小女则完全立于无过之地。不仅无过，弟尚嘉其知义守信，合圣人所谓夫妇所能，与尊见恰得其反。至此款，既承公始终见寄，弟即结存入银行，而熟筹所以处之之策。但弟偏于博爱，或不免不得遵旨耳。”[③]罗振玉不仅极为护短，更在言辞之中以王国维的恩公自居，丝毫不提及王国维对其本人的影响和帮助，这对于心气极高而自尊心又极强的王国维来说，显然无法接受。

次年二月，王国维赶赴天津为溥仪生日祝寿，与罗振玉相遇，

① 《罗振玉王国维往来书信》，第661页。

② 同上，第662页。

③ 同上，第662页。

居然未语一言，王国维次日即返回北京。二月十四日在致际彪的信中说："弟于十二日赴津，十三日午后本拟趋谒师座，因在客寓稍感寒疾，是以即行回京，歉悚无似。去岁弟因长儿之变，于外稍有欠项。其十月百元之款，弟实无此事，想为叔蕴先生（以己款）假弟之名以济尊处急用者。此事诚不宜揭破，然亦不敢掠美，谨以实闻。"王国维此刻虽然与罗振玉已经绝交，但是在致他人的书信中还不忘为罗振玉说话，可见为人之忠厚。①

第三节　郑孝胥推波助澜

王国维去世，对郑孝胥的震动并不大，六月四日，他的日记中只是用"自沉于昆明湖"，平淡地记载了王国维去世的消息，次日的日记中出现了罗振玉递遗折的记录："罗振玉来，为王国维递遗折，奉旨：予谥忠悫，赏银二千元，派溥伒致祭。见王静安遗嘱。清华学校诸生罢课一日。北京各报记其自沉之状，众论颇为感动。梁启超亦为清华教授，哭王静安甚痛。"②

但是耐人寻味的是，不管是逼债说，还是《殷墟书契考释》王代撰说，其源头归根结底，可能都指向了郑孝胥。林志宏便曾经援引周君适当时的日记，指出周曾经披露逼债说很可能是郑孝胥提出来的，但是林志宏认为郑孝胥日记中有关王国维记载非常

① 《王国维年谱长编》，第486页。
② 《郑孝胥日记》第四册，第2174页。

少，此猜测或者不确。[1]

郑孝胥和罗振玉不睦，即便是当时的溥仪也有所耳闻，后来的斗争日渐激烈的缘由，便是王国维自杀之后的遗折真伪问题，溥仪曾经回忆："那时我身边的几个最善于勾心斗角的人，总在设法探听对手的行动，手法之一是收买对手的仆役，因而主人的隐私，就成了某些仆人的获利资本。在这上面最肯下功夫的，是郑孝胥和罗振玉这一对冤家。罗振玉假造遗折的秘密，被郑孝胥通过这一办法探知后，很快就在某些遗老中间传播开了。这件事情的真相当时并没有传到我耳朵里来，因为，一则谥法业已赐了，谁也不愿担这个'欺君之罪'，另则这件事情传出去实在难听，这也算是出于遗老们的'爱国心'吧，就这样把这件事情给压下去了。一直到罗振玉死后，我才知道这个底细。近来我又看到那个遗折的原件，字写得很工整，而且不是王国维的手笔。一个要自杀的人居然能找到别人代缮绝命书，这样的怪事，我当初却没有察觉出来。"[2]

追谥王国维的圣谕如此写道："南书房行走五品衔王国维，学问博通，躬行廉谨，由诸生经朕特加拔擢，供职南斋。因值播迁，留京讲学，尚不时来津召对，依恋出于至诚。遽览遗章，竟自沉渊而逝，孤忠耿耿，深恻朕怀。著加恩予谥忠悫，派贝子溥伒即日前往奠醊，赏给陀罗经被，并赏银贰千圆治丧，由留京办

① 《民国乃敌国也—— 政治文化转型下的清遗民》，第 281 页。

② 《我的前半生》，第 146 页。

事处发给，以示朕悯惜贞臣之至意。”[①] 可谓万千宠爱，虽然王国维享受了此项荣誉，却使得罗振玉和郑孝胥关系日趋紧张。[②]

第四节　罗振玉的悔悟

罗振玉对王国维之撒手人寰猝不及防，很快便忘却了与王国维之间的个人恩怨，全身心地投入到王国维遗著的整理工作中去。早先担任王国维助手的赵万里，此时和罗振玉一起，成立了观堂遗书刊行会，全力整理王国维未能结集的作品，终于在一九二九年冬天完成了《海宁王忠悫公遗书》。罗振玉更是花费了大量心力增补王国维未刊行的遗文，可见其内心深处的愧疚。[③]

罗振玉在七月二十一日致陈乃乾的信中说：“观堂之变，凡皆士林，莫不痛惜，矧在三十年之故交乎！迩来与其门徒商量善后，为其嗣续谋生计，则遗著刊行，亦可补助。故已议定，其遗著不论已刊未刊或他人代刊者，一律将版权收归其家人。现已由小儿首先捐助印赀，将《流沙访古记》及《人间词话》、静安三十以前诗为《观堂外集》，《清真遗事》、《戏曲考源》、《古剧脚色考》为《外集二编》。印成以后，即将印本归诸其家，售以度日。兄与观堂同乡里，当深赞成也。”[④]

① 参见王庆祥：《王国维罗振玉与溥仪》，《博览群书》，2003 年第 4 期。

② 《民国乃敌国也—— 政治文化转型下的清遗民》，第 281 页。

③ 同上，第 297 页。

④ 《王国维年谱长编》，第 508 页。

罗振玉编辑王国维的遗书，心中感情复杂，莫可言宣："丁卯时局益危，忠悫遂以五月三日自沉于颐和园昆明湖。上闻之悼甚，所以饰终者至厚，予伤忠悫虽致命仍不能遂志，既醵金恤其孤嫠，复以一岁之力，订其遗著之未刊及属草未竟者，编为《海宁王忠悫公遗书》，由公同学为集资印行。念予与忠悫交垂三十年，其学行卓然，为海内大师，一旦完大节，在公为无憾，而予则草间忍死，仍不得解脱世网，至此万念皆灰，乃部署未了各事，以俟命尽。顾匆匆又五年，公平日夙以宏济期予，不知异日将何以慰公于九原也。"[①]

罗振玉后来自称，在王国维家中找到《论政学疏》草稿，是王国维准备上书溥仪的奏折，自己就在这些材料加了按语，写成了《王忠悫公别传》，起首云："公既安窀穸，予乃董理公之遗著，求公疏稿于其家，则公已手自焚毁，幸予箧中藏公《论政学疏》草，盖削稿后就予商榷者，今录其大要于此。"结尾罗振玉强调："爰记其说为公别传，俾当世君子知公学术之本原，固不仅在训诂考证已也。"[②]

罗振玉当时还编印发行了《王忠悫公哀挽录》一书，罗振玉在该书的序言中，揭示了王国维性格中重要的方面："公少负才气，有不可一世之概。三十以后，阅世日深，乃益敛才就范。其为学也，专壹而不旁骛；其闻善也，不护前以自恕；其涉世也，

① 《王国维年谱长编》，第 509 页。

② 同上，第 517~519 页。

未尝专己嫉能；其守义也，不以言语表襮，而操养至切。”[1]这些评价，无疑是知人之论。

① 《追忆王国维》（增订本），第78页。

第二十六章

时局的激变

第一节　北伐军兴

一九二六年四月，冯玉祥在奉直军阀的夹攻下退出北京。王国维在致罗振玉信中说："经月不通音问，在围城中沉闷无似，今日国军退出之后，京津交通想可次第恢复，一月以来，此间尚安谧，虽近日无日不闻炮声，然均远在数十里外。惟今日午国军大部从此间退出后，奉军骑兵即到，遇其残部在清华西里许，开枪一时许，旋即溃散。今日城门皆闭，城中与郊外电话亦不通，想明日可恢复原状矣。"[①] 当时严峻的局势，可谓一触即发。

值得注意的是，王国维去世之后，许多悼念文章或多或少地提到了北伐军进逼北京这一时代背景之于其死的具体影响，大概是王国维在遗嘱中有"经此事变，义无再辱"一语。梁启超也在家书中多次提及北伐军兴之影响。一九二七年这样一个北伐兴起的年代，王国维自沉不妨从梁启超的家书说起。

---

① 《王国维年谱长编》，第453页。

按照张朋园先生在《梁启超与民国政治》一书中的分析，梁启超在北伐之中一贯的态度是反共的，其间还夹杂着对于苏俄以及国民党的反感，而王国维一贯的政治态度，不能不说与任公有诸多相似之处。梁启超在家书中以极为辛辣的笔触，对斯时的政治环境作出了嘲讽："近年来的国民党，本是共产党跑入去借尸还魂的，民国十二三年间，国民党已经到日落西山的境遇，适值俄人在波兰、土耳其连次失败，决定'西守东进'方针，倾全力以谋中国，看着这垂死的国民党，大可利用，于是拿军火作诱饵，那不择手段的孙文竟甘心引狼入室。"①

梁启超进而指出："共产党横行，广东不必说了，各地工潮大半非工人所欲，只是共产党胁迫，其手段在闯入工厂，打毁机器，或把烧火人捉去，现在到处发现工人和共产党闹了，因不愿罢工而被打，实是奇闻。"② 梁启超的如此激烈反共，乃是自民国十二年游欧洲之后逐渐形成，这其中至关重要的转折，是国民党联俄容共之后的急切激进化。一九一五年的下半年，有关苏俄是敌是友的问题曾经引发知识界极大的争论，《晨报副刊》和《京报副刊》曾就此展开激烈争论，当时曾有人将辩论文章编辑成一册，请吴稚晖撰写了序言。③

王国维之死与北伐战争到底关系有多大？这是值得我们深思的问题。考察一九二七年王国维书信，依旧以论学为主，间或夹

① 《梁启超年谱长编》，第 1128 页。

② 同上，第 1145 页。

③ 参见《联俄与仇俄问题讨论集》（影印本）。

杂着诸多杂事，但其中有一封信应该引起我们的注意，即其在自沉前写信给失和已久的罗振玉。此原稿已佚，但尚有知情者知其大要。罗继祖在《庭闻忆略》中曾言："李元星同志（旅顺博物馆干部）提供消息，说他在旅顺博物馆从我父亲被抄去的遗物中发现了观堂给祖父的一封信，是两张红八行写的，内容他也不能全记，只记得上面写了叶奂彬（系叶德辉的字）被难及北伐即将成功云云，意思是唤起祖父的注意，但经过'文革'，这封信现在又无踪迹了。这封信为什么祖父没看到而落到我父亲手里呢？当日天津邮差送信都是送到贻安堂书店，仿佛它是总收发处一样，所以信件都先到我父亲手，我父亲看到这封信的内容，可能他认为给祖父看不大好，就暗地藏起来了，事后也没再和人提。但何以这么多年一直藏在他手边，解放后忽然发露，到了旅顺博物馆，也很奇怪。但元星却言之凿凿，最近曾请他写一文证实一下。通过这封信，可以看出观堂在临死前有过种种考虑，既考虑溥仪，也考虑自己，也考虑祖父，观堂是从最坏处着想的。后来的事实告诉我们，北伐成功，不仅溥仪在津无恙，也未妄杀一人，出观堂所料之外。"[①]

如果李元星所言属实的话，王国维之死的真实原因很大程度上乃是叶德辉被杀、北伐军进逼北京之于王国维的深切震撼。后来王国维的女儿王东明也曾言及此事："这封信，罗继祖并未看到，他估计当时久未通信，很可能是先父为叶德辉事，破例去信

① 参见《王国维罗振玉与溥仪》。

示警的，而他家未敢以呈罗，致保存在他父亲遗箧中，由此可见先父为人的敦厚与怀旧之情的殷笃。”①

梁启超在其家书中曾言及北伐军兴之于王国维之死的具体影响：“他平日对于时局的悲观，本极深刻。最近的刺激，则由两湖学者叶德辉、王葆心之被枪毙。叶平日为人本不自爱（学问却甚好），也还可说是有自取之道；王葆心是七十岁的老先生，在乡里德望甚重，只因通信有‘此间是地狱’一语，被暴徒拽出，极端箠辱，卒致之死地。静公深痛之，故效屈子沉渊，一瞑不复视。”②

第二节 学生的恐慌

陈寅恪的弟子刘节在署名柏生的《记王静安先生自沉事始末》一文中起首即点明题旨，虽未言及王静安之死与时局之关联，但其中的深意，却不难细察：“今岁四五月间，党军下徐州，冯玉祥引兵出潼关，败奉军于河南，直鲁危急，北京大恐。”③

同样，王国维弟子徐中舒亦尝与梁氏有同样之语：“先是长沙叶德辉，武昌王葆心，均以宿学为暴徒枪杀于湘鄂。及奉军战败于河南，北京震恐，以为革命军旦夕即至。其平昔与党人政见不合者，皆相率引避。先生……又深鉴于叶、王等之被执受辱，

---

① 《追忆王国维》（增订版），第396页。

② 《梁启超年谱长编》，第1128~1145页。

③ 《追忆王国维》（增订版），第206页。

遂于民国十六年六月二日愤而自沉云。”①

再者如时在东北的金毓黻，亦在日记中提及北伐军兴的诸多惨状，可见斯时谣言之广：“长沙共产党处老儒叶德辉以极刑，叶公居乡好干预公事，颇乏令望，故为党人所衔……自南中倡共产学说，整军北上，席卷江汉，声势汹涌，而湖南北之学者多见刃于党人，如长沙叶氏、武昌王氏（忘其名），其尤著者也。”②

叶德辉死于北伐，此说已经毫无疑问，但王葆心之死却是谣传。当时王葆心和董必武私交颇密，三十年代王葆心还曾经主持《湖北通志》的编撰工作。③但在当时动荡的时局下，人们对待谣言的态度多半是宁信其有，何况斯时历经政治风雨的梁启超也担心北伐军祸及自身，于是加紧避难天津。梁启超将王葆心之死当做确切消息，亦可以管窥身处吊诡多变之际，人们之于谣言的听信程度。王国维自沉前，曾对来访的姜亮夫说“我总不想受辱，我受不得一点的辱”。在他自沉前夕，曾有扇面题赠谢国桢，扇面诗中录有唐人语“回避红尘是所长”，其自沉之志，加诸遗嘱中“经此事变，义无再辱”，原因之多，皆可引证为王国维自沉之因由。④

---

① 《追忆王国维》（增订版），第 190 页。

② 金毓黻著：《静晤室日记》第三册，辽沈书社，1993 年版，第 1874~1895 页。

③ 叶贤恩著：《王葆心传》，崇文书局，2009 年版，第 130~157 页。

④ 参见《王国维之死》。

第三节　叶德辉之死

叶德辉被杀之前，其弟子陈子展曾经去看他。陈子展问叶德辉是否知道外面宣传“铲除土豪劣绅”之事，叶德辉答曰知晓，并笑言自己乃是藏书家，并非土豪劣绅。当陈子展告知叶德辉有人怀疑其乃是无政府主义者之时，叶德辉也不以为意。陈子展后来追忆：“叶先生一向不说话则已，说话就豪爽、辛辣、警奇、深刻。”①

叶德辉的日本弟子盐谷温后来在《先师叶郎园先生追悼记》中追述叶德辉被杀之时气氛的恐怖，依旧心有余悸：“去岁以来，广东赤化运动浸染湘中，省城内外渐觉不安，人或劝先师避难，先师以革党内不乏相知弟子，且坚信苍天不丧斯文，未从人言。在湘某氏亦寄书语余，谋划迎先师赴东京，余亦于心内盘算，唯并不以为紧急；不意事态急转直下，夏历三月初七日晚六时，先师突然被农工两界暴徒逮捕，初十日正午（或传午后三时），受到特别法庭的人民审判。先师自知不免，闭目不视言道：‘不愿见汝等贱种。’遂以附逆帝制嫌疑罪名，午后四时在浏汤门（疑为浏阳门之误）外识字岭遇害。时年六十四岁。”②

---

① 张晶萍著：《守望斯文：叶德辉的生命历程和思想世界》，中国社会科学出版社，2011 年版，第 299 页。

② 参见盐谷温：《先师叶郎园先生追悼记》，《斯文》，1927 年第 8 期，海客甲译。

盐谷温还援引叶德辉后人所撰《先君叶德辉遇害事实》一文，其间谈到："今岁三月，湘长沙乱起，人皆以先君负重名，为之危，劝其他避，先君以近日既不与人交接，复未论及是非，自可置身事外，不意初七日夜，突有无数暴徒，手持梭标将屋宇包围，时先君方自纂年谱，闻变欲走，然已不及矣。是夜，先君至特别法庭，逾日，亲友往问者，见先君神色自若，以为可保无虞。到初十日亭午，特别法庭委员提问，礼貌尚优，先君自知不免，闭目不视，问之则曰，吾不愿见汝等贱种也。郭纯景有言，命尽今日，汝等亦不久于人世矣。遂遇害。"①

盐谷温追忆，当北伐军进入湖南，湖南农民运动轰轰烈烈时，盐谷温前去看望叶德辉，问叶德辉："圣人言，不居危邦，不入乱邦，先生何不乘槎泛海，访遗文，讲古学，不亦可乎。"叶德辉笑答："上海革命党中，有章太炎者，浙江人，平日与弟无往来，此次在上海军民中宣言，湖南有叶焕彬，不可不竭加保护，若杀此人，则读书种子绝矣。此人真可感，杀我不足惧，惟以弟为读书种子，则真知己也。弟与人笑谈，民军断不杀我，土匪则杀我，民军闻之，莫不大笑。"②

然而当时叶德辉于前途毕竟非常悲观，所以向盐谷温道及："家藏万卷欲留存贵国图书馆，以利两国人钻研。"又长叹道："我子孙必有入贵国籍之日矣。"叶德辉死后，其家人果然境遇颇惨："仆从为之收殓，亲友皆为下泪，时论惜之。呜呼痛哉，所定年

① 参见《先师叶郎园先生追悼记》。
② 同上。

谱即于初七夜失去，后寻觅无由得。时屋宇派人看守，图书均被封存，家人均逃奔在外。至四月二十日乱定，暴徒潜遁，启倬始得归家，检点服物，略有所存，书籍损失过半，幸手著各种书稿本尚存，刊行俟之异日。”[①] 盐谷温追忆往事时，几欲泪下。

有趣的是，当时下达抓捕和审判叶德辉、在北伐中执行左翼激进路线的柳直荀，最终自食其果，三十年代在湖北因肃反扩大化被杀。柳直荀后来戏剧性的为人所铭记，乃是因为一九五七年柳直荀的未亡人李淑一把她写的纪念柳直荀的一首《菩萨蛮》词寄给毛泽东。毛泽东复信李淑一，并附《蝶恋花·答李淑一》词一首，其中有“我失骄杨君失柳”一句，诗中的“柳”，便是柳直荀。

第四节　日本人的追忆

王国维遗嘱中之“世变”，既可以理解为北伐军之步步紧逼，其实亦可理解为一九二五年冯玉祥逼宫一事。陈寅恪挽词中有“南斋侍从欲自沉，北门学士邀同死”一语，又在挽诗中有“越甲未应公独耻”一语，皆指出一九二五年“逼宫”之后，王、罗、柯三人相约赴死而未践诺给王国维留下的心理阴影。

在一九二五年，王国维曾有信致狩野直喜，谈及逼宫一事。此信一九二七年由狩野直喜在怀念文章中公开，王国维一改论学

① 参见《先师叶郎园先生追悼记》。

之平静，开始追忆往事，并联系时局，写下惊人之语："一月以来，日在惊涛骇浪间。十月九日之变，维等随车驾出宫，白刃炸弹夹车而行，比至潜邸，守以兵卒，近段、张入都，始行撤去，而革命大憝，行且入都，冯氏军队尚踞禁御，赤化之祸，旦夕不测。"①

当时另外一位日本学人川田瑞穗所写悼词，在众多跟风之文后，也显得别具一格。川田与罗、王并无深交情，但却有旁观者之清醒，他在文中谈及王国维思想变化与其自沉之因果，独具慧眼："西洋过激之思想，滔滔浸润东洋之天地，实为危险万状，苟为读书讲道之士，当奋起而障此狂澜，若低首缩尾，甚至迎合潮流，立奇矫之言论，平生读孔孟之书，所学为何事耶？"②

文中所言"西洋过激之思想"，当然包括苏俄激进的共产学说。与王国维素来相交甚深的罗振玉，虽然在王国维自沉前夕与王国维不无仇隙，但是在其去世之后，曾为王国维伪造一封遗折上书皇帝，陈述自沉之志。此遗折虽然为伪造，但是可以看做罗振玉对于王国维之死的具体看法。

罗振玉代写的遗折中，可谓句句沉痛，和王国维之口吻如出一辙："臣王国维跪奏，维报国有心，回天无力，敬陈将死之言，仰祈圣鉴事。窃臣猥以凡劣，遇蒙圣恩。经甲子奇变，不能建一谋、画一策，以纾皇上之忧危，虚生至今，可耻可丑！迩者赤化将成，神州荒翳。当苍生倒悬之日，正拨乱反正之机。而自揣才

① 《追忆王国维》（增订版），第346页。

② 同上，第400页。

力庸愚，断不能有所匡佐。而二十年来，士气消沉，历更事变，竟无一死节之人，臣所深痛，一洒此耻，此则臣之所能，谨于本日自湛清池。伏愿我皇上日思辛亥、丁巳、甲子之耻，潜心圣学，力戒晏安……请奋乾断，去危即安，并愿行在诸臣，以宋明南渡为殷鉴，弃小嫌而尊大义，一德同心，以拱宸极，则臣虽死之日，犹生之年。”①

此封遗折中，论及辛亥革命、张勋复辟、冯玉祥逼宫等诸事，此皆王罗二人亲历，可以视作罗振玉造假之证据，但“赤化将成”、“甲子之耻”、“一洒此耻”，则显示了王罗二人心灵暗合之处，时局之激变，尽在遗折之中。

① 《王国维之死》，第338页。

第二十七章

王氏之死

第一节　死前的镇定

现今人们已经无法具体考证王国维从何时决意赴死，但是王国维赴死之前的镇定，却是绝大多数人的共识，这其中一个重要的细节，乃是王国维死前和谢国桢的一番对话。据谢国桢事后回忆，在王国维逝世之前的六月一日，他因友人所托，请王国维书写扇面两页，其一已送给友人，谢国桢存留其一。当王国维写扇面时，将桢之名误写为兄，王国维赴颐和园后，又返校园办公室用墨笔涂改“兄”为“弟”字，然后又进颐和园鱼藻轩前从容投水。[①]

这个扇面上所写的是唐末韩偓所作的七言律诗二首，头一首题目是《即目》，亦作《即日》；第二首题目是《登南神光寺墖院》。王国维同时给赵万里写的扇面诗的内容一样，但是题目却署的乃是《玉山樵人诗》，王国维同时附注：“樵人诗出于玉山，

① 《追忆王国维》（增订版），第158页。

神味相似，而风骨转遒。”[①]

王国维所录这两首诗的第一首云：“生灭原知色即空，眼看倾国付东风。惊回绮梦憎啼鸟，罥入情丝奈网虫。雨里罗衾寒不寐，春阑金缕曲方终。返生香岂人间有，除奏通明问碧翁。流水前溪去不留，余香骀荡碧池头。燕衔鱼唼能相厚，泥污苔遮各有由。委蜕大难求净土，伤心最是近高楼。庇根枝叶繇来重，长夏阴成且少休。”[②]

第二首云：“万古离怀增物色，几生愁绪溺风光。废城沃土肥春草，野渡空船荡夕阳。倚道向人多脉脉，为情因酒易伥伥。宦途弃掷须甘分，回避红尘是所长。无奈离肠易九回，强摅怀抱立高台。中华地向城边尽，外国云从岛上来。四叙有花长见雨，一冬无雪独闻雷。日宫紫气生冠冕，试望扶桑倦眼开。”[③]

值得注意的是，也就在同时，小朝廷中王国维的好友金梁访问王国维。金梁事后在《王忠悫公殉节记》中追忆：“公殉节前三日，余访之校舍。公平居静默，是日忧愤异常时。既以世变日亟，事不可为，又念津园可虑，切陈左右，请迁移，竟不为代达，愤激几泣下。余转慰之。谈次，忽及颐和园，谓‘今日干净土，唯此一湾水耳’。盖死志已决于三日前矣。”[④]

当日王国维还参加了放暑假之前的惜别会，事后弟子姚名达

---

① 《追忆王国维》，第 188 ~ 189 页。

② 《王国维年谱长编》，第 499 页。

③ 同上，第 500 页。

④ 《王国维之死》，第 29 页。

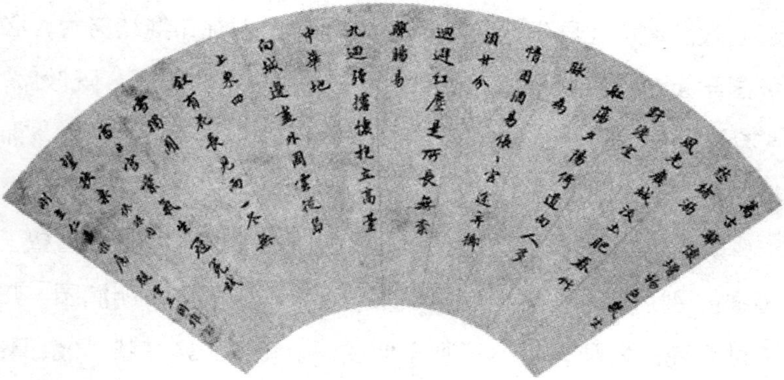

王国维临终前写给学生谢国桢的扇面

追忆："餐前聚坐，谈笑不拘形迹。有与众谈蒙古史料者，则静安先生是也。布席凡四，欢声沸腾。惟先生之席，寂然无声。不知先生之有所感而不欢欤？抑是席同学适皆不善辞令欤？然众方畅谈别情，不遑顾也。"[①] 姚名达此处，无疑带着悔恨的心情。

当时梁启超也没有注意到王国维情绪上的异常，反而认为国学院之后大有可为，王国维亦表赞同："肴设将罄，任公先生忽起立致辞，历述同学成绩之优越，而谓：'吾院苟继续努力，必成国学重镇无疑。'众皆谛听，静安先生亦点头不语。既散席，与众作别如平时，无异态。呜呼，孰知先生以此时死别诸生，而斯会竟若促先生之死也！"[②]

姚名达后来回忆，参加完宴会之后他曾和同学顺道去看望王国维："别后有顷，名达与同学朱广福、冯国瑞同游朗润园。归途过西院，朱君忽问：'王师家何在，余竟未一窥其状。'余谓：'盍往访乎？'既至，书室阒然无人，呼侍者电问南院在陈先生家否？则曰：'在，即至矣！'俟之，果至。恳恳切切，博问而精答，相语竟一小时。晚餐已到，起身告辞，先生又送至庭中，亦向例也。"[③] 但是这一次送客，也是姚名达记忆中的最后一次。

① 《追忆王国维》（增订版），第 180 页。

② 同上，第 180 页。

③ 同上，第 180 页。

第二节　赴死的从容

金梁后来在《王忠悫公殉节记》中描述了王国维自沉之情景："公晨起赴校，复雇车到颐和园，步至排云殿西鱼藻轩前，临流独立，尽纸烟一枚，园丁曾见之。忽闻有落水声，急往援起，不过一二分钟，早已气绝矣。时正巳正也。轩前水深才及腹，公跳下后，俯首就水始绝，故头足尽没水中，而背衣犹未尽濡湿也。初众不知为公，及日午，见园门一车独留，谓待乘客未出，问其状相符，而家中人待公终日未归，问校中亦不知何往，唯车夫有见雇车至园者，其公子急往园，则园警适来访报，奔入省视，果公，已日暮矣。"[①]

与此类似的是，王国维的儿子王贞明也曾经回忆："父亲大人于前日八时至公事室，与平时无异。至九时许，忽与旁人借洋三元。但此人身无现洋，故即借一五元之纸币。后即自雇一洋车，直到颐和园，购票入内。至佛香阁排云殿下之昆明湖旁，即投水。时离约四丈处有一清道夫，见有人投水，即刻亦跳入水，即救上岸。但虽未喝水，然已无气。入水中至多一分钟，亦未喝水，因年岁关系，故无救。"[②]

王国维的学生刘节后来也有相同的回忆："研究院办公处侯厚培先生为吾侪言：'先生今早八时即到校，命院中听差往其私

① 《王国维之死》，第 29 页。

② 同上，第 31 页。

第取诸君成绩稿本，且共谈下学期招生事，甚久。言下，欲借洋二元，予即与以五元钞票一，即出办公室。’据园丁云：‘先生约上午十点钟左右进园，初在石舫前兀坐久之，复步入鱼藻轩，吸纸烟。旋即闻投湖声，及得救，其间不及二分钟，而气已厌。死时里衣犹未湿也。’凡此皆事后得之贞明君转述者：盖先生年老，湖水虽浅，底皆污泥，入水时必头先触底，以至口鼻俱为泥土所塞，因之气窒。园丁不知急救术，以是贻误而死。若使当时即以人工呼吸法营救，或能更生，亦未可知也……盖先生淹没已经二十余小时，面目紫胀，四肢拳曲，匍匐地上。”①

王国维的遗书写道：“五十之年，只欠一死。经此世变，义无再辱。我死后，当草草棺殓，即行槁葬于清华茔地。汝等不能南归，亦可暂于城内居住。汝兄亦不必奔丧，因道路不通，渠又不曾出门故也。书籍可托陈（陈寅恪）、吴（吴宓）二先生处理。家人自有人料理，必不至不能南归。我虽无财产分文遗汝等，然苟谨慎勤俭，亦必不至饿死也。”②

第三节　三次追悼会

王国维去世后两周，当时旅京的同乡旧友，假座北京下斜街全浙会馆，为王国维举行了悼念大会。大会中间置放王国维遗照和遗嘱，王氏的亲属列于左右，四壁挂满了挽联。罗振玉当时专

---

① 《王国维之死》，第33~34页。

② 《追忆王国维》（增订版），第157页。

门从天津赶来，赵万里等人前后奔忙。吊客中有逊清皇帝溥仪派来的使者，也有前清的遗老，有新旧学者、教授、官吏，也有日本和欧洲的友人，可谓极一时之盛。当时有一份吊客名单，尽管并不完全，但从中也可窥见王国维在学界的影响和交往。遗老有金梁、溥儒、耆龄等，清华国学院师生有赵元任、姜寅清（亮夫）、容庚、张荫麟等，当时在天津的中岛比多吉、小平总治等人也参加了这次追思会。①

此外，罗振玉又在天津日租界公会堂，为王国维举行了另一次追悼会，参与者也非常多。罗振玉广邀中日名流、学者，在日租界日本花园里为“忠悫公”设灵公祭，宣传王国维的“完节”和“恩遇之隆，为振古所未有”。罗振玉挽王国维的联语是这样的：“至诚格天，邀数百载所无旷典；孤忠盖代，系三千年垂绝纲常。”在这次追悼会上，罗振玉声泪俱下，令在场的遗老遗少也不觉为之动容。②

而王国维生前的日本友人狩野直喜、内藤虎次郎、铃木虎雄等人，在京都的袋中庵，招僧佐氏读经，又为王国维开了一次追悼会。③狩野直喜在《王静安先生殉节纪念帖引》中写道：“王忠悫公学问渊博，践履笃实，遭世迍邅，矢志靡贰。比因战祸纷起，中原糜烂，其势汹汹，恐将不利故主，忧愤满胸，计无所

---

① 参见刘墨：《王国维自沉的前前后后》，《传记文学》，2006年第3期。

② 同上。

③ 同上。

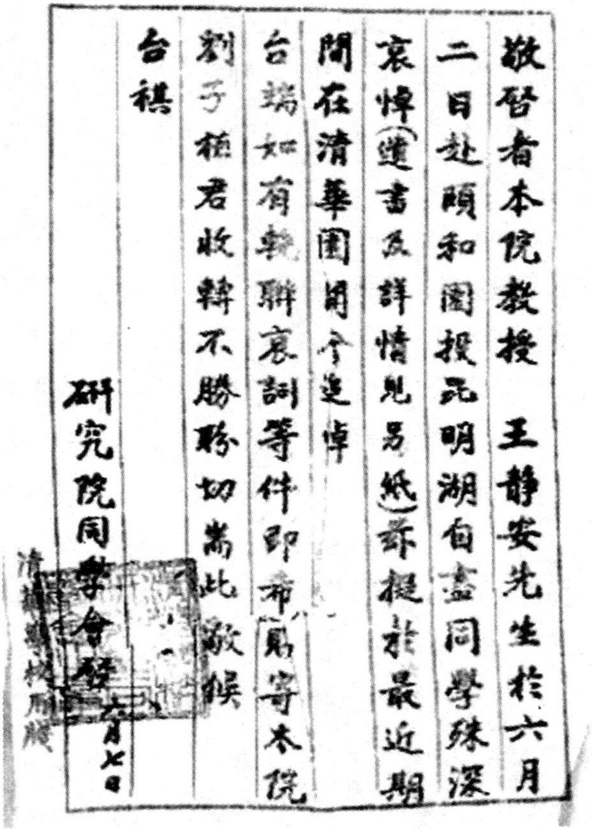
敬啓者本院教授 王靜安先生於六月
二日赴頤和園投昆明湖自盡同學殊深
哀悼(遺書及詳情見另紙)茲擬於最近期
間在清華園開會追悼
台端如有輓聯哀詞等件即希賜寄本院
劉子植君收轉不勝盼切耑此敬候
台祺
研究院同學會啓 六月七日

王国维去世后清华国学院同学会发布的启事

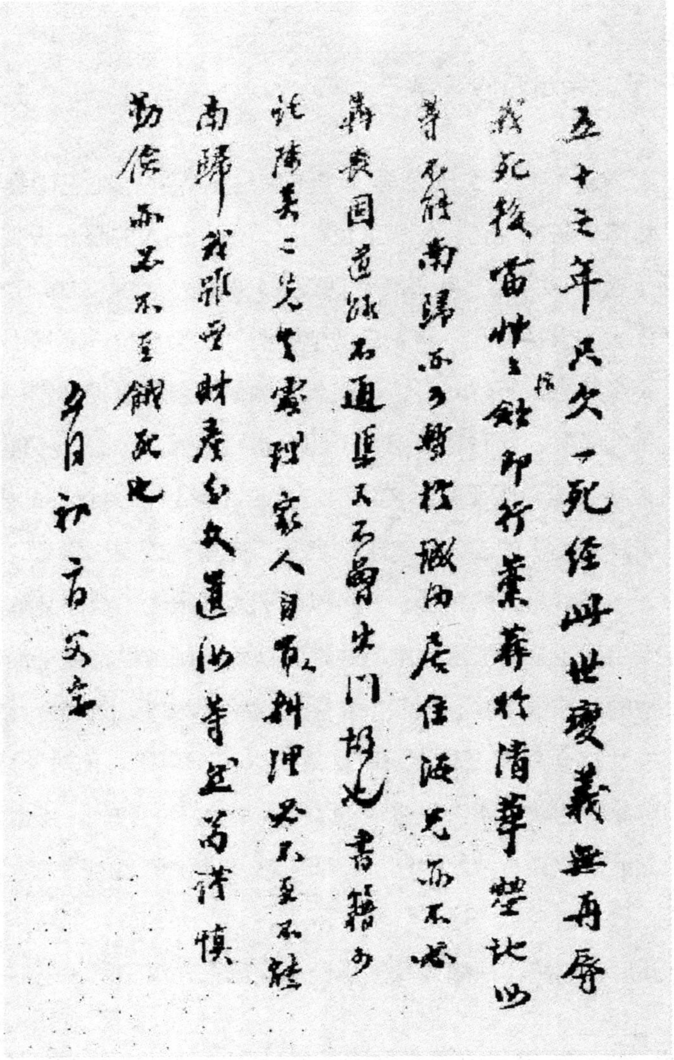
五十之年只欠一死經此世變義無再辱
我死後當草草棺斂即行藁葬於清華塋地汝
等不能南歸亦可暫於城內居住汝兄亦不必
奔喪因道路不通渠又不曾出門故也書籍可
託陳吳二先生處理家人自有人料理必不至不能
南歸我雖無財產分文遺汝等然苟謹慎
勤儉亦必不至餓死也
五月初二日父字

王国维遗书

出，遂投昆明而死。”[①]

第四节 梁启超的哀悼

梁启超于九月二十日参加了王国维的葬礼，在王国维的墓前，对清华研究院诸生发表演讲指出，依欧洲人的眼光看来，自杀乃是怯弱的行为；基督教且认做一种罪恶。在中国却不如此，许多伟大的人物有时以自杀表现他的勇气。梁启超进而援引孔子的“不降其志，不辱其身，伯夷叔齐欤”来形容王国维宁可不生活，不肯降辱；同时亦指出，王国维本可不死，只因既不能屈服社会，亦不能屈服于社会，所以终究要自杀。伯夷叔齐的志气，就是王静安先生的志气。这样的自杀，完全代表中国学者“不降其志，不辱其身”的精神；不可以欧洲人的眼光去苛评乱解。[②]

梁启超还分析了王国维的性格，认为王国维性格复杂而且矛盾：他的头脑很冷静，脾气很和平，情感很浓厚，只因有此三种矛盾的性格合并在一起，所以结果可以至于自杀。他对于社会，因为有冷静的头脑所以能看得很清楚；有和平的脾气，所以不能取激烈的反抗；有浓厚的情感，所以常常发生莫名的悲愤。积日既久，只有自杀之一途。[③]

此后梁启超还扶病为《国学论丛》第一卷第三号《王静安先

---

① 《追忆王国维》（增订版），第 157 页。

② 《王国维之死》，第 52 页。

③ 同上，第 52 页。

生纪念号》写了序言，其中言及王国维之死，痛心疾首："先生没齿仅五十有一耳，精力尚弥满，兴味飙发曾不减少年时，使更假以十年或二十年，其所以靖献于学者云胡可量？一朝嫉俗，自湛于渊，实全国乃至全世界学术上不可恢复之损失，岂直我清华学校国学研究院同学失所宗仰而已！"[①]

实际上梁启超当年除却丧失王国维这位重要的朋友而外，康有为也在这一年的年初在青岛撒手人寰，与王国维之死仅仅相隔两个月。梁启超在给儿女的书信中提及此事，也只是汇了几百元钱去。早在年初，梁启超曾经亲自前往沪上贺寿，但是并未留下相关的记录。康有为去世之后，梁启超当时因为生病，写了一篇祭文和挽联参加了公祭，但是在情感方面显然不如王国维之死的刺激大。[②]

梁启超生前对于王国维非常尊重，笔者曾经听冯天瑜先生说起，当时乃父冯永轩在清华读书时，便觉得梁启超对王国维不是一般的尊重。梁启超年纪比王国维长，而且当年梁启超在《时务报》凭借一只巨笔搅动晚清言论界时，王国维还只是《时务报》打杂的一名书记员，而且王国维本人后来在文章中曾经表示过对梁启超的不屑一顾。但是每次师生合影时梁启超总是请王国维坐在中间，而王国维本人并不推辞，这也可以看出王先生内心深处的自信。

---

① 《王国维之死》，第 55 页。

② 《梁启超年谱长编》，第 725 页。

第二十八章

围绕罗、王的争议

第一节　陈寅恪的刻意拔高

值得注意的是，王国维去世之前，即一九二六年七月末，其好友蒋汝藻五十寿辰时，曾经写下《乐庵居士五十寿序》为之贺寿，此序乃是王国维生平最后一篇自述，其意义不可小觑。王国维首先回顾了蒋汝藻的藏书之于自己学术成长的重要意义："余与乐庵居士生同岁，同籍浙西，宣统之初，又同官学部，顾未尝相知也。辛亥后，余居日本，始闻人言，今日江左藏书有三大家，则刘翰怡京卿、张石铭观察与居士也。丙辰之春，余归海上，始识居士，居士亢爽有肝胆，重友朋，其嗜书盖天性也。余有意乎其为人，遂与定交，由是得尽览其书。居士获一善本，未尝不以诏余，苟有疑义，未尝不与相商度也。"①

王国维继而言及蒋汝藻帮助其刊行著作的辛苦："余家无书，辄假诸居士，虽宋椠明钞，专一力取之，俄顷而至。癸亥春，居

① 《王国维年谱长编》，第459~460页。

羲農去我久舉世少復真汲汲魯
中叟彌縫使其淳鳳鳥雖不至禮樂
暫得新洙泗輟微響漂流逮狂秦詩書
復何罪一朝成灰塵區區諸老翁為事
誠殷勤 淵明飲酒詩
永軒仁弟屬 觀堂王國維

王国维书赠冯永轩

士编其藏书目既成，又为余校刊《观堂集林》，未就，而余奉入直南斋之命。居士颇庄余行，余甚感居士意，而义不可辞，遂夙驾北上。”[①]言语之中不胜唏嘘。

随后王国维回顾了自己目睹清室巨变以来的心路历程，和蒋汝藻颇有类似，因而感慨颇多：“逾年而遭甲子十月十日之变，自冬徂春，艰难困辱，仅而不死，而居士亦以贸迁折阅，至乙丙间，遂亡其书。”[②]通常而言，王国维在为他人撰写的寿序中很少言及政治，但是在此明确提到了溥仪出宫，可见事情已经过了两年，王国维依旧对此耿耿于怀。

迄今为止有关王国维自沉的评述，世人多首推陈寅恪。陈寅恪不仅撰写了《王观堂先生挽词》这样的长篇悼亡诗，更以简明扼要的《清华大学王观堂先生纪念碑铭》阐明了王国维之死的文化意味，同时还为王国维的遗著写了序言，加上挽联和七律挽诗在内，其数量几乎可以和罗振玉比肩，可见王国维之死确实让陈寅恪产生了感同身受的共鸣，使其早年的遗少情怀，忽然得到了激发。

陈寅恪在挽联中写道：“十七年家国久魂消，犹余剩水残山，留与累臣供一死；五千卷牙签新手触，待检玄文奇字，谬承造命倍伤神。”此处陈寅恪将王国维看作遗老，进而认定王国维之死

① 《王国维年谱长编》，第460页。

② 同上，第460页。

乃是学术上重大的损失，对于王国维临终所托，深感责任重大。[1]陈寅恪继而在挽诗中写道："敢将私谊哭斯人，文化神州丧一身。越甲未应公独耻，湘累宁与俗同尘。吾侪所学关天意，并世相知妒道真。赢得大清干净水，年年呜咽说灵均。"此处陈寅恪已经将王国维比喻成自沉汨罗江的屈原，明确无误的认定王国维乃是殉清。[2]

陈寅恪随后在写就的挽词中，集中表达了对于王国维之死的看法，并在挽词的序言中指出，凡一种文化值衰落之时，为此文化所化之人，必感苦痛，其表现此文化之程量愈宏，则其所受之苦痛亦愈甚。陈寅恪继而指出，吾中国文化之定义，具于《白虎通》三纲六纪之说，其意义为抽象理想最高之境，和希腊柏拉图所谓 Idea 者异曲同工，因此王国维所殉之道，与所成之仁，均为抽象理想之通性，而非具体之一人一事。[3]

陈寅恪同时感慨，近数十年来，自道光开始迄乎今日，社会经济之制度因为外族侵迫的原因，导致剧烈的变迁；因而纲纪之说无所依凭，今日乃是赤县神州值数千年未有之巨劫奇变，劫尽变穷，因而王国维这样为文化精神所凝聚之人，必然会与之共命而同尽，王国维先生所以不得不死。[4]

据姜亮夫回忆，王国维的葬礼上，研究院的师生都行鞠躬

---

① 胡文辉著：《陈寅恪诗笺释》，广东人民出版社，2008 年版，第 929~930 页。

② 同上，第 28~34 页。

③ 同上，第 42~43 页。

④ 同上，第 44 页。

礼，唯独陈寅恪行三叩九跪大礼，师生为之动容。但是姜亮夫亦指出，同学中也有两人在灵堂上干哭无泪，像狸猫叫。[①] 由此可见陈寅恪对王国维之死的痛心。

一九二九年，也就是王国维自沉后二年，清华研究院同仁为王国维立了一块纪念碑，请陈寅恪撰写碑文。陈寅恪数度推辞，最后勉强答应。陈寅恪在此借由对王国维的缅怀，将其对于学术的看法，集中做出了表达："士之读书治学，盖将以脱心志于俗谛之桎梏，真理因得以发扬。思想而不自由，毋宁死耳。先生以一死见其独立自由之意志，非所论于一人之恩怨，一姓之兴亡。呜呼！树兹石于讲舍，系哀思而不忘。表哲人之奇节，诉真宰之茫茫。来世不可知者也，先生之著述，或有时而不彰。先生之学说，或有时而可商。惟此独立之精神，自由之思想，历千万祀，与天壤而同久，共三光而永光。"[②] 陈寅恪晚年撰写《柳如是别传》，所强调的恰恰是独立与自由。

第二节　溥仪的猜测

溥仪生前对王国维印象很好，从现在存世的资料来看，找不到溥仪对王国维不满的话，反倒是溥仪对罗振玉印象不好。溥仪晚年回忆旧事，认为罗振玉乃是彻头彻尾的骗子："他在日本的那些年，靠日本书商关系结交了一批朝野名流，有许多日本人把

---

① 《陈寅恪先生年谱长编》，第 102 页。

② 陈寅恪著：《金明馆丛稿二编》，三联书店，2001 年版，第 246 页。

他看成了中国古文物学术的权威，常拿字画请他鉴定。他便刻了一些‘罗振玉鉴定’、‘罗振玉审定’的图章，日本古玩商拿字画请他盖一次，付他三元日金，然后再拿去骗人。”①

不仅如此，溥仪还认为罗振玉还假冒古人印章，以为渔利：“后来他竟发展到仿刻古人名章印在无名字画上，另加上‘罗振玉鉴定’章，然后高价出卖。他时常借口忙，把人家拿来请他鉴定的珍贵铜器，拖压下来，尽量多拓下一些拓片出卖。他的墨缘堂出售的宋版书，据说有一些就是用故宫的殿版《图书集成》里的扉页纸伪造的。殿版纸是成化纸或罗纹纸，极像宋版书用纸。据说内务府把那批殿版书交罗振玉代卖时，他把那一万多卷书的空白扉页全弄了下来，用仿宋体的刻版印了‘宋版’书。我当时对这事是根本不知道的。”②

当然有些事乃是溥仪亲身经历，所以对罗振玉的指责也不是没有来由：“有人说，罗振玉人品固然不佳，才学还好。据我看，他的才学究竟有多少，也很值得怀疑。在‘伪满’时有一次他拿来一批汉玉请我观赏。我对汉玉说不上有什么研究，只是因为十分爱好，收藏了不少，所谓不怕不识货，就怕货比货。当然，所谓汉玉，并不是非汉朝的不可，这只不过是对古玉的惯称。我看过罗振玉拿来的汉玉，不禁对他的‘才学’暗吃一惊，因为全部都是假货。”③

① 《我的前半生》，第 168 页。
② 同上，第 168 页。
③ 同上，第 168 页。

对于当时罗振玉和王国维的关系，溥仪记得罗振玉并不经常到宫里来，王国维经常替他“当值”，告诉他当他不在的时候，宫里发生的许多事情。溥仪继而指出：“王国维对他如此服服帖帖，最大的原因是这位老实人总觉得欠罗振玉的情，而罗振玉也自恃这一点，对王国维颇能指挥如意。我后来才知道，罗振玉的学者名气，多少也和他们这种特殊瓜葛有关。王国维求学时代十分清苦，受过罗振玉的帮助，王国维后来在日本的几年研究生活，是靠着和罗振玉在一起过的。王国维为了报答他这份恩情，最初的几部著作，就以罗振玉的名字付梓问世。罗振玉后来在日本出版、轰动一时的《殷墟书契》，其实也是窃据了王国维甲骨文的研究成果。”①

此处可以看到，溥仪的逼债说，乃是从郑孝胥处听来，除此而外溥仪还是王国维去世之后逼债说的重要来源：“罗、王二家后来做了亲家，按说王国维的债务更可以不提了，其实不然，罗振玉并不因此忘掉了他付出过的代价，而且王国维因他的推荐得以接近‘天颜’，也要算做欠他的情分，所以王国维处处都要听他的吩咐。我到了天津，王国维就任清华大学国文教授之后，不知是由于一件什么事情引的头，罗振玉竟向他追起债来，后来不知又用了什么手段再三地去逼迫王国维，逼得这位又穷又要面子的王国维，在走投无路的情况下，于一九二七年六月二日跳进昆明湖里自杀了。”②

---

① 《我的前半生》，第168页。

② 同上，第145页。

溥仪之所以对罗振玉耿耿于怀的原因，乃是王国维去世之后罗振玉伪造遗折之事，溥仪一直对此颇为在意："王国维死后，社会上曾有一种关于国学大师殉清的传说，这其实是罗振玉做出的文章，而我在不知不觉中，成了这篇文章的合作者。过程是这样：罗振玉给张园送来了一份密封的所谓王国维的'遗折'，我看了这篇充满了孤臣孽子情调的临终忠谏的文字，大受感动，和师傅们商议了一下，发了一道'上谕'说，王国维'孤忠耿耿，深堪恻悯……加恩谥予忠悫，派贝子溥伒即日前往奠醊，赏给陀罗经被并洋二千元……'罗振玉于是一面广邀中日名流、学者，在日租界日本花园里为'忠悫公'设灵公祭，宣传王国维的'完节'和'恩遇之隆，为振古所未有'，一面更在一篇祭文里宣称他相信自己将和死者'九泉相见，谅亦匪遥'。其实那个表现着'孤忠耿耿'的遗折，却是假的，它的编造者正是要和死者'九泉相见'的罗振玉。"①

溥仪对于罗振玉的欺骗，是不能原谅的，所以在回忆录中对罗振玉大加挖苦："罗振玉给王国维写的祭文，很能迷惑人，至少是迷惑了我。他在祭文里表白了自己没有看见王国维的'封奏'内容之后，以臆测其心事的手法渲染了自己的忠贞，说他自甲子以来曾三次'犯死而未死'。在我出宫和进日本使馆的时候，他都想自杀过，第三次是最近，他本想清理完未了之事就死的，不料'公竟先我而死矣，公死，恩遇之隆，为振古所未有，予若

---

① 《我的前半生》，第145~146页。

继公而死，悠悠之口或且谓予希冀恩泽'，所以他就不便去死了，好在'医者谓右肺大衰，知九泉相见，谅亦匪遥'。这篇祭文的另一内容要点，是说他当初如何发现和培养了那个穷书记，这个当时'黯然无力于世'的青年如何在他的资助指点之下，终于'得肆力于学，蔚然成硕儒'。总之，王国维无论道德、文章，如果没有他罗振玉就成不了气候。那篇祭文当时给我的印象，就是这样。"①

第三节 傅斯年的道听途说

王国维去世之后存在诸多争议，其中以《殷墟书契考释》乃是出于王国维代撰的说法，在学界引起的争议最大，以至于罗振玉为此至今遭受污名。傅斯年在发表的《殷历谱序》一文中写道："此书题罗振玉撰，实王氏之作，罗以五百元酬之，王更作一序，称之上天，实自负也。罗氏老贼于南北史、两唐书甚习，故考证碑志每有见地，若夫古文字学固懵然无知。王氏卒后，古器大出，罗竟搁笔，其偶辑矢令尊，不逮初学，于是形态毕露矣！亦可笑也。"②

傅斯年的这一说法，让人大跌眼镜的是，来源居然是陈寅恪的口述。傅斯年曾经回忆："民国十六年夏，余晤陈寅恪于上海，为余言王死故甚详，此书本王氏自作、自写，因受罗赀，遂以畀

① 《我的前半生》，第 146 页。

② 《王国维之死》，第 106 页。

之。托词自比张力臣，盖饰言也。后陈君为王作挽词，再以此事叩之，不发一言矣。”当然这并非傅斯年第一次问陈寅恪这一问题，傅斯年随后还问过一次：“今日又询寅恪，此书王君所得代价？寅恪云：王说，罗以四百元为赠。”①

仔细分析这些傅斯年所援引的陈寅恪的言论，就会发现许多可疑之处。王国维去世之后四年之间，傅斯年三次向陈寅恪问起此事，而陈寅恪三次回答也不尽相同，第一次称王国维“自作自写”，第二次“不发一言”，第三次言罗振玉为此书“以四百元相赠”于王国维，但是傅斯年两次提及的金额并不相同，难免有虚构的成分。黄裳曾认为陈寅恪践行了不与“流俗恩怨荣辱委琐龌龊之流”同流合污，所以保持沉默。②但是黄裳此言，显然有为陈寅恪辩护的嫌疑。

当然傅斯年不仅仅援引陈寅恪的言论坐实罗振玉的罪名，同时在多处批注中对罗振玉提出批评。傅斯年曾经如此评价《殷墟书契考释》：“此书再版，尽删附注叶数，不特不便，且实昧于此书著作之体，举证孤悬，不登全语，立论多难复核矣。意者此亦罗氏露马脚处乎？”又言：“此文所论至允，不自尝甘苦者不能如此明了也。罗振玉以四百元买此书，竟受其作者如此推崇而不惭，其品可知矣。”③

傅斯年后来还曾经多次抨击罗振玉为老贼，依然要连带《殷

① 高阳：《高阳说诗》，辽宁教育出版社，1998年版，第103页。

② 《王国维之死》，第111页。

③ 同上，第110页。

墟书契考释》的作者问题："此书亦罗贼窃名者，罗以四百元馈王（王为陈寅恪言之）。既是已作，其自许如此。"又言："此书亦王氏一人所作，而罗贼刊名者。"傅斯年还曾经如此评价罗振玉："罗氏老贼于南北史、两唐书甚习，故考证碑志每有见地，若夫古文字学固懵然无知。王氏卒后，古器大出，罗竟搁笔，其偶辑矢令尊，不逮初学，于是形态毕露矣！亦可笑也。"[①]

傅斯年还和甲骨文权威董作宾谈论此事："彦堂近自旅顺晤罗返，云与之谈殷契文，彼颇有不了了之处，此可记之事也。"[②]可见傅斯年对此事一直密切关注，有趣的是，即便是傅斯年言之凿凿如此，陈寅恪在自己的著作或者与别人的对谈中却从未就此事发表任何看法，萧文立便认为傅斯年诬陷罗振玉。傅斯年之反对罗振玉，是因为罗振玉堕落为汉奸，似乎激于民族大义。他站的是民族气节高地，所以气势汹汹不可一世。

第四节　后世的以讹传讹

而在其后，郭沫若也进一步发挥了傅斯年的说法："王对于罗似乎始终是感恩怀德的，他为了要报答他，竟不惜把自己的精心研究都奉献了给罗，而使罗坐享盛名。例如《殷墟书契考释》一书，实际上是王的著作，而署的却是罗振玉的名字，这本是学界周知的秘密。单只这一事也足证罗的卑劣无耻，而王是怎样的

① 《王国维之死》，第110页。
② 同上，第110页。

克己无私报人以德的了。”[①]

谣言经由郭沫若这一层，终于发扬光大，周传儒后来认为：“罗振玉之印行《殷墟书契考释》、《菁华》诸书，王氏躬与其役。《殷墟书契考释》，则王氏所手书也。题名虽为罗氏撰，实则王氏亦与有力焉。”周传儒并引王国维《殷墟书契考释跋》语“比草此书，又承写官之乏，颇得窥知大体，扬搉细目”，弦外之音，盖可知矣。[②]

何士骥则发挥了周传儒的说法，但是对罗振玉依然肯定：“罗氏于甲骨之学，著有重要之书十数种，又与王静安先生著《殷墟书契考释》，最称巨作。”但是随后何在文中附注：“此书规模体例大致出于王手。”[③]何如此犹豫不决，显然是道听途说，没有确凿的证据。

周传儒和何士骥两人的说法，乃是张舜辉引出，进而引起世人注意，但是张舜辉本人却并不赞同周、何两人的说法，并且援引王国维生前的自述，说明此书确为罗振玉所撰写。商承祚亦赞成张舜辉的意见，同时声称陈梦家生前曾经和自己言及，请自己去他家看一看罗振玉当年写作此书的手稿，但是他本人没有亲眼见到手稿，只表示听说此稿归考古所。[④]

后来胡厚宣也参加了这场漫长的论争，指出罗振玉并非暗袭

---

① 《王国维之死》，第106页。
② 同上，第106页。
③ 同上，第107页。
④ 同上，第112~114页。

之人。胡氏曾经见过罗振玉所作《殷墟书契待问编》，其中凡是王国维所创获，皆注明王释，而且此书为私人所用之草本笔记，并未整理成书，可见罗振玉学风甚正。胡厚宣也认为不能因为罗振玉政治上的失节，便轻易否定其学术功绩。[①]

紧随其后，刘蕙孙也写文章参加论争，但是由于刘是罗振玉的外孙，所以辩护文章值得细察。刘蕙孙听说一九四九年之后曾经有人向郭沫若言及《殷墟书契考释》乃是罗振玉花费两百元向王国维所购。刘蕙孙指出当时两百元相当于一个五六口之家一年的生活费，可谓惊人数字。两百元在当时可以买一万六千斤大米，难怪世人对此颇有怀疑，认为按照罗之说法，乃是王国维代为抄写，何必费此巨款？但是刘蕙孙指出，罗振玉的手稿原来在罗家人手中，但是之后流落到陈梦家手中。当时罗家人还曾经复制了几页，确系罗振玉手写，但是最终刘蕙孙还是没有给出罗振玉手稿的去向。[②]

实际上刘蕙孙提及的那几页复印件，也不能充分说明问题，至今此事还是一件悬案，但是需要注意的是，刘蕙孙提到了两百元这个数额，与傅斯年曾经言及的四百元五百元之说都不相符，可见罗振玉此事谣言的流传之深远，难怪罗继祖编辑《王国维之死》一书“逼债说”一章节为之撰写总结时，透露出非常深切的无力感。[③]

① 《王国维之死》，第 115~116 页。

② 同上，第 119 页。

③ 同上，第 127 页。

第二十九章

王国维之后的清华

第一节　章太炎与清华失之交臂

清华国学院因为王国维的离开，而显得颇为寂寥，随后梁启超的去世，更使得国学院雪上加霜，加上赵元任长期不在校，李济长年在野外从事考古，因此清华国学院平时仅陈寅恪一人在校。据蓝文徵回忆，陈寅恪为发展研究院计，曾经请校方聘请章太炎、罗振玉以及陈垣为导师，马衡为特别讲师，但是章太炎、罗振玉均未答应。[①]

但是戴家祥指出蓝文徵所言不实，戴家祥记得王国维去世之后，梁启超写信给陈寅恪，推荐章太炎接任王国维，同时请陈寅恪托赵元任向学校推荐。陈先生将此信在同学中传阅，吴其昌自告奋勇到上海促驾，刘节告知章太炎上海住址，同时叮嘱吴其昌如果找不到，可以问胡朴安。但是陈寅恪还颇有些担心，因为学生当中有人不同意，主要是章太炎的脾气不好，大家有些怕他。

---

① 《陈寅恪先生年谱长编》，第 103 页。

但是吴其昌不辱使命，来信告知章太炎愿意就任，同时章还托他向梁启超问好，接着问了许多研究院的近况，但是由于学校已经放假，此事暂时搁浅。[①]

戴家祥指出，当时梁启超对于罗振玉并无好感，而罗振玉本人并不想在清华教书。罗振玉一再强调王国维对其执弟子礼，如何培养了王国维，接替王国维的教席，显然非罗振玉所愿。戴家祥还提及当时陈寅恪管理国学院的购书专款，罗振玉曾经在王国维去世之后向陈售赝品古物，陈一笑置之。后来罗振玉又向陈兜售金文拓片，由此罗振玉在学界受到藐视。[②]

桑兵曾经指出，章太炎和清华国学院实际上存在着千丝万缕的联系，清华研究院国学科的毕业生，其中有好几位后来加入了苏州国学会以及后来的章氏国学讲习会，比如高亨、蒋天枢、姜亮夫等。而当时的主持者曾经屡次欲请章太炎出山，因其不但可以在声势上压倒北大，更能够在新文化派以外聚一营垒，而该国学科“略仿旧日书院及英国大学制度”的主张，与章太炎批评大学新式教育不能胜任中国文史教学的种种议论相通，与无锡国学专修馆、东南大学国学院以及章氏国学讲习会的模式也大体一致。[③]

章太炎最终不能就聘的原因，乃是由于一九二八年清华研究

① 《陈寅恪先生年谱长编初稿》，第 103 页。

② 同上，第 104 页。

③ 参见桑兵：《章太炎晚年北游讲学的文化象征》，《历史研究》，2002 年第 4 期。

院风潮不断，接任曹云祥担任校长的严鹤龄表示有困难，章太炎由此与清华失之交臂。[①] 桑兵指出，当时章太炎在北京的学生，恰好形成了两派，其中多数人又加盟新文化派，鼓动欧化新潮，在输入新知、整理国故等方面成为思想界学术界的要角，激进者如钱玄同，鼓吹白话文，提倡拼音文字，主张今文经学，激扬疑古辨伪；稳健者如黄侃，对于同门诸人纷纷趋新大为不满，以“八部书外皆狗屁”斥责谩骂，以至《公言报》撰文报导，将两人列为新旧两派的代表。[②]

桑兵进而指出，斯时的章太炎，先是发起了亚洲古学会，推崇“东方高尚之风化，优美之学识，固自有不可磨灭者”，以欧战的惨烈“益证泰西道德问题扫地以尽”，与新文化运动的宣导者坚持西方物质与精神文明均高于中国固有文化的主旨截然相反。章太炎后来更深悔早年“妄疑圣哲”的“诋孔”之说为“狂妄逆诈之论”。尤其让人瞠目结舌之处在于，对于主张或相容新文化者，如蔡元培、胡适以及“古史辨”发起人顾颉刚，章氏均指名道姓，加以抨击。[③]

第二节　地下党的兴起

而斯时清华园中暗流涌动，中国地下党也开始在校园中兴起，

---

① 《陈寅恪先生年谱长编初稿》，第 104 页。

② 参见《章太炎晚年北游讲学的文化象征》。

③ 同上。

早在一九二六年李大钊和陈毅便曾经来清华演讲，随后清华涌现出第一批共产党员。这一年九月，燕京大学毕业生王达成加入了中国共产党，同年十一月接受党的任务到清华大学工作，他与当时在清华的两名共产党员雷从敏和朱莽共同组建了中国共产党清华的第一个党支部，到了一九二七年四月，党员增至七人。[①]

蒋介石发动“四·一二”政变之后，中国北平党组织遭到破坏，清华的党组织利用自身的优势，掩护了校外一些党员躲避追捕。后来在三十年代中，北平的地下党组织早已不复存在，只有清华的党组织依然健全，一九三五年蒋南翔当选《清华周刊》总编辑，姚依林也曾经担任此刊物的编辑，后来蒋南翔成为了清华党支部的主任。[②]

在随后的“一二·九运动”中，蒋南翔等人发挥了重要的作用。清华党支部是这次学运的领导核心，姚依林是北平学联的秘书长。在“一二·九运动”后，清华的党员人数激增，抗战爆发前夕，已经发展到了四十二人。[③]

抗战时期，清华与北大、南开联合成立了西南联合大学，随后联大的党支部扩大建成了党总支，党员共有八十三人，几乎占到云南省全省的三分之一，后来云南省青委又成立了联大第二线党总支，在抗战即将结束时昆明爆发的“一二·一运动”中，联

① 参见徐心坦、刘文渊:《中共清华大学地下党组织的发展历程》,《北京党史》, 1997 年第 2 期。

② 同上。

③ 同上。

大的党组织也发挥了重要作用，共产党员潘琰等四名爱国青年被杀害。等到西南联大解散时，清华的党员已经有二百〇一人。[①]

内战开始之后，清华党组织形成了南系和北系两个系统，南系乃是由西南联大复原到清华的党员组成，受南方局领导；从北平各大中学校转入清华的党员，被称作北系。两系不发生组织关系，彼此也不公开党员身份，但是南系和北系在上级机关的协调下配合得非常好，沈崇案、反内战游行等运动中，南系北系都发挥了作用。一九四八年两系合并，一九四九年，清华党组织正式公开，由此结束了二十多年的地下状态。[②]

第三节　校内风潮的起伏

王国维去世后的清华，并不平静，新学期开始，教授会议决定追收学费，但是校长却暗中与学生联络竭力反对，想利用大学部学生推倒教授会和评议会。吴宓和陈寅恪谈到学校诸事，无不愤慨。[③]

此外清华还发生了一起风潮，当年的留学预备部高等科二三年级学生，请求校长与外交部当局交涉，特批提前赴美，校长没有遵从民主治校的原则，擅自批复，绕开教授会评议会自作主张，后来此事为教授会评议会获悉，引起一场纠纷，当时的报纸

---

① 参见《中共清华大学地下党组织的发展历程》。

② 同上。

③ 吴学昭著：《吴宓与陈寅恪》，清华大学出版社，1992 年版，第 52 页。

对此大肆报导，遂成一场风潮。陈寅恪表示：此事伤及民主治校之原则，不能沉默。于是吴宓立即写下《清华教授反对高等科学生提前出洋》一文，经陈寅恪修改，在《大公报》上刊出。[①]

吴宓陈寅恪诸人为学校长远发展考虑，却招致学生的妒恨，以致矛盾日益尖锐，学生对他们作出种种辱骂，并警告他们说“如事终败，则将伤害彼等以泄忿”。在七月二十日的吴宓日记中，居然有学生以剪刀挟制叶企孙教授，双方相持达六个小时之久的惊人记载。[②]

在学生的无理取闹面前，陈寅恪与吴宓毫不退让，召开评议会，作出决议，敦请校长辞职。而后在众人的压力下，外交部发出指令：预备部高三高二年级均于明年出洋。清华风潮由此告一段落。[③]这一风潮结束后，事态并不平息。仅仅过了数月，清华又出现了另一桩波动很大的事情。清华四大导师之一的梁启超被选为庚子赔款董事，极可能成为新任校长。曹云祥在校长任上，极为害怕，极力反梁，并唆使朱君毅诬告梁启超，后来真相大白，朱君毅辞职，而曹云祥不久之后也匆匆离任。[④]在此之中，陈寅恪不仅在教授会评议会上抨击曹云祥的居心叵测，更在事态即将平息之时，力荐梁任公出任校长。[⑤]

① 《吴宓日记》第三册，第369~374页。

② 同上，第375页。

③ 同上，第375页。

④ 《吴宓与陈寅恪》，第61页。

⑤ 同上，第61页。

第四节　陈寅恪一九四九

一九二九年初，梁启超病逝于北平协和医院，年仅五十六岁，陈寅恪的父亲陈三立和张元济主持公祭。吴宓日记记载，陈寅恪当时颇为悲观消极，这一年的下半年，清华国学院难以为继，宣告撤销，陈寅恪改任清华大学中文系、历史系合聘教授，同时在哲学系兼课。[①]

与王国维在生命中最后几年相知甚深的陈寅恪，与王国维一样，喜欢在私密的状态下表达其对于时政的看法。与王国维在书信中与罗振玉讨论时局不同，陈寅恪更喜欢在诗句中表达对于时事的看法，比如当时的“九·一八事变”，陈寅恪便曾经写诗讽刺不抵抗政策，更感慨“空文自古无长策，大患吾今有此身”。[②]

对于当时的蒋介石政权，陈寅恪也是不满的，诗中曾经讽刺蒋介石空有政权，却无法抵挡日本人占领东北。[③]蒋汪分裂之时，陈寅恪对两者之抉择都表示悲观，后来陈寅恪见到蒋介石，曾经在诗中讥讽蒋介石乃“食蛤哪知天下事”。[④]

当然陈寅恪本人对共产主义也并无好感，据邓广铭在纪念陈寅恪教授国际学术讨论会上回忆，平津战役前夕，国民党曾经派

① 《陈寅恪先生年谱长编初稿》，第121~123页。

② 《陈寅恪诗笺释》，第92~98页。

③ 同上，第100页。

④ 同上，第144~154页。

遣陈雪屏来接陈寅恪南下，但是陈寅恪表示了拒绝，后来才表示愿意和胡适一起南下，因为陈雪屏乃是国民党的人，和胡适一起走才能心安理得。陈寅恪后来对邓广铭说："其实，胡先生因政治上的关系，是非走不可的；我则原可不走。但是，听说在共产党统治区大家一律吃小米，要我也吃小米可受不了。而且，我身体多病，离开美国药也不行。所以我也得走。"①

当时石泉和李涵在同一会中提到陈寅恪对于共产革命的看法，陈寅恪曾经对石泉说："其实，我并不怕共产主义，也不怕共产党，我只是怕俄国人。辛亥革命那年，我正在瑞士，从外国报上看到这个消息后，我立刻就去图书馆借阅《资本论》。因为要谈革命，最要注意的还是马克思和共产主义，这在欧洲是很明显的。我去过世界许多国家，欧美、日本都去过，惟独未去过俄国，只在欧美见过流亡的俄国人，还从书上看到不少描述俄国沙皇警探的，他们很厉害，很残暴，我觉得很可怕。"②

《浦江清日记》也有相关的记载。浦江清为了系中同人提出添聘孙蜀丞事特地去看他，征询他的意见，陈寅恪认为此刻时局变幻，不宜在此时提出，并表示虽然双目失明，如果有机会，他愿意即刻离开。清华要散，当然迁校不可能，也没有人敢公开提出，有些人是要暗中离开的。浦江清继而写道："那时候左右分明，中间人难于立足。他不反对共产主义，但他不赞成俄国式共

① 纪念陈寅恪教授国际学术讨论会秘书组编：《纪念陈寅恪教授国际学术讨论会文集》，中山大学出版社，1989年版，第36~37页。

② 同上，第62页。

产主义。我告诉他，都是中国人，中国共产党人未必就是俄国共产党人。学校是一个整体，假如多数人不离开，可保安全，并且可避免损失和遭受破坏。他认为我的看法是幻想。”① 事实证明，浦江清确实过于幼稚。

后来余英时先生曾经根据晚年陈寅恪所写《论再生缘》流传到香港的油印稿，认定陈寅恪乃是未能逃离中国大陆，以至于受困岭南。余英时更指出，陈寅恪晚年所写诗文，集中表现了对于社会主义政权的不满。此说引起轩然大波，大陆作家刘斯奋曾经受胡乔木所托，写文章对余英时予以批判，双方僵持不下。后来陈寅恪之女陈小彭曾经托人带话给余英时，告知乃父当年看过余的文章，表示“作者知我”，余英时当时“心中感动，莫可言宣”。②

余英时所推测的来源，当然不仅仅是《论再生缘》。陈寅恪在“文革”期间的《第七次交代底稿》就曾经言及：“当广州尚未解放时，伪中央研究院历史语言研究所所长傅斯年多次来电催往台湾。我坚决不去。至于香港，是英帝国主义殖民地。殖民地的生活是我平生所鄙视的，所以我也不去香港，愿留在国内。”③

张求会曾经指出，考虑到当时的特殊历史背景，陈寅恪的这

---

① 参见刘广定：《陈寅恪先生一九四九年的抉择》，《传记文学》，2012 年 3 月。

② 参见余英时著：《陈寅恪晚年诗文释证》，东大图书股份有限公司，1998 年版。

③ 蒋天枢编：《陈寅恪先生编年事辑》（增订本），上海古籍出版社，1997 年版，第 147 页。

番话自然不能全部采信。陈氏所言“傅斯年多次来电催往台湾”是真是假，也一直未能找到实证。[①] 因此余英时先生的结论虽然为大多数人所接受，但是一直缺少直接证据的证明。

张求会进而指出，余英时先生本人也在数年间所见之新材料中不断修正自己的看法。一九八二年余英时在《陈寅恪的学术精神和晚年心境》一文中，以陈氏此段自述为据，又引其师钱穆关于陈与夫人因去留问题发生争执的回忆为证，认为陈所言不肯离开大陆“确非虚语”，得出了“陈先生当日留粤之意甚坚决”的结论。后来余先生在深入研究的基础上对上述结论作了部分修订：“陈先生决定留在广州不走，是因为他觉得已无地可逃……但是避地海外的念头有时也会在他的脑海中一闪而过……一九四九年一月在从上海到广州的船上，他有诗句说避地难希五月花……这至少表示在他的观念中，到海外避难也不是完全不能考虑的。”过了五年，随着新材料的出现，余英时先生再次修正了自己的推论：“在一九四九年十月之前，陈先生极可能为陈夫人的决心所动，转而有意迁往台北，只是时间上已来不及了。陈先生在一九三八年既肯主动地电告剑桥大学愿为候选人，那么他在一九四九至五〇年这一段‘疑虑不安’的时期岂能完全没有动过‘浮海’之念？陈先生最后未能离开广州固是事实，但我们决不能说他自始至终从来没有考虑过‘避地’的问题。”[②]

---

① 参见张求会：《陈寅恪一九四九年有意赴台的直接证据》，《南方周末》，2010年5月18日。

② 同上。

最终直接的证据被张求会找到，此证据是一份以“国立中央研究院历史语言研究所”的名义发给“台湾省警务处”的电报底稿，所用稿纸仍是从大陆带到台湾的史语所旧信笺，右上方书有“底稿”二字，正文由史语所所长兼任台大校长傅斯年以毛笔书就，内容中有如下文字：“查本所专任研究员兼第一组主任陈寅恪先生自广州携眷来台工作，兹附上申请书四纸，敬请惠发入境证是荷。”电稿发出的时间是一九四九年五月三十一日。[①]

---

① 参见《陈寅恪一九四九年有意赴台的直接证据》。

第三十章

伪“满洲国”的吊诡

第一节　伪“满洲国”的成立

伪“满洲国”的成立，乃是遗老最后的舞台，这一事件最终表明了遗老之于时代的脱节。当时日本内阁会议曾经制订了一份《处理满蒙问题方针纲要》，声称满蒙要脱离中国本土政权而独立，同时明确指示要将满蒙地区作为日本对俄对华的国防第一线。[①]

一九三二年三月初，溥仪从旅顺出发，到达长春，站台上满是安排好的欢迎人群。三月九日，举行执政就职典礼，伪“满洲国”宣告成立。当时参加典礼的有许多旧奉系的人物，当然包括遗老在内，日本人也参加了典礼。郑孝胥代为宣读执政宣言，随后溥仪任命了一大批官员，其中郑孝胥为总理，罗振玉任参议院参议。[②]

---

① 复旦大学历史系日本史组编编译：《日本帝国主义对外侵略史料选编》，上海人民出版社，1975 年版，第 63 页。

② 周君适著：《伪满宫廷杂忆》，四川人民出版社，1981 年版，第 78~80 页。

遗老陈曾寿对伪“满洲国”的成立颇为不满，借口身体不好，准备返回天津，并在留下的字条中说：“连日所见种种，不去将咯血。”随后陈曾寿在大连寄回一封奏折，奏折写道：“立国之要，唯以得人心为主。辛亥以铁路国有失人心，遂至亡国。然我列祖列宗二百余年之深仁厚泽，深入于人心，故国虽亡而不亡，人心仍归向于我皇上。若此时再失人心，是并我列祖列宗二百余年之深仁厚泽而亡之也。”①

陈曾寿继而指责日本人居心叵测：“今枢要之地已成太阿倒持之局，为所欲为。今之言曰，地方如不服，则出兵征服之。臣闻之，为惊心胆战。不待实有此事，即此一言，已足失天下之心而有余矣。”②可见陈曾寿对于日本人掌控局面的极大不满。

据当时追随陈曾寿的周君适回忆，关东军为了收买一批汉奸为其卖命，除了加官进爵，还发给每个特任官数万元乃至几十万元的建国金，又称机密费。胡嗣瑗也接受了这笔建国金，陈曾寿原来和胡交谊颇深，听说胡接受了建国金，对胡极为不满，胡、陈两人的交谊最后冷淡下来。③

不仅陈曾寿表示了对于建立伪“满洲国”的反对，不少遗民也认为此举大为不妥。林志宏指出，这些遗民认定建立伪“满洲国”将受日本左右，无法独立自主。林志宏进而举出帝师陈宝琛的例子，陈宝琛当时在家信中忧虑身陷烂泥之中而无所适从，更

---

① 《伪满宫廷杂忆》，第82页。

② 同上，第82页。

③ 同上，第83页。

伪“满洲国”即位写真册

提到建立伪“满洲国”乃是为人利用，自蹈危机。更有身处北京的遗民章钰写诗与遗民胡嗣瑗唱和，诗中有“高华自压隔墙花”之句，意即深信伪“满洲国”将为日方欺压。[①]

而伪“满洲国”的建立，不仅仅有陈曾寿、陈宝琛这样的遗老反对，更有寻常百姓表示了他们的抗议。当时奉天行政长官臧式毅被抓，日本人威逼利诱，希望其屈服投降。为了显示宽大，宪兵队特许臧家送牢饭。臧的老母亲希望儿子下决心以身殉国，而宪兵队禁卫森严，牢饭必须经过检查才能送到臧式毅的手里，臧母在碗底沾上一块鸦片烟，暗示他吞烟自杀，但是臧最后还是归顺了日本人，当他被释放回家之后，老母亲已经在房中自杀。这个消息广为流传，但是臧本人一直对此讳莫如深。[②]

就在溥仪就任执政之后不久，郑孝胥组织召开了第一次内阁会议，会议旨在讨论各部门的组织机构和人事安排，但是日本人驹井德三首先拿出了一份各部门次长和总务司各重要司长的名单，全部都是日本人。熙洽当场表示了质疑，驹井立即予以威胁，从此伪“满洲国”官吏便有日系和满系之分，日系越来越多，而满系则越来越少。[③]

---

① 《民国乃敌国也——政治文化转型下的清遗民》，第 323 页。

② 《伪满宫廷杂忆》，第 83 页。

③ 同上，第 85~86 页。

第二节 局外人与局中人

与罗、王同为遗老的陈曾寿，在《局外局中人记》起首写道："强志局外人也，而不啻局中人也，苍虬局中人也，而不啻局外人。"[①] 伪"满洲国"在"九·一八事变"之后匆忙建立，遗老最终在伪"满洲国"聚首，陈曾寿接连上书溥仪献策，可谓尽心竭力。陈曾寿曾经与郑孝胥往来，觉得郑孝胥太过轻佻。[②]

当时的罗振玉，正徘徊在局外人与局中人之间。据罗继祖事后回忆，罗振玉积极劝驾，为此碰了不少钉子，不是溥仪方面反复无常，就是郑孝胥等人的谗言阻拦。因此，罗振玉不止一次和日本浪人有联系，具体联系何事罗继祖一概不知，但是可看出罗振玉情绪上的波动。尤其到了"九·一八事变"之后，日本人感到箭在弦上，于是积极劝说溥仪到东北，阪垣征四郎当时还派了一名浪人与罗振玉一起去天津劝驾，罗振玉大为兴奋，相信不久之后将致君尧舜上。但是陈宝琛等人依旧反对，并且对此大泼冷水。郑孝胥认为机不容失，不过此事由罗振玉出头，怕罗夺去他的头功，所以默然不露声色。[③]

郑孝胥颇有心机，见溥仪没有爽快答应，便私下活动，与日

① 全国政协文史和学习委员会编：《文史资料选辑》第十九期，中国文史出版社，1989 年版，第 195 页。

② 同上，第 195~198 页。

③ 罗继祖著：《蜉寄留痕》，上海古籍出版社，1999 年版，第 120 页。

本人接洽。溥仪在对翠阁与罗振玉重新见面，罗振玉见了溥仪的简单报告，随后便去沈阳找阪垣征四郎商议，这使得溥仪和郑孝胥大为生气。由于罗振玉坚持大清复辟而不是新建伪“满洲国”，所以阪垣征四郎觉得要另换新手，恰好郑孝胥早有此意，与阪垣征四郎一拍即合，罗振玉因此被抛弃。溥仪和罗振玉的复辟思想颇为一致，郑孝胥去沈阳参加阪垣征四郎召开的会议时，溥仪写了“必正统系”的十二条，让郑孝胥交给阪垣征四郎，同时让罗振玉与郑孝胥同去。然而郑孝胥并未将此十二条交出，罗振玉也没有参会，但是此十二条受到了罗振玉的高度赞扬，罗振玉称溥仪能够坚持原则。①

事实上罗振玉此时，已经成为了伪“满洲国”的局外人，虽然其依旧身在局中。罗振玉曾经因与日本军部的协议发生矛盾而导致大病，在他生病期间，郑孝胥父子和阪垣征四郎的政治密约告成，不久之后就要开阁罢相。溥仪对此非常恼火，但是阪垣征四郎的最后通牒下达之后，罗振玉和溥仪都没有办法。罗振玉最后表示：事已至此，悔之不及，只有暂定以一年为限，如果逾期仍然不实行帝制，到时即行退位，罗继祖认为这几句话已经穷极无奈。②

日本军部指派罗振玉担任参议一职，溥仪认为罗振玉颇不称心如意，所以坚决不接受这一职位。溥仪进而认为罗振玉没有当上总理，所以心情懊恼。但是罗继祖认为这完全出于溥仪的个人

---

① 《蜉寄留痕》，第 121 页。

② 同上，第 121 页。

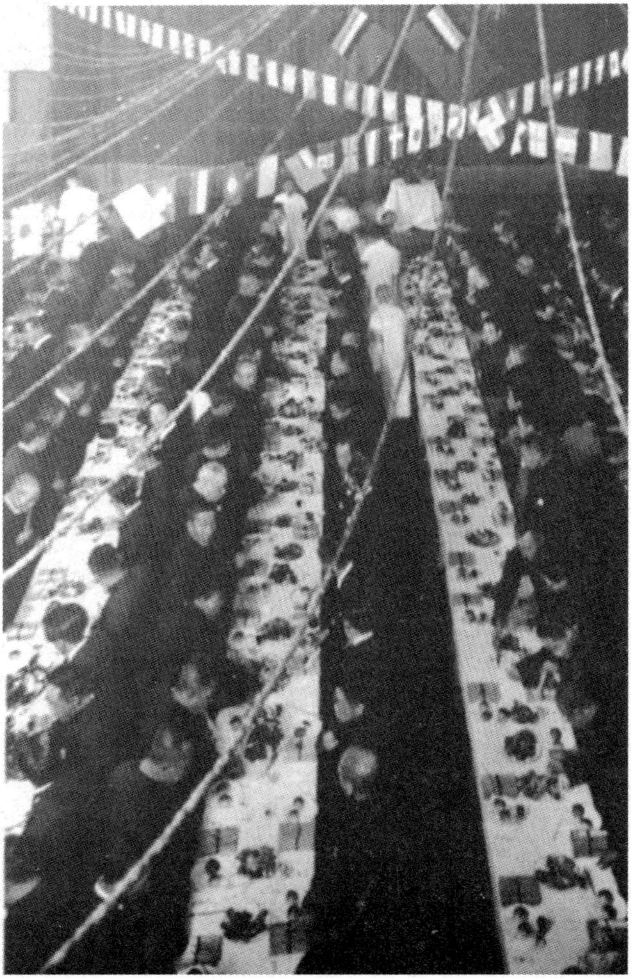

伪“满洲国”成立盛大场面

想象，因为罗振玉一生不为当官发财而奋斗，之所以追随溥仪，乃是因为醉心于复辟而已，即便是当时溥仪掌握了用人权，其首选的总理人选还是郑孝胥，其次还有军机大臣陈曾寿，无论如何轮不到罗振玉。①

陈曾寿从肃王府回到寓所，溥修刚从天津回来，陈曾寿和其谈到溥仪大骂郑孝胥父子，尤其指责郑垂卖主求荣，与其父亲郑孝胥如出一辙。遗老胡嗣瑗也对郑孝胥颇为不满，进而指责陈曾寿日侍溥仪左右，没有尽到匡救之责。陈曾寿只是闭目摇头，一句话也说不出来。胡嗣瑗扬言立即离开东北，直到溥仪任命其为执政府秘书长，胡才转怒为喜。②

其实溥仪也是受了日本人的欺骗，溥仪和土肥原贤二交涉，土肥同意伪“满洲国”将采取帝制，也正是这个承诺，才使得溥仪下定了决心前往东北。当时陈曾寿在日记中记载：“土肥原同金梁来津。已进见，其言甚甘，上所提议，如大清国行政主权等，均谓不成问题。上意遂决。”③

第三节　罗振玉的心灰意冷

罗振玉在伪“满洲国”建立的初期，曾经一度想有所作为，并为此早在二十年代就与东北地区的关东军往来密切。周明之指

---

① 《蜉寄留痕》，第 122 页。

② 《伪满宫廷杂忆》，第 76~77 页。

③ 《近代中国的文化危机：清遗老的精神世界》，第 206 页。

溥仪在伪“满洲国”即位大典上

出，罗振玉忘了半个世纪以来日本对于中国的欺凌，而以唇亡齿寒比喻中日之间的关系，甚至把清室的前途都寄托在关东军的身上，难怪一向为其祖父辩解的罗继祖也毫不讳言的称，罗振玉一九二八年到达旅顺之后，凡是关东军司令官到任，都亲自到家拜访，无论新旧皆是如此。[①]

罗振玉在与郑孝胥的斗争中失势，自此辞职，不久日方设领事赈务督办一职，希望罗振玉担任，但是罗振玉认为此不是出于溥仪的任命，既不就任也不辞谢，随侍溥仪身边，时时往来旅顺、长春之间。胡嗣瑗和罗振玉密谋扳倒郑孝胥，但是没有成功。[②]

后来“伪满监察院长”出现空缺，溥仪让罗振玉补缺，罗振玉表示推辞，但是日方不允。罗振玉就职后写了就职宣言及《再申告本院僚属文》，力图改变院中的官僚作风。[③]从这两篇文章可见罗振玉的一腔热忱，这也多少暴露了他的天真。

罗振玉在“监察院长”任上，也做了几件事情。比如制止特任官的非法劳金，此事一度制止了日本军部收买满方大员；上书请厘正赏勋规程以及授勋仪式，但是溥仪和郑孝胥都觉得此事太过鸡毛蒜皮；弹劾立法院长赵欣伯，导致赵直接被免职。[④]

罗振玉担任“监察院长”大约四年，但是期间多半在旅顺隐

① 《近代中国的文化危机：清遗老的精神世界》，第 206 页。
② 《蜉寄留痕》，第 122~124 页。
③ 同上，第 125~127 页。
④ 同上，第 128~130 页。

居，每年的春秋佳日，罗振玉都回到长春面见溥仪，同时和一些旧友碰面。溥仪对罗振玉一直有看法，所以罗振玉有些话只能托熙洽代为转达。在《致熙宫相书》中罗振玉提出溥仪子嗣未立，同时额驸的行为不符合旧制，溥仪本人不应该笃信鬼神巫术，而御前的禁卫过严。这触犯到了溥仪的大忌，因为溥仪本人不能生育，所以此信未见到溥仪的任何回复。①

而罗振玉最感气愤的是溥仪即位之后，日本方面干涉他去沈阳拜祭祖陵，他对此痛心疾首，晚年几乎都在回忆和自责中度过。平日里一直在忙碌他的著作，同时写诗自遣，诗中有“忧时歌哭初何补，梦里升平倘可凭”等句，可见当时罗振玉的低沉心情。②

第四节　伪“满洲国”的覆灭

溥仪在伪“满洲国”称帝，举行了登极大典，终于实现了再次称帝的愿望。称帝之后，溥仪曾经访问日本，当时随行的人员有一百多人，在东京住了九天，主要是昭和天皇举行国宴招待，并且陪同检阅军队。溥仪为此感到非常荣欣，曾经在舰上作了一首诗，表达了自己激动的心情。③

但是好景不长，很快溥仪的手下四分五裂。郑孝胥由于与日

① 《蜉寄留痕》，第 131~132 页。

② 同上，第 133 页。

③ 《伪满宫廷杂忆》，第 108~112 页。

伪“满洲国”主要官员

人暗中签订密约，换取了总理的席位，同时撇开了一大群遗老自己单独行动，引起了溥仪周围人的不满，陈曾寿、宝熙等人都先后与其疏远，随后日本人也逐渐对郑孝胥产生了不满情绪，加上溥仪看到郑孝胥事后拿出的密约后，对郑孝胥非常气愤。[①]

溥仪尽管有扳倒郑孝胥的想法，也曾经做过很多努力，但是日本人不答应，终究没有办法，反倒是郑孝胥后来自己闯下大祸。他在自己主办的书院中发牢骚说伪“满洲国”已经不是小孩子了，就让他自己走走，不该总是处处不放手。这一句话对日本人刺激非常大，加上郑孝胥一直主张伪“满洲国”应该由国际共同管理，更让日本人对其产生厌恶之情，当日本人在溥仪面前提出要撤换郑孝胥时，溥仪欣然答应。后来郑孝胥暴死长春，真正的死因，至今依然是谜。[②]

郑孝胥去世后两年，罗振玉也与世长辞。郑孝胥去世之前，罗振玉曾经担任伪“满日文化协会”会长，但是罗振玉本人对会务非常消极，曾经写信给家人说：“我对会务痛楚已极，去之唯恐不亟，乃一再辞职，迄无明白回答。”[③]

值得注意的是，罗振玉在这一时期写的回忆录中，对王国维的死依然记挂在心，可见其晚年心境的凄凉：“念予与忠悫交垂三十年，其学行卓然，为海内大师，一旦完大节，在公为无憾，而予则草间忍死，仍不得解脱世网，至此万念皆灰，乃部署未了

① 《伪满宫廷杂忆》，第 127~130 页。

② 同上，第 130~131 页。

③ 《蜉寄留痕》，第 134 页。

各事，以俟命尽。”[①]

这时的伪“满洲国”也在风雨飘摇之中。随着太平洋战争中日本的失利，伪“满洲国”也岌岌可危。一九四五年八月，苏联军队进攻满洲，当时日本人吉冈企图带着溥仪逃亡日本，在沈阳机场被苏联军队俘获。在送往苏联的途中，吉冈要求和溥仪关押在一起，溥仪站在吉冈的背后，向苏军摇手表示不同意，苏军将两人分开关押。[②]伪“满洲国”也在这时正式宣告覆灭，辛亥革命之后中国一直残存的小朝廷毒瘤，终于消亡。

① 《雪堂自述》，第 56 页。

② 《伪满宫廷杂忆》，第 137 页。

郑孝胥在伪“满洲国”溥仪即位大典上

后　记

此书渊源久矣，早在我读本科的时候，便曾经有为王国维先生立传的想法，及至毕业，更因为王国维先生那句对二十世纪中国最为精准的预言，而写出我第一篇论文。此文的发表，加上后来引起的讨论，更坚定了我写一部王国维传记的信念。

此书写作大约一年，但是准备时间却超过五年，写作期间杂事甚多，不胜烦扰，所幸躲在美国一段时间得以安心找材料，回国之后加快了写作速度，加上国内便利的资料条件，和王国维研究专家陈鸿祥先生和王国维曾孙王亮先生的帮助，每当遇到困难时就向他们求助，王亮先生还多次提供了一些不大能见得到的材料给我参考，让我获益良多。需要指出的是，书中十五、十六两章讨论上世纪二十年代徐志摩、胡适等知识人与“赤白仇友之争”的文章，是我写作此书之前的本科毕业论文，本来预备空闲的时候修订发表，曾经发给一些师友指正，但是去年开始此文流传于网络，同时被频繁转载盗用，给我造成了很大的困扰，因此我把这两章收录在这里，聊作资料存考。

我写此书的感觉，乃是颇为庆幸，因为市面上的王国维传记作品不算太少，但是除了陈鸿祥先生、刘烜先生、萧艾先生等少数几位的作品，大多数并没有太大的参考价值，而即便是这几位先生所写的王国维传，也忽视了王国维本人在晚清民国变局中对时事的看法，换而言之，他们太过于重视作为学者的王国维，而忽视了作为“公共知识人”的王国维，只要翻翻《罗振玉王国维往来书信》便可以知道，以学问家来定义王国维，显然过于狭隘，这位至今依然在学界有着巨大影响的学者，乃是一位天才的预言家。

兹举数例，早在一八九八年，王国维便预言了戊戌变法的失败，随后又预言了义和团运动的兴起，到了一九一七年俄国十月革命爆发，王国维忧心忡忡，致信柯劭忞声称：观中国近况，恐以共和始，而以共产终。一九一九年五四运动爆发，他写信给陆宗舆，提出要在巴黎和会上提出议案，团结世界各国剿灭俄国布尔什维克。一九二四年国民党联合苏俄，王国维在冯玉祥逼宫之时放言：赤化之祸，旦夕不测。最终王国维死于一九二七年的北伐，死前他曾经念念不忘已经失和的旧友罗振玉，信中准确无误地提到了当时湖南农民运动中叶德辉被诛杀之事，而罗振玉在王国维去世之后为其伪造的遗折中亦痛言：赤化将成，神州荒翳。

叶嘉莹女士曾言王国维乃是“激变时代的悲剧人物”，私心以为，此言乃是从文化方面而言，于政治方面更是如此，这位理应得到时代尊重的历史人物，最终却落得如此下场，时代有愧于他；后世未能充分理解王国维之死的深刻意义，亦有愧于他，这便是我写作此书的初衷。

当然每出一本书照例都要致谢，衷心感谢曾经对我给予帮助和鼓励的各位前辈，此书曾以若干长短不一的文字在学术刊物和报章杂志上发表，承蒙章开沅、余英时、张朋园、张玉法、姜义华诸位先生赐予宝贵教示，不胜铭感。我本身的学术成长，离不开历史学界诸位先生的包容，感谢杨天石、袁伟时、冯天瑜、杨奎松、高华、王奇生、罗志田、朱英、雷颐、马勇、张鸣、郭世佑诸位先生的鼓励。

有些其他学科的先生，亦让我获益良多，高全喜、任剑涛、冯克利、萧延中诸位先生，都应该逐一致以谢意。当然港台学术界的前辈也是值得感激的，感谢陈永发、王汎森、齐锡生、黄克武、沙培德、陈宜中、周保松、潘光哲、林志宏、阎晓骏诸位先生的关照与鼓励，尤其是沙培德先生和林志宏先生，在写作此书中，承蒙他们的关照，寄来他们的著作或是论文，对我的写作获益良多。

另外有一些国外学术界的前辈需要致以申谢，感谢罗德里克·麦克法夸尔（Roderick Macfarquhar）、柯文（Paul Cohen）、裴宜理（Elizabeth J. Perry）、易社强（John Israel）、爱德华兹·弗里德曼（Edward Friedman）、周锡瑞（Joseph W. Esherick）诸位先生的鼓励。尤其要感谢麦克法夸尔教授和裴宜理教授，我尚未认识他们时，便已经熟读他们的著作，从中获益甚多，尤其是有幸担任裴宜理教授著作的翻译，更是我人生中的一件幸事。

我成长的过程中，李劼、谢泳、张耀杰、范泓、邵建、傅国涌、蔡登山、褚钰泉、宗波、周棉等先生曾以不同的方式对我予以帮助，再次致谢。这里尤其要感谢我在遭遇困境时聂圣哲先生的帮助，他的正直、无私和乐观深深的影响了我，另外也要感谢杨福家、傅杰、张业松、段怀清诸位先生的关照，感谢陈平原先生，写作此书曾经不止一次写信向他叨扰，再次致谢。复旦大学史地所的孟刚兄和复旦大学历史系的付德华老师为此书写作提供了便利的资料条件，也要表示感谢。

此书的写作，要感谢我父母长久以来对我的包容，最应该感谢的是他们，由于成长期间某些师友好心的拔高，我迥异于平常学生的学术成长经常被人认定乃是所谓“文化世家”的渲染，尤其是何永康教授，更将我误认为某些文化名人的后代，我的父母乃至祖辈，大多数都是老实本分的生意人。感谢成富磊兄，他帮我仔细的核对引文，使注释更加严谨规范。当然要感谢我的好友徐轶青，没有他的帮助和鼓励，我很难继续自己的研究，他从政治学或者经济学角度考量，对于近代中国的某些看法，对我很有帮助。

最后我想把这本书献给臻臻，我曾经一度为我们的未来感到沮丧，直到今天依旧如此，她于我而言，无疑是生命中温暖而又百感交集的历程。

周言

二〇一二年七月六日于复旦大学

九州书系

党史研究系列

《胡乔木在毛泽东身边工作的 20 年》｜徐尚定著

《刘少奇的最后岁月》｜黄峥著

《刘少奇冤案始末》｜黄峥著

《四人帮浮沉记》（待出）｜金春明著

《“九一三”事件研究》（待出）｜王海光著

《折戟沉沙温都尔汗》（待出）｜王海光著

沈志华主编“冷战国际史研究文库”

沈志华冷战五书

《冷战的起源》｜沈志华著

《冷战的转型》｜沈志华著

《冷战在亚洲》｜沈志华著

《冷战中的盟友》｜沈志华著

《冷战的再转型》｜沈志华著

《冷战与中国外交》｜牛军著

《冷战与美国核战略》｜詹新著

杨奎松系列

《谈往阅今——中共党史访谈录》｜杨奎松著

《学问有道——中国现代史访谈录》｜杨奎松著

《中国当代史研究》（第一辑）｜杨奎松、韩钢主编

《中国当代史研究》（第二辑）｜杨奎松、韩钢主编

《中国当代史研究》（第三辑）| 杨奎松、韩钢主编

台湾中研院学人文库

《近代中国的变局》| 郭廷以著

《近代变局中的历史人物》| 张玉法著

《四分溪畔论史文选》| 陈三井著

《近代中国的思潮与人物》| 黄克武著

《文化与修养》| 李亦园著

台湾中研院口述历史系列

第一辑

《我对大陆改革开放与台湾建设的建言——顾应昌先生口述历史》

《台湾“土改”的前前后后——农复会口述历史》

《我所经历的战争（1911—1950）——国民党第十兵团总司令徐启明口述历史》

《川军与国民党政府博弈详情——国民党经济部长口述历史》

《兵败东北——国民党沈阳防区司令王铁汉口述历史》

《辛亥革命及国民党的分裂——国民党湖北省主席口述历史》

《我与胡宗南——蒋介石侍从室组长于达先生口述历史》

《“云南王”龙云之子口述历史》

《五四运动及吴佩孚一生成败——蔡元培秘书口述历史》

《国民党海军抗战事略——国民党灵甫舰舰长口述历史》

《胡宗南秘书口述历史》

《胡宗南兵败西北详情——国民党西安警备司令口述历史》

《历次“剿共”、何应钦与蒋介石的关系——国民党贵州保安副司令口述历史》

《抗战期间德国援华详情——关德懋口述历史》

《孙立人案相关人物口述历史》

第二辑

《南港学风——郭廷以和中研院近史所的故事》

（胡适派学人和其它派系学人冲突详情。大师 失和，何其痛哉）

《石璋如先生口述历史》

（亲历中研院史语所七十年兴衰、派系斗争。大师远去）

《刘真先生口述历史》

（回忆陈诚、胡适、傅斯年、钱穆、梁实秋等师友）

《丁廷楣先生口述历史》

丁文江叔父口述黄桥望族丁氏家族兴衰

《吴修齐先生口述历史》

（统一企业董事长口述人生经历和企业发展历程）

《海校学生口述历史》

（口述国民党海军七十年）

《海校学生口述历史 2》

（国共之间的重要海战详情）

《池孟彬先生口述历史》

（国民党海军副总司令口述与中共的主要海战经历）

《黎玉玺先生口述历史》

（国民党海军总司令中日海战，担任蒋介石逃台护卫舰详情、与中共军队金门会战等历次海战）

《刘安祺先生口述历史》

（国民党陆军总司令口述：参加北伐、“剿共”、抗战、解放战争期间成功从青岛、海南岛撤退以及金门等战役详情）

《丁治盘先生口述历史》

（国民党王牌军军长口述：与北伐军作战情况，抗战大破日军一个旅团情况，与徐向前、陈毅等中共军队作战情况等）

《劳声寰先生口述历史》

（国民党空军总队长口述：淞沪空战等对日空战和金门空战详情）

《袁同畴先生口述历史》

（国民党黄浦军校元老口述：亲历的“容共”、“分共”、中山舰事件、“清共”等事件）

《董文琦先生口述历史》

（国民党沈阳市长口述：接收沈阳时与苏联、中共的冲突始末；亲历台湾经济起飞的决策与过程）

《戢翼翘先生口述历史》

（东北军军长口述：张学良曾暗中倒戈张作霖？旗帜前后东北军内部斗争）

思想·人物

《战争与革命中的西南联大》｜易社强著 饶家荣译

《不确定的遗产：哈佛辛亥百年演讲录》｜余英时等著

《光焰不息》｜周质平著

《现代人物与文化反思》｜周质平著

《自由主义的新遗产》｜何卓恩著

国民党史研究系列

《蒋介石年谱（1887 － 1926）》｜中国第二历史档案馆编

《惨胜——抗战正面战场大写意》｜马振犊著

《国民党特务活动史》（修订本）｜马振犊著

《台前幕后：1949 —1989 年的国共关系》｜马振犊主编

《蒋介石与希特勒——民国时期中德关系研究》｜马振犊 戚如高著

名家全集

《钱穆全集》（74 册）

《黄仁宇全集》（15 册）

《吴稚晖全集》（14 册）

《王云五全集》（20 册）

《唐君毅全集》（待出）

《徐复观全集》（待出）

《郭廷以全集》（待出）